西南政法大学校级规划教材

# 婚姻家庭法理论与实务

Theory and Practice of Family Law

朱凡 著

法律出版社
——北 京——
始创于1954年

**图书在版编目（CIP）数据**

婚姻家庭法理论与实务 / 朱凡著. -- 北京 : 法律出版社, 2024. -- ISBN 978-7-5197-9242-8

Ⅰ. D923.9

中国国家版本馆 CIP 数据核字第 2024H2D377 号

**婚姻家庭法理论与实务**
**HUNYIN JIATINGFA LILUN YU SHIWU**

朱 凡 著

责任编辑 陈 慧
装帧设计 鲍龙卉

**出版发行** 法律出版社
**编辑统筹** 法律教育出版分社
**责任校对** 郭艳萍
**责任印制** 刘晓伟
**经　　销** 新华书店

**开本** 710 毫米×1000 毫米 1/16
**印张** 14　**字数** 226 千
**版本** 2024 年 10 月第 1 版
**印次** 2024 年 10 月第 1 次印刷
**印刷** 三河市龙大印装有限公司

地址:北京市丰台区莲花池西里 7 号(100073)
网址:www.lawpress.com.cn
投稿邮箱:info@lawpress.com.cn
举报盗版邮箱:jbwq@lawpress.com.cn

销售电话:010-83938349
客服电话:010-83938350
咨询电话:010-63939796

**书号**:ISBN 978-7-5197-9242-8
**定价**:35.00 元

凡购买本社图书,如有印装错误,我社负责退换。电话:010-83938349

# 作者简介

**朱　凡**

女，四川省江油市人，法学博士，西南政法大学教授、硕士生导师。现任西南政法大学婚姻家庭继承法教研室主任、西南政法大学外国家庭法及妇女理论研究中心执行主任，兼任重庆市法学会首席法律咨询专家、中国法学会婚姻法学研究会理事、重庆市妇女理论研究会理事、重庆市公证质量评审委员会委员。出版《人的担保基本制度研究》《婚姻家庭继承法学》等著作、教材，发表 *Marriage and Family Law in China in the Civil Code Era*、《现代监护法发展趋势及热点问题比较研究》、《论我国人事保证制度之构建》等论文20余篇。2022年被评为重庆市高校课程思政教学名师，获得重庆市人民政府颁发的优秀教学成果奖一等奖，社会科学优秀成果奖二等奖、三等奖。

# 前　言

以《中华人民共和国民法典》、最新修正的《妇女权益保障法》《未成年人保护法》等法律、法规，以及最高人民法院《关于适用〈中华人民共和国民法典〉婚姻家庭编的解释(一)》《关于审理涉彩礼纠纷案件适用法律若干问题的规定》等司法解释为依据，根据“婚姻家庭法理论与实务”课程的教学目的和要求，按照便于学生学习理解并掌握婚姻家庭法的基本知识和原理，兼顾学生参加社会实践和司法实习的需要，编写了这本本科生通识教育课教材，以适应高校高层次人才培育需要。本教材也可以供法学专业本科生、研究生和其他从事法律工作的人员学习参考。

本教材的编写具有如下特色：

第一，教材编写中较好融入了“课程思政”元素。教育部2020年《高等学校课程思政建设指导纲要》指出，要将“课程思政”融入课堂教学建设全过程，要落实到课程目标设计、教学大纲修订、教材编审选用、教案课件编写各方面。本教材编写中，遵循“优选我国传统文化，不媚外原则”“紧贴学生学习生活，不空谈原则”“结合时事热点问题，不抽象原则”“融合专业知识技能，不说教原则”选择理论与实务案例，让学生熟悉我国家庭美德和优良家风传统，厚植学生家国情怀，培养学生正确价值观。

第二，本教材是信息丰富的立体化智能教材。以纸质教材为基础，确保婚姻家庭法知识的体系性和逻辑性，同时以二维码信息技术嵌入微课、案例和学生实践作品视频等多元化数字资源，增强学生学习的自主性，提高教学和学习的效果。

第三，本教材具有兼顾理论学习与实务操作的特点。教材分为上篇婚姻家庭法理论和下篇婚姻家庭法实务，上篇重点突出、深入浅出地讲授婚姻家庭法理论，下篇是解决婚姻家庭纠纷的诉讼和各种非诉讼方式的实操指南，例如婚姻家庭纠纷司法裁判案例解析、家事调解的原则和方法、婚姻和收养登记指南等，让学生一册在手，即可了解婚姻家庭法的基本理论与实务知识。

需要说明的是，《婚姻家庭法理论与实务》教材是西南政法大学 2022 年校级规划教材项目成果，受学校出版资助。另外，我还要衷心地感谢法律出版社的同志们为本教材的出版所做的辛勤编辑工作！

朱 凡

2024 年 7 月 9 日

# 缩 略 语

| 全 称 | 简 称 |
| --- | --- |
| 1950 年《中华人民共和国婚姻法》(已失效) | 1950 年《婚姻法》 |
| 1980 年《中华人民共和国婚姻法》(已失效) | 1980 年《婚姻法》 |
| 2001 年修正后的《中华人民共和国婚姻法》(已失效) | 2001 年《婚姻法》 |
| 1987 年《中华人民共和国民法通则》(已失效) | 1987 年《民法通则》 |
| 2018 年修正后的《中华人民共和国宪法》 | 《宪法》 |
| 2017 年修正后的《中华人民共和国母婴保健法》 | 《母婴保健法》 |
| 1991 年《中华人民共和国收养法》(已失效) | 1991 年《收养法》 |
| 1998 年《中华人民共和国收养法》(已废止) | 1998 年《收养法》 |
| 2022 年《中华人民共和国妇女权益保障法》 | 《妇女权益保障法》 |
| 2020 年《中华人民共和国未成年人保护法》 | 《未成年人保护法》 |
| 2018 年《中华人民共和国义务教育法》 | 《义务教育法》 |
| 2018 年《中华人民共和国老年人权益保障法》 | 《老年人权益保障法》 |
| 2023 年《中华人民共和国民事诉讼法》 | 《民事诉讼法》 |
| 2018 年《中华人民共和国刑事诉讼法》 | 《刑事诉讼法》 |
| 2017 年《中华人民共和国行政诉讼法》 | 《行政诉讼法》 |
| 2023 年《中华人民共和国刑法》 | 《刑法》 |
| 2012 年《中华人民共和国治安管理处罚法》 | 《治安管理处罚法》 |
| 2015 年《中华人民共和国反家庭暴力法》 | 《反家庭暴力法》 |
| 2020 年《中华人民共和国民法典》 | 《民法典》 |
| 《中华人民共和国民法典》第五编婚姻家庭 | 《民法典》婚姻家庭编 |
| 《中华人民共和国民法典》第六编继承 | 《民法典》继承编 |
| 2003 年《婚姻登记条例》 | 《婚姻登记条例》 |

| 全 称 | 简 称 |
| --- | --- |
| 2001年最高人民法院《关于适用〈中华人民共和国婚姻法〉若干问题的解释(一)》(已失效) | 《婚姻法解释(一)》 |
| 2011年最高人民法院《关于适用〈中华人民共和国婚姻法〉若干问题的解释(三)》(已失效) | 《婚姻法解释(三)》 |
| 2022年最高人民法院《关于适用〈中华人民共和国民事诉讼法〉的解释》 | 《民事诉讼法解释》 |
| 2021年最高人民法院《关于适用〈中华人民共和国民法典〉婚姻家庭编的解释(一)》 | 《民法典婚姻家庭编解释(一)》 |
| 2021年最高人民法院《关于适用〈中华人民共和国民法典〉总则编若干问题的解释》 | 《民法典总则编解释》 |
| 2020年《收养评估办法(试行)》 | 《收养评估办法(试行)》 |
| 2018年《中华人民共和国义务教育法》 | 《义务教育法》 |
| 2018年《中华人民共和国残疾人保障法》 | 《残疾人保障法》 |
| 2023年《中华人民共和国立法法》 | 《立法法》 |
| 2023年《中华人民共和国行政复议法》 | 《行政复议法》 |
| 2021年《中华人民共和国兵役法》 | 《兵役法》 |
| 2020年《中华人民共和国人民武装警察法》 | 《人民武装警察法》 |
| 2021年《中华人民共和国家庭教育促进法》 | 《家庭教育促进法》 |
| 2024年最高人民法院《关于审理涉彩礼纠纷案件适用法律若干问题的规定》 | 《涉彩礼纠纷解释》 |

# 目　录

## 上篇　婚姻家庭法理论

## 下篇 婚姻家庭法实务

# 上篇

# 婚姻家庭法理论

# 第一章　婚姻家庭法导论

## 第一节　婚姻家庭和婚姻家庭法

### 一、婚姻家庭的概念

（一）婚姻

婚姻是男女双方以共同生活为目的而缔结的，具有公示的配偶身份的结合。无论是我国1950年《婚姻法》、1980年《婚姻法》、2001年《婚姻法》，还是我国《民法典》，均未定义"婚姻"一词，但学者们从不同角度对"婚姻"进行了不同的解释。[1]

一般而言，婚姻有如下三个特征：

1. 婚姻是男女两性的结合

这一特征是对婚姻主体的限定。基于男女两性的生理差异，能实现性的需求以及生育的目的，所以婚姻是男女两性的结合。《民法典》第1046条、第1049条及第1050条均指出结婚的主体是"男女双方"，因此从立法上看，我国不承认同性

---

[1] 有学者认为"婚姻，是男女双方以永久共同生活为目的，以夫妻的权利义务为内容的合法结合"，参见马忆南：《婚姻家庭法新论》，北京大学出版社2002年版，第2页。有学者不赞同将婚姻界定为以永久共同生活为目的的结合，认为"婚姻是一男一女之间确立的以共同生活为目的、以夫妻间的权利义务为内容的合法的结合"。参见王丽萍：《婚姻家庭法律制度研究》，山东人民出版社2004年版，第8页。也有学者不认同"婚姻"一定是合法的结合，认为婚姻的法律概念应为"男女双方以共同生活为目的，以产生配偶之间的权利义务为内容的两性结合"，参见杨立新：《家事法》，法律出版社2013年版，第77页。还有学者认为虽然婚姻曾长期被定义为"以性别差异为基础的男女，基于相互缔结夫妻关系的一致意思表示而实施的结婚行为而在法律上获得的身份关系；他们基于该身份联系而对彼此负担义务并对婚姻共同体负责"，但是自20世纪60年代以来，这个定义就显得不太准确了。参见蒋月：《婚姻家庭法前沿导论》（第2版），法律出版社2016年版，第1页。

婚姻。从比较法的角度看,虽然世界上有一些国家和地区承认同性婚姻或者承认同性同居关系的合法性,但这是一种立法选择,而非立法趋势。〔1〕

2. 婚姻是男女双方以配偶身份共同生活的结合

这里有两个重点:其一,婚姻的本质是共同生活的关系,无论将婚姻视为"合二姓之好""神作之合"还是契约关系,婚姻都是建立在夫妻双方共同生活的基础之上的,共同的经济、社交和生育,创造了人类社会延续的后代和财富。虽然我国法律并未明确规定夫妻必须同居共同生活,但丧失了共同生活的婚姻关系因失去其本质而成为已经死亡的婚姻。例如,夫妻因感情不和分居达到 2 年的,以及判决不准离婚后夫妻又分居满 1 年的,均构成我国《民法典》第 1079 条所规定的判决离婚的法定条件。其二,婚姻是一种以配偶身份进行的共同生活。配偶关系是一种身份关系,基于此会产生相应的亲属关系和财产关系,以配偶身份共同生活是婚姻关系的目的,也是婚姻关系的本质。男女不以配偶身份共同生活,例如非婚同居关系,不产生婚姻的人身和财产法律效力。

3. 婚姻是具有公示性的男女结合

所谓"公示性"是指公开以配偶身份共同生活,可以表现为办理结婚登记,也可以表现为举行公开的婚礼,或者以夫妻名义公开同居生活。虽然现行法不再承认事实婚姻,但以配偶身份公开共同生活,在满足补办结婚登记的情况下,婚姻关系可以追溯至双方符合结婚条件以夫妻名义公开共同生活的时间。

需要说明的是:这里"婚姻"的概念并不具有合法性的前提,按其是否具有法律效力,婚姻又可以分为合法婚姻、无效婚姻、可撤销婚姻、事实婚姻等。

(二)家庭

家庭是一定范围内亲属所组成的共同生活单位。所有形态的人类社会中都

---

〔1〕 同性婚姻是指配偶双方为同一性别的婚姻,2001 年《荷兰民法典》规定"婚姻是异性或同性的两人之间所缔结的契约关系",首次从立法上承认同性婚姻的合法性。目前世界范围内,承认同性婚姻合法的国家和地区越来越多。但是总体上看,不承认同性婚姻的国家和地区占大多数。在我国《民法典》编纂的过程中,有人提议在婚姻家庭编中规定同性婚姻。立法机关认为我国婚姻制度的基石是一男一女结合为夫妻的婚姻制度,是千百年来传承下来的,符合我国文化传统和现实国情,而同性婚姻难以被广大社会公众接受和认可。目前,世界上绝大多数国家也都不承认同性婚姻的合法性。上述立法机关意见参见黄薇主编:《中华人民共和国民法典婚姻家庭编解读》,中国法制出版社 2020 年版,第 12 页。

有家庭，家庭是人们生活的基本社会组织，家庭承载着非常重要的社会功能。[1]

家庭是由一定范围内的亲属组成的，但家庭成员的构成和规模在不同的时期会发生变化。社会学上将一对夫妇和他们未婚的子女住在一起的家庭称为核心家庭，如果同住的还有其他亲属则称为扩大家庭。《民法典》第 1045 条第 3 款规定，"配偶、父母、子女和其他共同生活的近亲属为家庭成员"。也即《民法典》中的家庭是由配偶、父母、子女、祖父母、外祖父母、孙子女、外孙子女、兄弟姐妹等亲属组成的，除配偶和父母、子女外，其他近亲属若要成为家庭成员，则需要在一起共同生活。

家庭成员之间通常相互享有特定权利并相互负有特定义务。例如，家庭成员一般拥有共同的财产，如夫妻共同财产、家庭共同财产或者农村土地的家庭承包权利等；家庭成员之间也有相互扶养、相互继承等权利义务关系。此外，根据《民法典》以及《反家庭暴力法》的规定，家庭成员应当敬老爱幼，互相帮助，互相关爱，履行家庭义务。禁止家庭成员之间实施殴打、捆绑、残害、限制人身自由以及经常性谩骂、恐吓等侵害行为，禁止家庭成员间的虐待和遗弃。

## 二、婚姻家庭法的概念和特点

### （一）婚姻家庭法的概念

婚姻家庭法是调整婚姻家庭关系的法律规范的总称，其调整对象为婚姻家庭中的人身关系和财产关系。

婚姻家庭法在传统法学上有两种含义：一是形式意义上的婚姻家庭法，二是实质意义上的婚姻家庭法。形式意义上的婚姻家庭法是指以"婚姻家庭法"（或者"婚姻法""家庭法""亲属法"等）命名的法律文件，例如我国 1950 年《婚姻法》、1980 年《婚姻法》以及《民法典》"婚姻家庭编"等。实质意义上的婚姻家庭法则是指调整婚姻家庭中人身关系和财产关系的法律规范的总称，例如 1991 年《收养法》、2003 年《婚姻登记条例》等均为实质意义上的婚姻家庭法。

---

〔1〕 社会学家认为，家庭承担着生殖、保护、社会化、规范性行为、情感交流以及提供社会地位等功能。但也有学者认为，家庭是代际间转移权力、财富以及特权，并助长社会不公平的经济单位。同时，家庭中的暴力问题也引起了全社会的关注。参见［美］理查德·谢弗：《社会学与生活》（插图修订第 9 版·普及版），刘鹤群、房智慧译，世界图书出版公司 2009 年版，第 228－229 页。

### (二)婚姻家庭法与民法的关系

我国古代诸法合体,调整婚姻家庭的户婚律规定在各朝的统一律法之中。法律部门的严格划分始于西方资产阶级革命之后,各国在理论和立法上将法律划分为宪法和部门法,后者调整不同的社会关系。调整婚姻家庭关系的法律被归入民法,或称亲属法、家庭法,是民法的组成部分。十月革命后苏联将婚姻家庭法作为独立于民法的一个法律部门〔1〕,这一做法影响了其他社会主义国家,也包括我国。我国1950年《婚姻法》和1980年《婚姻法》均为独立部门法。2020年5月28日通过的《民法典》是我国第一部以法典命名的法律,婚姻家庭法的内容规定在《民法典》的"婚姻家庭编"中,2001年修正的《婚姻法》、1998年修正的《收养法》等法律于《民法典》实施之日(2021年1月1日)废止。这标志着婚姻家庭法向民法的回归,婚姻家庭法已成为民法的重要组成部分。

### (三)婚姻家庭法的调整对象

《民法典》第1040条规定,"本编调整因婚姻家庭产生的民事关系"。根据《民法典》第五编的具体内容,婚姻家庭法调整婚姻家庭关系中民事主体之间的人身关系、财产关系以及其他近亲属关系。婚姻家庭关系中的民事主体包括夫妻、父母、子女以及其他近亲属(祖父母、外祖父母、孙子女、外孙子女、兄弟姐妹)。婚姻家庭关系中的民事主体关系因结婚、出生以及法律拟制而发生,因离婚、死亡以及法律拟制关系解除而终止。

婚姻家庭法主要规范如下事项:(1)结婚的条件和程序,离婚的条件、程序及法律后果以及夫妻之间的人身关系和财产关系;(2)父母、子女关系的类型、确立和异议以及父母、子女之间的权利义务;(3)近亲属的范围以及近亲属之间的扶养关系。〔2〕

### (四)《民法典》婚姻家庭编的特点

相比《民法典》中的合同编、人格权编、物权编等其他编,婚姻家庭编具有如下

---

〔1〕 苏联法学界对婚姻家庭法的地位问题提出一种新的见解,认为社会主义婚姻家庭法是脱离民法独立存在的法律部门。苏联法学界认为将婚姻家庭法划归民法是资产阶级意志和利益的体现,是婚姻家庭关系商品化、契约化的产物;民法是调整商品经济关系的法律,社会主义婚姻家庭关系不是商品关系,所以不能归属于民法范畴。参见王洪:《婚姻家庭法》,法律出版社2003年版,第11－12页。

〔2〕 近亲属之间其他权利义务关系例如监护、继承、优先购买权、赔偿请求权、治疗同意权等,分别由《民法典》相应编、章规定。

特点:

1. 婚姻家庭编具有更明显的伦理性

婚姻家庭法的伦理性是指婚姻家庭规范明显地体现了我国社会主义道德和法律的一致性。婚姻家庭关系既是法律关系,也是伦理关系。[1] 只有既强调法律又强调道德才能更好地处理婚姻家庭问题,培养平等、和睦、文明的婚姻家庭关系。《民法典》婚姻家庭编有很多条文都体现了社会主义伦理道德观,例如第1043条规定,"家庭应当树立优良家风,弘扬家庭美德,重视家庭文明建设。夫妻应当互相忠实,互相尊重,互相关爱;家庭成员应当敬老爱幼,互相帮助,维护平等、和睦、文明的婚姻家庭关系"。在处理具体婚姻家庭纠纷如彩礼纠纷时,需要适用习惯的,"不得违背社会主义核心价值观,不得违背公序良俗"。[2]

2. 婚姻家庭编主要调整身份关系

《民法典》婚姻家庭编主要调整配偶、亲子及其他近亲属之间的身份关系,以及与之相关的财产关系。近亲属身份关系的产生和终止一般是基于特定的法律事实,自然血亲关系因出生而产生,因死亡而终止,配偶关系因结婚而产生,因离婚或死亡而终止,法律拟制的血亲关系则基于法定的身份行为产生或终止,如养父母、子女关系因收养行为而产生,因收养关系的解除或死亡而终止。身份关系确定后,随之而产生的特定权利为身份权,身份权不能放弃、转让。例如,子女出生后与其父母形成亲子身份关系,因此子女享有抚养请求权,父母享有监护的权利、承担监护的职责,父母不能放弃监护权,也不能请求法院终止亲子关系。因亲属身份而产生的财产关系,以亲属身份的存在为前提,例如夫妻共同财产关系,日常家事代理权等,均以配偶身份存在为基础。这与《民法典》其他各编的民事权利有较大的差异。

3. 婚姻家庭编以强制性规范为主

法律规范根据其设定的权利或义务的刚性程度可以分为强制性规范和任意性规范。前者是指必须依法适用,不能依个人意志变更和排除适用的规范,包括义务性规范和禁止性规范;后者则是指在法定范围内允许民事主体自己确定权利

---

[1] "伦"的本义是关系和条理,中国古代所称"五伦"即指人与人的五种关系,所谓"五常"或"纲常",五伦的主体是亲属关系,故有享受亲情的"天伦之乐",破坏亲属关系的则为"乱伦"。参见何怀宏:《伦理学是什么:What is Ethics?》,北京大学出版社2002年版,第8页。

[2] 《民法典总则编解释》第2条第3款。

义务的规范。相比《民法典》合同编中的法律规范，在婚姻家庭编中强制性规范较多，其目的是保护自然人在婚姻家庭生活中的权益以及构成家庭关系基础的重要制度。例如，对于一夫一妻制度，结婚的当事人不能通过自愿约定排除其适用。再如，对于婚姻自由制度，虽然当事人系自愿结婚，但结婚的条件、程序以及结婚后的夫妻关系法律效力的规定大多是强制性规范，当事人应当遵守，不能变更或排除这些规范的适用。当然，婚姻家庭编中也有一些任意性规范，例如结婚后双方对夫妻财产制的选择，当事人可以排除法定财产制的适用而自行约定婚前、婚后财产的归属和管理。

## 第二节　亲属关系

亲属是因婚姻、血缘和法律拟制所生的社会关系，亲属关系也是自然人最基本的人际关系。如果家庭是社会生活的最基本组织，那么亲属关系就是社会生活的最基本关系网络。现代社会中个体的独立性增加，人际关系复杂，亲属关系也不再像过去那样重要和不可替代。但亲属关系特别是近亲属关系上承载了法律上重要的权利义务，例如扶养、监护、共同财产、继承等，因此其一向是立法关注的重点。亲属法律制度规定亲属的概念、种类、范围、亲系划分、亲等计算、亲属关系的发生和消灭以及亲属间的权利义务等内容。

新中国成立后的婚姻家庭立法受苏联法的影响，在婚姻家庭法中主要规定了婚姻和家庭中的亲属关系。苏联婚姻家庭立法中规定的亲属包括夫妻、父母、子女和家庭其他成员，其他家庭成员则包括兄弟姐妹、祖孙、继父母子女、养父母子女。[1] 我国婚姻家庭法所调整的亲属关系没有超出此范围。1950 年《婚姻法》名为“婚姻法”，但立法者亦将其作为“婚姻家庭法”。[2] 为瓦解旧的亲族制度，废除父权、夫权和家长制，建立以平等夫妻关系为核心的新型家庭，1950 年《婚姻法》

〔1〕 参见[苏]斯维尔德洛夫：《苏维埃婚姻与家庭的立法原则》，李世楷译，人民出版社 1953 年版，第 41 页。

〔2〕 金眉：《中国亲属法的近现代转型——从〈大清民律草案·亲属编〉到〈中华人民共和国婚姻法〉》，法律出版社 2010 年版，第 285－286 页。

仅调整两类亲属关系：配偶关系和亲子关系。1980 年《婚姻法》则增置家庭关系一章，将祖孙和兄弟姐妹纳入家庭关系中。2001 年修订《婚姻法》时，也未改变亲属关系的已有立法。因此《民法典》之前，我国的婚姻家庭法并没有亲属关系通则[1]的相关规定，有关亲属的种类、范围、亲系、亲等、亲属关系的取得与消灭等主要依靠法学理论来解决实际问题。《民法典》将第 1045 条作为亲属关系通则性规定设置了 3 款，分别规定了亲属的种类，近亲属的范围以及家庭成员的范围。

**视频教学**

有权请求死亡赔偿金、决定患者的重大医疗措施以及拥有房屋先买权等的近亲属，究竟是你的哪些亲属呢？

扫码观看微课

谁是你的近亲属？

## 一、亲属概述

### （一）概念

亲属是因婚姻、血缘和法律拟制而产生的人与人之间的关系，法律上的亲属则是指被依法确认的，相互之间具有法律上权利义务关系的亲属。作为重要的社会关系，法律上的亲属具有如下特征：

1. 亲属关系基于特定的法律事实而产生

亲属关系因出生、结婚和收养等法律事实而产生。自然人因出生而与具有自然血缘联系的人产生亲属中的自然血亲关系，如父母、子女、兄弟姐妹、伯叔、姨舅等。结婚会使婚姻当事人之间产生配偶关系，婚姻当事人一方与另一方的其他血亲之间或者婚姻当事人双方的血亲之间产生姻亲关系，如女婿与岳父母、继父母子女等。收养人和被收养人之间因收养形成法律拟制的亲子关系。法律拟制的亲属关系是指在没有因婚姻或血缘联系产生特定亲属关系的人之间，因法律行为

[1] 亲属关系通则一般放在婚姻家庭法或者亲属法的首端，是对亲属制度的总的、一般性的规定，通常包括亲属的概念、种类、范围、亲系划分、亲等计算、亲属关系的发生和消灭等内容。

或法律事实而产生法定的亲属关系。

2. 亲属之间具有固定称谓

亲属之间总是有着固定的称谓,这些约定俗成的称谓用以表明相互之间的关系,如妈妈和女儿,兄弟姐妹,舅舅和外甥。正如恩格斯在《家庭、私有制和国家的起源》一文中所指出的,"父亲、子女、兄弟、姊妹等称呼,并不是单纯的荣誉称号,而是代表着完全确定的、异常郑重的相互义务,这些义务的总和构成这些民族的社会制度的实质部分"。[1] 亲属的称谓因出生而自然形成,或因婚姻关系或法律拟制行为形成,一旦确定称谓非因法定事由不可变更。

3. 亲属之间有法律上的权利义务

法律调整一定范围内的亲属关系,赋予其特定的权利义务。例如,配偶之间的扶养,父母、子女之间的抚养、赡养和继承,姻亲之间的回避义务等。

(二)范围

亲属是因婚姻、血缘和法律拟制而形成的社会关系,而法律调整的亲属关系总是被限定在一定范围内的。限定之方法,有抽象限定法和具体限定法两种。[2] 抽象限定法是指对社会学意义上的亲属划出一个法律上亲属的范围,再就各个具体的情况规定不同种类和不同亲等的亲属在法律上之权利义务关系。[3] 具体限定法则并不先划出法律上亲属,而是直接就各个具体情况规定不同种类和不同亲等的亲属在法律上之效果,例如禁婚的亲属、扶养的亲属、监护的亲属、继承的亲属等。现代各国法律大多采用此类限定法,我国亦是如此。《民法典》并未直接规定亲属的范围,而是针对各事项分别规定了亲属的范围,例如《民法典》第 1048 条规定"直系血亲或者三代以内的旁系血亲禁止结婚",而亲属之间的扶养则规定在第 1059 条、第 1067 条、第 1074 条和第 1075 条。

---

[1] [德]恩格斯:《家庭、私有制和国家的起源》,中共中央马克思恩格斯列宁斯大林著作编译局译,人民出版社 1999 年版,第 28 页。

[2] 参见陈棋炎、黄宗乐、郭振恭:《民法亲属新论》(修订第 11 版),三民书局 2013 年版,第 34 页。

[3] 抽象限定法在我国历史上曾出现过,如《礼记·大传》载"四世而缌,服之穷也。五世袒免,杀同姓也。六世,亲属竭矣"。《唐律》职制律"役使所监临"本注云"亲属谓缌麻以上,及大功以上婚姻之家。余条亲属准此"。现代采用抽象限定法的典型国家是日本,《日本民法典》在第 725 条规定了亲属的范围。

（三）分类

《民法典》第 1045 条第 1 款将亲属分为三类，明确“亲属包括配偶、血亲和姻亲”。[1]

1. 配偶

男女因结婚而互为配偶，因死亡或离婚而解除配偶关系。配偶是相互间权利、义务最多的亲属，依据《民法典》的规定，配偶互负扶养义务、监护职责、互享日常家事代理权、夫妻共同财产权、继承权、请求第三人损害赔偿权、医疗同意权等。

2. 血亲

血亲，即因共同的祖先，相互之间有血缘联系的亲属。血亲是自然人范围最广的亲属，在法律上血亲之间也有广泛的权利义务关系。《民法典》规定血亲之间有禁婚、扶养、监护、继承、先买权、请求第三人损害赔偿、医疗同意权等权利义务关系。(1)根据血缘联系的真实性，血亲分为自然血亲和拟制血亲。自然血亲关系始于出生而终于死亡。拟制血亲没有某种真实的血缘联系，但法律上将其视为具有某种血缘联系的亲属，例如收养了兄弟的子女，养父母子女间原来的叔侄关系就被法律拟制的父母子女关系所取代。(2)按《民法典》第 1048 条，血亲还可分为直系血亲和旁系血亲。直系或旁系是亲系的划分，所谓亲系即为亲属之间的联系。直系血亲是指与己身（指自己）有直接血缘联系的亲属，包括己身所从出和己身所出两部分。己身所从出是指生育自己的各代长辈亲属，如父母、祖父母、外祖父母、曾祖父母、曾外祖父母、高祖父母、高外祖父母等。己身所出是指自己生育的后代，如子女、孙子女、外孙子女、曾孙子女、曾外孙子女、玄孙子女、玄外孙子女等。旁系血亲，则是指除了直系血亲外，与自己同出一源的血亲，如兄弟姐妹、堂表兄弟姐妹、伯叔姑舅姨、侄子女、外甥子女等。

3. 姻亲

《民法典》明确了姻亲也是亲属。姻亲是指以婚姻为中介而产生的亲属，姻亲的范围和类型在不同国家和地区也存在差异，我国《民法典》调整的姻亲关系可以分为血亲的配偶（如继父母、儿媳女婿）、配偶的血亲（如继子女、公婆、岳父母）、血亲配偶的血亲（如继兄弟姐妹）。姻亲之间的权利义务比较少，通常只有法律上

---

[1] “亲属”一词有广义和狭义两种解释，广义的亲属包括血亲、姻亲和配偶，狭义的亲属只包括血亲和姻亲，我国《民法典》中“亲属”属于前者，而德国、瑞士等在指称亲属时是不包含配偶的。

的回避义务等，但是同居一家共同生活的姻亲之间，可能会因为相互扶养的事实而具有法律上的权利义务关系。例如，关于继父母子女关系，《民法典》第1072条第2款规定，“继父或者继母和受其抚养教育的继子女间的权利义务关系，适用本法关于父母子女关系的规定”。再如，丧偶儿媳、女婿赡养公婆、岳父母，继兄弟姐妹之间的相互扶养，继父母子女之间的相互扶养会使这些姻亲取得法定继承权（《民法典》第1127条、第1129条）。

亲属以婚姻、血缘为基础，纵横交错，互相交织构成亲属网络，按照不同的联系标准，亲属除配偶外还可以分为父系亲与母系亲，是以父亲或者母亲的血统为中介区分，如祖父母与外祖父母、孙子女与外孙子女、伯叔姑与姨舅等。

根据辈分不同，亲属可以分为长辈亲属、同辈亲属和晚辈亲属。辈分又称为行辈，是指亲属之间的世代第次。辈分按照世代来划分，以一世代为一辈分。长辈、同辈、晚辈是按亲属辈分的高低联系划分的，不分血亲、姻亲，也不分直系、旁系，均可以长辈、同辈、晚辈称之；并用时一般先说直系还是旁系，再说长辈还是晚辈，最后说血亲还是姻亲，例如《民法典》第1015条的“直系长辈血亲”，第1099条的“旁系同辈血亲”，第1128条的“直系晚辈血亲”。

## 二、近亲属与家庭成员

由于《民法典》对亲属范围采取的是具体限定法，故表达上的繁琐难以避免。虽然各个具体事项上亲属的范围应有不同，但亦存在亲属范围相同的若干事项，尤其是在关系密切的亲属之间，故法律上用“近亲属”和“家庭成员”概括之。

### （一）近亲属

近亲属，顾名思义为与自己关系密切的、亲等较小的亲属。费孝通先生曾将亲属关系比喻为丢石头形成的同心圆波纹，自己在中心，被波纹所推及的就是亲属，一圈圈推出去，愈推愈远，也愈推愈薄。[1] 距离中心越近的亲属，相互之间的权利义务也越多，这些亲属即为近亲属。在我国古代即有至亲、近亲的称谓，至亲包括兄弟、伯叔父、妻等期亲及以上亲属（父母、祖父母、子孙及夫等）；近亲则通常

---

〔1〕 参见费孝通：《乡土中国　生育制度》，北京大学出版社1998年版，第26－27页。

指大功以上亲属。[1] 现代法律中的近亲属含义更接近至亲的概念。《民法典》第1045条第2款将配偶、父母、子女、兄弟姐妹、祖父母、外祖父母、孙子女、外孙子女纳入近亲属的范围。上述亲属除配偶外，均为三代以内直系血亲和两代以内的旁系血亲，是自然人关系非常密切的亲属。[2]

我国《民法典》中规定的近亲属之间的权利义务较多，主要包括：(1)近亲属担任无民事行为能力或限制行为能力人的法定监护人、意定监护人(第28条、第33条)；(2)受赠人严重侵害赠与人近亲属合法权益的，赠与人享有法定撤销权(第663条)；(3)近亲属对房屋享有比承租人更优先的购买权(第726条)；(4)死者的姓名、肖像、名誉、荣誉、隐私、遗体等受到侵害的，其近亲属有权要求加害人承担民事责任(第994条)；(5)侵权行为造成自然人死亡的，被侵权人的近亲属有权请求加害人承担侵权责任(第1181条)；(6)患者的近亲属享有对患者实施手术、特殊检查、特殊治疗的知情同意权(第1219条)。

### (二)家庭成员

家庭成员一般指在一定范围内共同生活的亲属。一些法律法规也使用“家属”一词来代指共同生活的亲属。[3] 但是，“家庭成员”和“家属”是有区别的。家属一般与“家长”对应，我国古代曾实行家长制，家设家长(一般为男性尊长)，家中其他成员则为家属。在家长之下，同居一家的家属由两部分人组成：一是固有家属，即家长的妻子、儿女、儿媳、子孙等近亲属；二是与家长没有亲属关系的妾、奴婢、童养媳、过门守贞之妇等。由此，我国古代所称“家属”，既有与家长共同生活的近亲属，也有仅具有人身依附关系的非亲属。新中国成立后，从1950年《婚

---

〔1〕“期亲”“大功亲”是我国古代的亲属类别。依亲属之间有无服制，亲属分为有服亲与无服亲。所谓服制即丧服制，丧服依其样式和材质的精粗分为五等，分别为斩衰、齐衰、大功、小功和缌麻。有服制的亲属为有服亲，除直系尊亲属外，有服亲分为四等级：期亲、大功亲、小功亲、缌麻亲；无服亲即为袒免亲。

〔2〕有些部门法规定了不同的近亲属范围，例如《刑事诉讼法》中近亲属范围为“夫、妻、父、母、子、女、同胞兄弟姊妹”。《民法典》对近亲属范围的界定，能否适用于其他民事法律规范，应根据该规范是否涉及民事实体法上的权利义务来具体判断。如《反家庭暴力法》《老年人权益保障法》《医疗纠纷预防和处理条例》等法律法规使用的近亲属，涉及民事实体法上的权利义务的，近亲属的范围应适用《民法典》第1045条的规定。其他实体法或程序法，则不可随意适用。法律法规有明确解释的按其解释，没有明确解释的则应根据具体情况判断。例如，《民事诉讼法》中“近亲属”多涉及回避、代理、申请等，不涉及民事权利义务，为保障当事人的诉讼权利，近亲属的范围可以比《民法典》规定的范围更宽泛一些。

〔3〕例如，《民事诉讼法》有10处使用了“家属”一词，《刑事诉讼法》有11处，《刑法》有4处。

姻法》到2020年的《民法典》,我国的婚姻家庭法律均不承认家长制,并将共同生活的亲属称为家庭成员。家庭成员之间的法律地位平等,无从属关系。

《民法典》第1045条第3款规定,“配偶、父母、子女和其他共同生活的近亲属为家庭成员”。其中,配偶、父母和子女为核心家庭成员,而祖孙、兄弟姐妹共同生活组成扩大家庭,为扩大家庭成员。父母、子女和配偶是最亲密的亲属,也是相互间权利义务最多的亲属,即使没有在一起共同生活也是家庭成员,而兄弟姐妹和祖孙的权利义务则少很多,所以一般在一起共同生活的才互为家庭成员。

我国《民法典》规定的家庭成员均为近亲属,除了法律赋予近亲属的权利义务之外,家庭成员还有如下权利义务:(1)家庭成员应当敬老爱幼,互相帮助,维护平等、和睦、文明的婚姻家庭关系;(2)禁止家庭成员之间的暴力行为,禁止家庭成员之间的虐待和遗弃。

## 三、亲等的计算

亲等是计算亲属关系亲疏远近的单位。亲等数小的,表示亲属关系亲近,亲等数大的,表示亲属关系疏远。亲等在法律上运用较广,诸如禁婚范围、亲属的继承权等,大多用亲等来限定。各国由于法律不同,使用的亲等制及计算亲等的方法也不尽相同。国外通行的亲等的计算方法是世代亲等制,有罗马法和寺院法两种主要计算方法,以血缘联系为依据,以世代的多少来计算亲等;姻亲比照血亲计算亲等,配偶之间无亲等。[1] 我国古代采用丧服制来表明亲属之间的亲疏远近关系。

我国现行法律以“代”来表明亲属关系的亲疏远近,主要用于确定禁婚亲属的范围以及特定被收养人的范围,属于世代亲等制的一种。1950年《婚姻法》规定:“其他五代内的旁系血亲间禁止结婚的问题,从习惯。”2001年《婚姻法》及《民法典》均规定,直系血亲和三代以内的旁系血亲禁止结婚。《民法典》还对“收养三代以内旁系同辈血亲的子女”的收养人放宽了收养条件。这里所说的“五代”“三代”就是我国法律规定的亲属之间亲疏远近的单位,相互之间代数小的亲属比代数大的亲属关系更亲近。

---

〔1〕 罗马法和寺院法的亲等计算方法可参见陈苇主编:《婚姻家庭继承法学》,群众出版社2017年版,第30-31页。

（一）代数的计算

亲属代数的计算分为直系血亲和旁系血亲两个方面。

1. 直系血亲代数的计算

从己身开始，己身为一代，往上或往下数：往上数父母为二代，祖父母、外祖父母为三代，曾祖父母、外曾祖父母为四代，高祖父母、外高祖父母为五代；往下数，子女为二代，孙子女、外孙子女为三代，曾孙子女、外曾孙子女为四代，玄孙子女、外玄孙子女为五代。

2. 旁系血亲代数的计算

首先找出要计算的旁系血亲共同最近的直系血亲，然后按直系血亲代数的计算法，从己身往上数至该同源直系血亲，记下代数；再从该同源直系血亲往下数至要计算的旁系血亲，记下代数。如果两边的代数相同，则用该代数，如果两边的代数不同，则取较大的代数。例如，要计算兄弟姐妹的代数，应先找出共同最近的直系血亲即父母，己身为一代，往上数至父母为二代；然后以父母为一代，往下数至兄弟姐妹是二代。因两边代数均为二代，故兄弟姐妹之间是二代的旁系血亲。再如，要计算己身与外甥子女的代数，应先找出共同最近的直系血亲即己身的父母（从外甥子女一边来说为外祖父母），然后以己身为一代，往上数至父母为二代，再从父母往下数至外甥子女为三代，取较大的代数，因此己身与外甥子女为三代的旁系血亲。

（二）"三代"以内的旁系血亲

三代以内的旁系血亲，包括伯、叔、姑、舅、姨、兄弟姐妹、堂兄弟姐妹、表兄弟姐妹、侄子女、外甥子女。超过这一范围的亲属，就不属三代以内的旁系血亲。

## 四、亲属关系的发生和终止

（一）配偶关系的发生和终止

配偶关系因男女结婚而发生。结婚登记是确立配偶关系的必备要件，《民法典》第1049条规定："完成结婚登记，即确立婚姻关系。"《民法典婚姻家庭编解释（一）》第7条规定，未办结婚登记而以夫妻名义共同生活的男女，在1994年2月1日民政部《婚姻登记管理条例》公布实施前已符合结婚实质要件的，事实婚姻配偶关系成立。

配偶关系的消灭有两种原因：一是因配偶一方或双方死亡（包括自然死亡和

法院宣告死亡）而消灭；二是因夫妻离婚而消灭。《民法典》第1080条规定："完成离婚登记，或者离婚判决书、调解书生效，即解除婚姻关系。"

（二）血亲关系的发生和终止

1. 自然血亲的发生和终止

自然血亲因出生而产生。因出生这一法律事实，出生者与其父母、兄弟姐妹等亲属发生自然血亲关系。出生也是发生自然血亲关系的唯一原因。

自然血亲关系，仅因一方或双方死亡而终止。例如，父母与子女的关系，不因父母离婚而消灭，也不因双方协议、一方声明或法院判决解除而消灭。子女即使被他人收养，也仅消灭双方的扶养、赡养、监护、继承等权利与义务，因自然原因而形成的父母子女血缘联系以及法律上的禁婚效力不终止。

依《民法典》第15条之规定：自然人的出生和死亡时间，以出生证明、死亡证明记载的时间为准；没有出生证明、死亡证明的，以户籍登记或者其他有效身份登记记载的时间为准。有其他证据足以推翻以上记载时间的，以该证据证明的时间为准。

2. 拟制血亲的发生和终止

双方在自然血缘上没有特定的血亲关系，但法律规定双方互有特定血亲之间的权利义务的，双方即互为拟制血亲关系。依《民法典》第1111条第1款以及第1072条第2款，法律上的拟制血亲关系有两类：第一类是因收养而形成的养父母子女关系以及被收养人与收养人近亲属之间的近亲属关系；第二类是因继父母抚养教育继子女而在继父母子女之间形成的父母子女关系。

（1）养父母子女、养兄弟姐妹及养祖孙关系

收养行为在被收养人与收养人及其近亲属之间形成法律拟制的血亲关系。《民法典》第1111条第1款规定："自收养关系成立之日起，养父母与养子女间的权利义务关系，适用本法关于父母子女关系的规定；养子女与养父母的近亲属间的权利义务关系，适用本法关于子女与父母的近亲属关系的规定。"因收养形成的拟制血亲包括养父母子女、养兄弟姐妹、养祖孙关系以及被收养人与收养人的兄弟姐妹和祖孙之间建立的亲属关系。

因收养而形成的血亲关系，除因一方死亡而终止外，还可因收养解除而终止。《民法典》第1117条规定，收养关系解除后，养子女与养父母及其他近亲属间的权利义务关系即行消除。

(2)继父母与受其抚养教育的继子女关系

《民法典》第1072条第2款规定,“继父或者继母和受其抚养教育的继子女间的权利义务关系,适用本法关于父母子女关系的规定”。继父母子女本为直系姻亲关系,要在二者间产生拟制的直系血亲关系,需要继父母对继子女有抚养教育的法律事实。与收养法律行为产生的拟制血亲不同,继父母抚养教育继子女并不会在继子女与继父母的其他近亲属之间形成拟制血亲关系,也不会消除继子女与其生父母及近亲属之间的法律关系。

继父母与受其抚养教育的继子女之间所形成的拟制血亲关系,除因继父母子女任何一方死亡而终止之外,法律没有规定其他终止的原因。依法理及司法实践经验,继父母与受其抚养教育的继子女之间的拟制血亲关系,因如下原因消灭:(1)继父与生母或继母与生父离婚,继父母不同意继续抚养继子女的;(2)与继父母结婚的生父母一方死亡,另一方生父母要求接回子女抚养,继父母同意其领回并不再继续抚养教育的;(3)继父母与受其抚养教育的成年继子女关系恶化,一方起诉要求解除关系的,法院可根据具体案情判决解除。但是,即使继父母与继子女解除拟制血亲关系,已经发生的抚养教育的事实也不会消灭。由继父母抚养成年的继子女,即使继父母与生父母离婚,对因缺乏劳动能力或者生活困难而请求其赡养的继父母也应承担赡养扶助义务。

(三)姻亲关系的发生和终止

姻亲是以婚姻为中介而发生的亲属关系。男女结婚后,一方与对方的亲属及双方的亲属之间即发生姻亲关系。姻亲关系除因一方死亡而消灭外,是否可因为其他原因消灭,现行法律没有明确规定。但结合学理以及《民法典》的规定,我们认为当作为中介的婚姻因当事人离婚而消灭时,因此产生的姻亲关系随即消灭;但婚姻关系因婚姻当事人死亡而消灭的,因此产生的姻亲关系不消灭。例如,丧偶的儿媳与公婆、丧偶的女婿与岳父母之间,虽然产生直系姻亲关系的婚姻关系因婚姻当事人一方死亡而消灭,但二者之间的姻亲身份依然存在。《民法典》第1129条规定,丧偶儿媳对公婆、丧偶女婿对岳父母,无论再婚与否,尽了主要赡养义务的,在公婆或岳父母死亡后为第一顺序法定继承人,并且不影响其子女的代位继承权。

## 第三节 《民法典》婚姻家庭编的原则及倡导性规定

《民法典》婚姻家庭编的原则是指婚姻家庭制度的立法指导思想。沿袭了1950年《婚姻法》、1980年《婚姻法》开宗明义地在法律首端说明法律原则的立法传统,《民法典》婚姻家庭编在第一章规定了婚姻家庭编的原则。《民法典》第1041条规定:"婚姻家庭受国家保护。实行婚姻自由、一夫一妻、男女平等的婚姻制度。保护妇女、未成年人、老年人、残疾人的合法权益。"该法第1042条规定:"禁止包办、买卖婚姻和其他干涉婚姻自由的行为。禁止借婚姻索取财物。禁止重婚。禁止有配偶者与他人同居。禁止家庭暴力。禁止家庭成员间的虐待和遗弃。"上述法律条文从正反两面概括了婚姻家庭编的五项原则:婚姻家庭受国家保护原则,婚姻自由原则,一夫一妻制原则,男女平等原则,保护妇女、未成年人、老年人、残疾人的合法权益原则。

《民法典》婚姻家庭编的倡导性规定是中国特色社会主义婚姻家庭伦理道德性规范。《民法典》第1043条规定:"家庭应当树立优良家风,弘扬家庭美德,重视家庭文明建设。夫妻应当互相忠实,互相尊重,互相关爱;家庭成员应当敬老爱幼,互相帮助,维护平等、和睦、文明的婚姻家庭关系。"

需要说明的是,《民法典》婚姻家庭编第一章第1044条规定了收养的原则,明确"收养应当遵循最有利于被收养人的原则,保障被收养人和收养人的合法权益。禁止借收养名义买卖未成年人"。考虑到该条款是具体制度的原则,本书将其放在上篇的第五章"收养"中介绍。

### 一、婚姻家庭受国家保护原则

《宪法》第49条第1款规定,"婚姻、家庭、母亲和儿童受国家的保护"。1987年《民法通则》第104条规定,"婚姻、家庭、老人、母亲和儿童受法律保护"。《民法典》把婚姻家庭受国家保护作为一项原则规定于婚姻家庭编第1041条第1款,明确"婚姻家庭受国家保护"。

婚姻家庭受国家保护原则是指国家保护依法成立的婚姻家庭关系。依法成立的婚姻家庭成员之间的权利义务受国家法律保护,婚姻家庭的共同生活不受非法干涉和破坏。自然人因非婚同居或未经登记的收养而建立的共同生活关系不是婚姻家庭,不受法律调整和保护。

婚姻家庭虽然不是民事主体,是自然人构成的共同生活单位,但是由于婚姻家庭承担着重要的社会功能,所以国家保护婚姻家庭。婚姻是以共同生活为目的之男女双方的结合,是构成家庭的基础。家庭是一定范围内亲属的共同生活体,由配偶、父母、子女、祖孙和兄弟姐妹等近亲属构成。婚姻家庭是最基本的社会组织,担负着物质生产、人口生产、养老育幼等重要的社会职能。因此,婚姻并不完全是当事人的私人事务,而是会产生一系列重要社会后果,所以《民法典》对于婚姻的缔结、解除和法律效力都有明确规定。配偶以及其他家庭成员应维护婚姻家庭关系,婚姻家庭之外的个人和组织不得非法干涉婚姻家庭的共同生活,不得破坏和睦的婚姻家庭关系。婚姻家庭受国家保护原则体现在《民法典》的具体制度中。例如,对于自己具有法定过错导致婚姻关系无效或者被解除的当事人,应承担不利的法律后果(第1054条、第1087条、第1091条)。

## 二、婚姻自由原则

### (一)婚姻自由原则概述

婚姻自由原则包括结婚自由和离婚自由。结婚自由是指婚姻当事人有权依照法律规定的条件和程序,自主缔结婚姻关系,不受他人非法干涉和强迫。结婚自由还包括不结婚的自由和再婚的自由。不结婚的自由是自然人有权自主决定是否缔结婚姻关系的自由。再婚自由是指处于离异、丧偶状态的自然人有再次结婚的自主权的自由。《民法典》第1069条规定:“子女应当尊重父母的婚姻权利,不得干涉父母离婚、再婚以及婚后的生活……”离婚自由是指婚姻关系的当事人基于婚姻关系破裂无法共同生活的事实,有权依照法律规定的条件和程序,提出解除婚姻关系的请求。结婚自由和离婚自由共同构成了婚姻自由原则的内容。

理解婚姻自由原则,要注意如下三点:

1. 婚姻自由是法律赋予自然人的人身权利

《民法典》第110条第1款规定,“自然人享有生命权、身体权、健康权、姓名权、肖像权、名誉权、荣誉权、隐私权、婚姻自主权等权利”。自然人有权依法行使婚姻自主权,自主决定自己的婚姻问题,不受他人的非法干涉和强迫。

2. 婚姻自主权的行使应当符合法律规定的条件和程序

婚姻自由不是绝对的、无条件的自由,由于关系到婚姻关系另一方当事人以及其他家庭成员的权益,故婚姻自由也是相对的。《宪法》第 51 条规定,“中华人民共和国公民在行使自由和权利的时候,不得损害国家的、社会的、集体的利益和其他公民的合法的自由和权利”。婚姻当事人应当在法定条件和程序下实现自己的婚姻自主权。特别是离婚自由,婚姻当事人有提出离婚的权利,但是否能够离婚并不由当事人决定,而是受到国家的干预。法律规定离婚的条件、程序,准予离婚的法律原则和条件,以及离婚对当事人以及子女的法律后果,这些规定既保障了离婚自由,又约束并限制了当事人的离婚自由。

3. 为保障自然人的婚姻自由,法律禁止破坏和侵害婚姻自由的行为

除《民法典》外,相关法律也有相应的禁止性规定。《宪法》第 49 条第 4 款规定,“禁止破坏婚姻自由……”《未成年人保护法》第 17 条第 9 项规定,未成年人的父母或者其他监护人不得“允许、迫使未成年人结婚或者为未成年人订立婚约”。《老年人权益保障法》第 21 条第 1 款规定,“老年人的婚姻自由受法律保护。子女或者其他亲属不得干涉老年人离婚、再婚及婚后的生活”。《妇女权益保障法》第 61 条规定,“国家保护妇女的婚姻自主权。禁止干涉妇女的结婚、离婚自由”。

(二)保障婚姻自由原则实施的禁止性规定

《民法典》第 1042 条第 1 款规定,“禁止包办、买卖婚姻和其他干涉婚姻自由的行为。禁止借婚姻索取财物”。这是《民法典》保障婚姻自由原则实施的禁止性规定。

1. 禁止包办、买卖婚姻和其他干涉婚姻自由的行为

包办婚姻是指包括父母在内的第三者,违背婚姻当事人的意愿,包办强迫他人婚姻的行为。买卖婚姻是指婚姻关系之外的第三人(包括父母)以索取财产为目的,包办强迫他人婚姻的行为。买卖婚姻与包办婚姻的共同点是:婚姻关系之外的第三人,违反婚姻自由原则,违背婚姻当事人的意愿,包办强迫他人婚姻。不同点在于,包办婚姻不以索取财产为目的,而买卖婚姻是以索取财产为目的的。

其他干涉婚姻自由的行为,主要是指除包办、买卖婚姻之外的干涉他人婚姻自由,妨碍、阻挠、干涉他人行使婚姻自主权的行为。例如,干涉离异或丧偶的自然人再婚、子女干涉父母再婚、父母干涉子女结婚、干涉前配偶再婚等。

包办、买卖婚姻的行为严重侵害当事人的婚姻自主权，破坏婚姻自由原则。婚姻登记机关对于当事人因包办强迫而申请结婚登记的，不予办理结婚登记。包办强迫他人结婚的第三人，胁迫当事人办理了结婚登记的，受胁迫的一方可以向人民法院请求撤销婚姻。包办、买卖婚姻以及其他干涉婚姻自由的行为构成犯罪的，应追究其刑事责任。使用暴力包办强迫他人婚姻，构成暴力干涉婚姻自由罪的以及买卖婚姻的行为构成拐卖妇女罪、收买被拐卖的妇女罪的，均应依《刑法》追究其刑事责任。对于尚未构成犯罪的行为，可以根据《治安管理处罚法》的规定给予治安管理处罚。

2. 禁止借婚姻索取财物

借婚姻索取财物，是指婚姻当事人一方或者其父母等第三人，向对方索要一定财物作为结婚条件的违法行为。借婚姻索取财物与买卖婚姻虽然都有索取财物的行为，但存在如下区别：其一，借婚姻索取财物的婚姻当事人基本上是自愿结婚的，而买卖婚姻中婚姻当事人一方或双方是不同意结婚的。其二，借婚姻索取财物既可能是一方当事人向另一方索要，也可能是一方当事人的父母等第三人向对方索要财物，而买卖婚姻中索要财物的都是第三人。相比买卖婚姻，借婚姻索取财物的行为在民间更常见。强行索要财物，不给就以不结婚或不准结婚相威胁，不仅破坏了婚姻自由原则，而且也引发了一系列的纠纷，其社会危害性不容忽视。所以法律明令禁止借婚姻索取财物。借婚姻关系索取的财物，离婚时，如结婚时间不长，或者因索要财物造成对方生活困难的，司法实践中的处理一般是可酌情返还。

**视频教学**

《民法典》规定禁止借婚姻索取财物，是不是指禁止彩礼？收受彩礼是不是非法的？因彩礼起了纠纷，彩礼会不会被法院收缴？

扫码观看微课

国家取消彩礼了吗？

## 三、一夫一妻制原则

### （一）一夫一妻制原则概述

一夫一妻制是指一男一女互为配偶的个体婚姻形式，其本质特征是不论男女，任何人不得同时拥有两名或两名以上的配偶。基于此形成的一夫一妻制原则旨在禁止一切公开的或者隐蔽的一夫多妻、一妻多夫的结合。禁止已婚男女在婚姻关系解除前又与他人结婚，禁止一人与二人或二人以上同时结婚。

### （二）保障一夫一妻制原则实施的禁止性规定

为保障一夫一妻制原则的实施，《民法典》设置了两个禁止性规定：禁止重婚，禁止有配偶者与他人同居。

1. 禁止重婚

重婚，是指有配偶的人与他人结婚，或者明知他人有配偶而与他人登记结婚的违法行为。《刑法》第258条规定："有配偶而重婚的，或者明知他人有配偶而与之结婚的，处二年以下有期徒刑或者拘役。"重婚是对一夫一妻制的公然违反，实行一夫一妻制须禁止重婚。

重婚行为有两种形式：一是有配偶的人，未办理离婚手续又与他人登记结婚，即法律上的重婚；二是有配偶的人，虽未与他人登记结婚，但事实上与他人以夫妻名义公开同居生活，即事实上的重婚。[1] 明知他人有配偶而与之登记结婚，或者虽未登记结婚，但事实上与他人以夫妻名义公开同居生活，同样构成重婚。

事实上的重婚与有配偶者与他人同居具有相似性，都是有配偶者未与他人办理结婚手续而同居生活，但区别在于，事实上的重婚是以夫妻名义公开同居生活，而有配偶与他人同居是不以夫妻名义共同居住生活。

---

〔1〕 最高人民法院法复〔1994〕10号批复中明确规定，1994年2月1日民政部"新的《婚姻登记管理条例》（1994年1月12日国务院批准，1994年2月1日民政部发布）发布施行后，有配偶的人与他人以夫妻名义同居生活的，或者明知他人有配偶而与之以夫妻名义同居生活的，仍应按重婚罪定罪处罚"。根据该批复，司法实践中一直将重婚分为法律上的重婚和事实上的重婚。不论是法律上的重婚还是事实上的重婚，在法律责任上都是相同的，无轻重之分。但是必须注意的是，2013年1月14日最高人民法院发布《关于废止1980年1月1日至1997年6月30日期间发布的部分司法解释和司法解释性质文件（第九批）的决定》将上述批复废止。废止的理由是《婚姻登记管理条例》已经被废止，刑法对重婚罪已有明确规定。由于上述1994年批复废止，现在认定处理事实重婚缺乏法律依据。

重婚行为是严重违法的行为，根据《民法典》和《刑法》的相关规定，重婚行为人将面临以下不利的法律后果：(1)重婚的民事后果。其一，重婚无效，《民法典》第1051条规定，重婚是婚姻无效的法定情形。其二，离婚诉讼中，一方重婚是人民法院认定夫妻感情确已破裂的法定情形。其三，因一方重婚导致离婚的，无过错方有权请求离婚损害赔偿。(2)重婚的刑事后果。《刑法》第258条规定："有配偶而重婚的，或者明知他人有配偶而与之结婚的，处二年以下有期徒刑或者拘役。"该法第259条第1款规定："明知是现役军人的配偶而与之同居或者结婚的，处三年以下有期徒刑或者拘役。"与有配偶者结婚或者与现役军人的配偶同居的一方，如不知道对方有配偶，则不追究其刑事责任。

2. 禁止有配偶者与他人同居

根据《民法典婚姻家庭编解释(一)》第2条，"与他人同居"是指有配偶的人与婚外异性，不以夫妻名义，持续、稳定地共同居住。

与重婚行为一样，有配偶者与他人同居也是破坏一夫一妻制原则的违法行为，但行为的主观恶性和对社会秩序的破坏程度要小于重婚行为，所以有配偶者与他人同居的法律后果与重婚不同。(1)民事上的后果。其一，离婚诉讼中，一方与他人同居是人民法院认定夫妻感情确已破裂的法定情形。其二，因一方与他人同居导致离婚的，无过错方有权请求离婚损害赔偿。(2)刑事上的后果。有配偶者与他人同居一般不承担刑事责任，例外的是破坏军婚。根据《刑法》第259条第1款规定，凡与现役军人配偶同居的，按破坏军人婚姻罪处3年以下有期徒刑或者拘役。

## 四、男女平等原则

根据《宪法》，男女平等是我国的基本国策。[1] 国家采取必要措施，逐步完善

---

〔1〕男女平等基本国策是促进妇女事业与经济社会同步发展、男女两性平等发展、妇女自身全面发展的一项具有长远性和根本性的政策，其核心要义是重视和发挥妇女在经济社会发展中的主体地位和作用，推动妇女事业与经济社会同步发展；在承认男女现实差异的前提下倡导男女两性权利、机会和结果的平等，依法保障妇女合法权益；从法律、政策和社会实践各方面消除对妇女一切形式的歧视，构建以男女平等为核心的先进性别文化；将性别平等意识纳入决策主流，切实在出台法律、制定政策、编制规划、部署工作时充分考虑两性的现实差异和妇女的特殊利益。参见中华人民共和国国务院新闻办公室：《平等 发展 共享：新中国70年妇女事业的发展与进步》，载《人民日报》2019年9月20日，第10版。

保障妇女权益的各项制度，消除对妇女一切形式的歧视。《妇女权益保障法》第2条规定，"男女平等是国家的基本国策。妇女在政治的、经济的、文化的、社会的和家庭的生活等各方面享有同男子平等的权利。国家采取必要措施，促进男女平等，消除对妇女一切形式的歧视，禁止排斥、限制妇女依法享有和行使各项权益。国家保护妇女依法享有的特殊权益"。作为我国《民法典》婚姻家庭编的基本原则之一，男女平等原则是指男女两性在婚姻家庭领域平等地享有权利和承担义务。男女平等原则不仅对于保护妇女合法权益有着重要意义，而且有利于男女两性的平等保护和共同发展。

首先，男女平等原则表现为夫妻在家庭中地位平等。《妇女权益保障法》第60条规定，"国家保障妇女享有与男子平等的婚姻家庭权利"。《民法典》第1055条规定："夫妻在婚姻家庭中地位平等。"夫妻各自享有各自的人身和财产权利，另一方不得对他方加以限制和干涉。夫妻对未成年子女的抚养义务和监护、教育、保护职责也是平等的，任何一方不得推卸责任或者阻止他方行使权利、履行职责。其次，男女平等原则还表现为不同性别的家庭成员在家庭中平等地享有权利和承担义务。家庭成员除配偶外，还有父母、子女、祖孙和兄弟姐妹等。无论是男性家庭成员，还是女性家庭成员，在家庭中的法律地位都是平等的。最后，男女平等原则也体现在具体制度中。例如，坚持将夫妻婚后所得共同财产制作为法定的夫妻财产制度，增设日常家事代理制度保护未举债一方（主要是女方）的合法权益，删除家务劳动经济补偿的前置条件，增设离婚损害赔偿的兜底性条款等。[1]

夫妻以及其他不同性别家庭成员间的平等关系，是建立优良家风的基础，也是家庭美德和家庭文明建设的重要内容，还是和睦、文明的婚姻家庭关系的重要保障。

## 五、保护妇女、未成年人、老年人、残疾人的合法权益原则

保护妇女、未成年人、老年人、残疾人的合法权益原则是《民法典》婚姻家庭编的重要原则之一。1950年《婚姻法》规定了保护妇女、子女合法权益的原则，1980年《婚姻法》补充了保护老人合法权益的内容，从而正式确立了保护妇女、儿童和

〔1〕 参见夏吟兰：《〈民法典·婚姻家庭编〉男女平等原则之发展与思考》，载《中华女子学院学报》2020年第4期。

老人的合法权益原则。《民法典》婚姻家庭编完善了用语并增加了保护残疾人合法权益的内容。

(一)保护妇女的合法权益

保护妇女的合法权益也是贯彻实施男女平等原则的必然要求。目前,我国保护妇女合法权益已经形成了以《宪法》为根据,《妇女权益保障法》为主体,包括《民法典》《刑法》《劳动法》《母婴保健法》《女职工劳动保护特别规定》等法律、行政法规、部门规章和地方性法规在内的法律体系。

由于男女两性在生理上存在客观差异,以及重男轻女的习俗、男尊女卑的旧观念难以在短期内完全消灭,实现男女平等还要根据社会生活的实际对妇女的合法权益给予特殊的保护。例如,《民法典》第1082条规定:"女方在怀孕期间、分娩后一年内或者终止妊娠后六个月内,男方不得提出离婚……"这是法律对因生育而处于特别生理阶段女性的特殊保护。再如,《民法典》第1087条规定,离婚判决分割夫妻共同财产,人民法院应遵循照顾子女、女方和无过错方权益的原则。《妇女权益保障法》第66条规定,"妇女对夫妻共同财产享有与其配偶平等的占有、使用、收益和处分的权利,不受双方收入状况等情形的影响。对夫妻共同所有的不动产以及可以联名登记的动产,女方有权要求在权属证书上记载其姓名;认为记载的权利人、标的物、权利比例等事项有错误的,有权依法申请更正登记或者异议登记,有关机构应当按照其申请依法办理相应登记手续"。

(二)保护未成年人的合法权益

根据《未成年人保护法》第2条规定,未成年人是指未满十八周岁的自然人。未成年人是国家的未来,保护未成年人合法权益是振兴国家和民族的需要。《宪法》第46条第2款规定:"国家培养青年、少年、儿童在品德、智力、体质等方面全面发展。"第49条第1款规定:"婚姻、家庭、母亲和儿童受国家的保护。"《未成年人保护法》从家庭、学校、社会、网络、政府、司法等方面对未成年人的合法权益保护作了全面、具体的规定。2021年颁布的《家庭教育促进法》第14条第1款规定:"父母或者其他监护人应当树立家庭是第一个课堂、家长是第一任老师的责任意识,承担对未成年人实施家庭教育的主体责任,用正确思想、方法和行为教育未成年人养成良好思想、品行和习惯。"

《民法典》婚姻家庭编对未成年人合法权益的保护主要体现在家庭成员对未成年人的抚养、教育和保护上。"父母有教育、保护未成年子女的权利和义务"(第

1068 条）；“父母不履行抚养义务的，未成年子女或者不能独立生活的成年子女，有要求父母给付抚养费的权利”（第 1067 条第 1 款）；“离婚后，父母对于子女仍有抚养、教育、保护的权利和义务”（《民法典》第 1084 条第 2 款）。此外，不得虐待和歧视非婚生子女或者继子女（《民法典》第 1071 条、第 1072 条）。收养未成年人，应遵循最有利于被收养未成年人的原则，禁止借收养名义买卖未成年人（《民法典》第 1044 条）。

（三）保护老年人的合法权益

根据《老年人权益保障法》第 2 条的界定，老年人是指 60 周岁以上的自然人。尊老爱老是我国家庭的传统美德。父母为培养子女后代辛勤劳动，履行了自己的法定职责。当他们年老多病、失去劳动能力或生活困难的时候，子女理应承担起赡养的义务，给予其经济上的供养、生活上的帮助和精神上的慰籍。

《民法典》婚姻家庭编保护老年人在婚姻家庭中的合法权益，主要有婚姻自由权（第 1069 条）、受赡养权（第 1067 条第 2 款）、继承权（第 1070 条）等。

（四）保护残疾人的合法权益

根据《残疾人保障法》第 2 条的规定，残疾人是指在心理、生理、人体结构上，某种组织、功能丧失或者不正常，全部或者部分丧失以正常方式从事某种活动能力的人。残疾包括视力残疾、听力残疾、言语残疾、肢体残疾、智力残疾、精神残疾、多重残疾和其他残疾。

《宪法》第 45 条规定：“中华人民共和国公民在年老、疾病或者丧失劳动能力的情况下，有从国家和社会获得物质帮助的权利……”《残疾人保障法》第 3 条也规定：残疾人在政治、经济、文化、社会和家庭生活等方面享有同其他公民平等的权利。《民法典》第 128 条特别指出，法律对未成年人、老年人、残疾人、妇女、消费者等的民事权利保护有特别规定的，依照其规定。《民法典》婚姻家庭编作为家庭生活的基本规范，也突出了家庭对残疾人权益的特别保护。例如，对欠缺民事行为能力的精神残疾人，家庭成员和近亲属应担任监护人履行监护职责（《民法典》第 28 条）；父母对虽然已经成年但因残疾不能独立生活的子女有抚养的义务（《民法典》第 1067 条第 1 款）；离婚时，如果一方因残疾而生活困难，有负担能力的另一方应该给予适当经济帮助（《民法典》第 1090 条）；收养残疾未成年人的，收养人不受无子女或只有一名子女的限制，也不受收养子女人数的限制（《民法典》第 1100 条第 2 款）。

（五）禁止家庭暴力

《民法典》第 1042 条第 3 款规定："禁止家庭暴力……"反家庭暴力是国家、社会和每个家庭的共同责任。家庭成员之间应当互相帮助、互相关爱、和睦相处、履行家庭义务，构建平等、和睦、文明的家庭关系，家庭成员之间不得实施任何形式的家庭暴力。《民法典》明确反对家庭暴力，并对实施家庭暴力的行为人规定了相应的民事不利后果。

1. 家庭暴力的概念

根据《反家庭暴力法》第 2 条的规定，家庭暴力，是指家庭成员之间以殴打、捆绑、残害、限制人身自由以及经常性谩骂、恐吓等方式实施的身体、精神等侵害行为。2022 年最高人民法院《关于办理人身安全保护令案件适用法律若干问题的规定》第 3 条规定，对于"家庭成员之间以冻饿或者经常性侮辱、诽谤、威胁、跟踪、骚扰等方式实施的身体或者精神侵害行为"，应当认定为《反家庭暴力法》第 2 条所规定的"家庭暴力"。

2. 实施家庭暴力的主体

家庭暴力主要是家庭成员之间的暴力行为。家庭成员的范围包括配偶、父母、子女以及其他共同生活的近亲属（《民法典》第 1045 条）。除此之外，根据《反家庭暴力法》第 37 条的规定，家庭成员以外共同生活的人之间实施的暴力行为，也可以参照《反家庭暴力法》执行，例如共同居住的直系姻亲、公婆与儿媳、岳父母与女婿等。

3. 实施家庭暴力的法律责任

家庭暴力行为肆意侵犯家庭成员的人身自由及人格尊严，严重侵害家庭成员的人身、财产权益，是严重违法的行为。家庭暴力行为触犯《刑法》的，应受刑事处罚；违反《治安管理处罚法》的，应受行政处罚。实施家庭暴力，还将面临违反《民法典》规定的不利法律后果。家庭暴力行为侵害家庭成员民事权利的，依法承担停止侵害、损害赔偿的侵权民事责任；监护人实施家庭暴力，严重损害被监护人身心健康的，依法撤销其监护人资格（《民法典》第 36 条）；离婚诉讼中，一方实施家庭暴力导致夫妻感情破裂的，是法院判决离婚的法定条件（《民法典》第 1079 条）；因实施家庭暴力而离婚的，无过错方有权请求离婚损害赔偿（《民法典》第 1091 条）。

4. 对家庭暴力受害人的其他救济措施

为保护家庭暴力受害人权益，防止受到进一步侵害，《反家庭暴力法》规定了强制报告制度、告诫书制度、人身安全保护令制度。强制报告制度是指学校、幼儿园、医疗机构、居民委员会、村民委员会、社会工作服务机构、救助管理机构、福利机构及其工作人员在工作中发现无民事行为能力人、限制民事行为能力人遭受或者疑似遭受家庭暴力的，应当及时向公安机关报案(《反家庭暴力法》第 14 条)。告诫书制度是公安机关对达不到行政处罚程度的轻微家庭暴力行为的加害人出具的包括加害人的身份信息、家庭暴力的事实陈述、禁止加害人实施家庭暴力等内容的书面告知文件(《反家庭暴力法》第 16 条、第 17 条)。人身安全保护令是由《反家庭暴力法》创设的一种民事强制措施，是人民法院为了保护遭受家庭暴力或者面临家庭暴力的现实危险的受害人而作出的民事裁定。《妇女权益保障法》第 29 条规定，妇女遭受以恋爱、交友为由或者在终止恋爱关系、离婚之后，纠缠、骚扰妇女，泄露、传播妇女隐私和个人信息的侵害或者面临上述侵害现实危险的，也可以向人民法院申请人身安全保护令。人身安全保护令可以包括以下措施：禁止被申请人实施家庭暴力，禁止被申请人骚扰、跟踪、接触申请人及其相关近亲属，责令被申请人迁出申请人住所，禁止被申请人以电话、短信、即时通讯工具、电子邮件等方式侮辱、诽谤、威胁申请人及其相关近亲属，禁止被申请人在申请人及其相关近亲属的住所、学校、工作单位等经常出入场所的一定范围内从事可能影响申请人及其相关近亲属正常生活、学习、工作的活动，以及保护申请人人身安全的其他措施。[1]

(六)禁止家庭成员间的虐待和遗弃

《民法典》第 1042 条第 3 款规定，“……禁止家庭成员间的虐待和遗弃”。

1. 禁止虐待家庭成员

虐待是指行为人经常以打骂、冻饿、禁闭、强迫过度劳动、有病不给治疗或其他方式，折磨、摧残家庭成员，对其身体、精神等方面造成伤害后果的行为。与家庭暴力一样，虐待也是侵害家庭成员人身财产权益的违法行为，但虐待与家庭暴力有如下不同：(1)虐待可以作为或不作为的方式作出，家庭暴力只能以作为的方式作出。例如，对家庭成员有病不予以治疗、冻饿不给衣食等行为，属于虐待。(2)虐待一般在时间上具有持续性或经常性，而家庭暴力则不一定，偶然发生、单

---

〔1〕 参见《反家庭暴力法》第 29 条、最高人民法院《关于办理人身安全保护令案件适用法律若干问题的规定》第 10 条。

次发生的针对家庭成员的暴力均构成家庭暴力。另外,经常性、持续性的家庭暴力构成虐待。

2. 禁止遗弃家庭成员

遗弃是指负有法定扶养义务又有负担能力的人,对年老、年幼、患病或其他没有独立生活能力的家庭成员,拒绝扶养的行为。《民法典》规定,配偶之间、父母子女之间以及一定条件下的祖孙之间和兄弟姐妹之间相互负有扶养义务。扶养义务人有负担能力,拒绝扶养没有独立生活能力需要扶养的家庭成员,构成遗弃。

3. 虐待、遗弃家庭成员的法律责任

虐待和遗弃家庭成员的行为人根据其主观恶性以及造成后果的严重程度,应受刑事制裁或行政处罚。监护人虐待遗弃被监护人、严重损害被监护人身心健康的,依法撤销其监护人资格(《民法典》第36条);离婚诉讼中,虐待、遗弃家庭成员导致夫妻感情破裂的,应准予离婚(《民法典》第1079条);因虐待、遗弃家庭成员导致离婚的,无过错方有权请求离婚损害赔偿(《民法典》第1091条)。

## 六、《民法典》婚姻家庭编的倡导性规定

除了上述原则外,《民法典》婚姻家庭编还在2001年《婚姻法》第4条的基础上,倡导平等、和睦、文明的婚姻家庭关系的建设。《民法典》第1043条规定:"家庭应当树立优良家风,弘扬家庭美德,重视家庭文明建设。夫妻应当互相忠实,互相尊重,互相关爱;家庭成员应当敬老爱幼,互相帮助,维护平等、和睦、文明的婚姻家庭关系。"将优良家风、家庭美德以及家庭文明建设写入《民法典》,是社会主义核心价值观与现代民法精神相辅相成、相得益彰的重要体现,也是新时代推进"德法共治"建设的具体举措。在民法领域一要贯彻法治,二要贯彻德治。在婚姻家庭领域,调整婚姻家庭关系,要特别强调弘扬社会主义核心价值观,特别强调法治和德治的结合,两者相辅相成、相互促进、缺一不可。[1]

### (一)家庭应当树立优良家风,弘扬家庭美德,重视家庭文明建设

习近平总书记2016年会见第一届全国文明家庭代表时强调,"家风是社会风气的重要组成部分。家庭不只是人们身体的住处,更是人们心灵的归宿。家风好,就能家道兴盛、和顺美满;家风差,难免殃及子孙、贻害社会,正所谓'积善之

〔1〕 参见黄薇主编:《中华人民共和国民法典婚姻家庭编解读》,中国法制出版社2020年版,第19页。

家，必有余庆；积不善之家，必有余殃'"。[1] 树立优良家风入法，体现了家庭在贯彻社会主义核心价值观中的重要作用。家风，也称门风或家庭的风气或风范，家风为家庭成员树立了无形却又无处不在的价值准则。优良的家风支撑着家庭的和谐与平安，塑造着家庭成员的高尚品格和良好行为。家风是社会风气的一部分，家风正则民风淳，好的家风能够促进社会良好风气。

家庭美德是推动家庭文明建设和社会文明发展的重要力量。家庭美德是指规范家庭生活方式、调节家庭成员关系、鼓励或者约束家庭成员行为的道德准则。传承和弘扬中华民族传统家庭美德，能够为家庭文明建设注入新的时代精神。

### （二）建设平等、和睦、文明的夫妻关系和家庭关系

家庭文明建设，既包括家庭的物质文明、精神文明、法治文明的建设，也包括家庭成员的人身关系文明与财产关系文明的建设。要树立优良家风、弘扬家庭美德、重视家庭文明建设，就需要注重婚姻关系和家庭关系的建设。

其一，夫妻之间互相忠实、互相尊重，互相关爱等是良好夫妻关系的基础。夫妻作为最亲密的亲属和共同生活的伴侣，他们之间不仅有法定人身关系和财产关系，还应该忠实于对方、尊重对方人格平等、相互扶助和关爱。2001 年《婚姻法》增加了“夫妻应当互相忠实，互相尊重”的规定，《民法典》在此基础上又增加了“互相关爱”的规定。[2] 夫妻相互忠实，互敬互爱也是建立平等、和睦、文明婚姻关系的基本要求。法律设置倡导性规定的目的在于促进夫妻平等和睦关系，增进

---

[1] 习近平：《在会见第一届全国文明家庭代表时的讲话》，载《人民日报》2016 年 12 月 16 日，第 2 版。

[2] 2001 年《婚姻法》第 4 条规定夫妻应当互相忠实，但《婚姻法解释（一）》第 3 条规定：当事人仅以该条为依据提起诉讼的，人民法院不予受理；已经受理的，裁定驳回起诉。司法实践中发现民众有将夫妻忠实义务契约化的倾向，即订立夫妻忠实协议，约定应相互忠实，若有违反则应承担约定的违约责任。总体而言，由于举证的合法性问题以及对违反法定义务的事先损害赔偿约定的有效性问题，学理及司法实践倾向于不认可忠诚协议的效力，或在一定范围内予以认可。《民法典》实施后，忠实义务及其违约后果的约定是否具有法律上效力，应否保护当事人自愿且合法约定的问题，再次被提出来。《民法典》第 464 条规定，“合同是民事主体之间设立、变更、终止民事法律关系的协议。婚姻、收养、监护等有关身份关系的协议，适用有关该身份关系的法律规定；没有规定的，可以根据其性质参照适用本编规定”。在没有违反法律规定的情况下，夫妻自愿订立的忠诚协议是否受《民法典》合同编的调整，是一个值得探讨的问题。不过 2021 年《民法典婚姻家庭编解释（一）》第 4 条仍坚持：当事人仅以《民法典》第 1043 条为依据提起诉讼的，人民法院不予受理；已经受理的，裁定驳回起诉。

夫妻感情。不过，夫妻互相忠实、互相尊重、互相关爱仍是道德上的义务，[1]法律无法强制配偶一方忠实、尊重和关爱对方。但是，对于配偶不忠实、不尊重、不关爱对方的行为，《民法典》给予否定性评价。

其二，家庭是社会的细胞，家庭和睦是社会安定的重要基础。正如习近平总书记所指出的，“中华民族历来重视家庭，正所谓‘天下之本在国，国之本在家’，家和万事兴。国家富强，民族复兴，最终要体现在千千万万个家庭都幸福美满上，体现在亿万人民生活不断改善上。千家万户都好，国家才能好，民族才能好”。[2]建设家庭关系文明，应提倡家庭成员间敬老爱幼，互相帮助。《家庭教育促进法》也规定，“未成年人的父母或者其他监护人及其他家庭成员应当注重家庭建设，培育积极健康的家庭文化，树立和传承优良家风，弘扬中华民族家庭美德，共同构建文明、和睦的家庭关系，为未成年人健康成长营造良好的家庭环境”。依法处理亲子关系及其他家庭成员关系，尊重家庭成员人格的平等、独立、自由与人格尊严，保护家庭成员的人身和财产权益，方能共同建立和维护平等、和睦、文明的婚姻家庭关系，形成“爱国爱家、相亲相爱、向上向善、共建共享的社会主义家庭文明新风尚”。

---

〔1〕参见夏吟兰、薛宁兰主编：《民法典之婚姻家庭编立法研究》，北京大学出版社 2016 年版，第 177 页。

〔2〕习近平：《在 2018 年春节团拜会上的讲话》，载人民网 2018 年 2 月 14 日，http://jhsjk.people.cn/article/29824618。

# 第二章　结 婚 制 度

## 第一节　婚　　约

### 一、婚约的概念

婚约是男女双方以将来结婚为目的而作的事先约定,也称结婚的预约。订立婚约的行为称为订婚,订立婚约的当事人俗称未婚夫妻。

### 二、现行法律、政策对婚约的态度

无论是《婚姻法》还是《民法典》,都没有规定婚约,即法律不调整婚约关系。

第一,订婚不是结婚的必经程序。我国法律对婚约既不提倡,也不禁止。订婚不是结婚的必经手续。所有被包办、强迫的订婚,一律无效。男女自愿订婚者,听其订婚。法律不把订婚作为结婚的必经程序,是为了保障婚姻自由。

第二,婚约不能强制履行。也正是基于婚姻自由原则,已经订立的婚约不能强制履行,只有双方完全自愿,婚约才能实际履行。如一方不愿履行婚约,另一方不得强制其履行,否则构成对他人婚姻自主权的侵害。

第三,不得为未成年人订立婚约。《未成年人保护法》第 17 条第 9 项规定,父母或者其他监护人不得“允许、迫使未成年人结婚或者为未成年人订立婚约”。这为预防和制止未成年人早婚提供了法律保障。

### 三、婚约的解除及其相关财产纠纷的处理

根据有关法律、司法解释和政策的规定,从有利于贯彻婚姻自由原则及促进社会安定团结出发,对于婚约纠纷应区分不同的情况予以处理。

(一)解除婚约无须特定程序

婚约经双方同意即可自行解除,无须经过特别的程序;一方要求解除的,只须向对方作出意思表示即可,无须征得对方的同意。“一方面自愿取消订婚者,得通知对方取消之。”[1]

(二)婚约财产纠纷的处理

对解除婚约引起的财物纠纷,应区别情况,妥善处理。

1. 对包办、买卖性质的订婚所收受的财物,属非法所得,应依法没收。

2. 借订婚索取的财物,解除婚约时一般应当予以返还。

3. 对订婚中自愿赠与的财物,按《民法典》规定的赠与关系处理。赠与是当事人将自己的财产自愿无偿给予另一方当事人,如果是一方借婚姻索取的,不构成赠与。对取得财物的性质是索取还是赠与难以认定的,一般可按赠与处理。赠与纠纷,依照《民法典》第三编合同第十一章“赠与合同”的相关规定处理。但是,对于双方订情的信物,一方要求归还的,以归还为妥。对一方自愿支付的举行订婚仪式的花费或者交往时食宿旅游的共同花费,一般不予补偿。

4. 订婚时一方按照习俗给付的彩礼,解除婚约时一般应根据 2024 年最高人民法院《涉彩礼纠纷解释》及《民法典婚姻家庭编解释(一)》第 5 条的规定妥善处理。

(1)彩礼是当事人以婚姻为目的依据习俗给付的财物,一般是男方或者男方亲属给付女方或女方亲属的特定财产。判断是否属于彩礼,应根据一方给付财物的目的,综合考虑双方当地习俗、给付的时间和方式、财物价值、给付人及接收人等事实综合判断。但一方在节日、生日等有特殊纪念意义时点给付的价值不大的礼物、礼金,一方为表达或者增进感情的日常消费性支出,以及其他价值不大的财物,不属于彩礼。

(2)以下情形,当事人请求返还按照习俗给付的彩礼的,人民法院应当予以支持:第一,双方未办理结婚登记手续。但是,双方虽未办理结婚登记却已共同生活,一方请求返还按照习俗给付的彩礼的,人民法院应当根据彩礼实际使用及嫁妆情况,综合考虑共同生活及孕育情况、双方过错等事实,结合当地习俗,确定是否返还以及返还的具体比例。第二,双方办理结婚登记手续但确未共同生活,且

---

[1] 1950 年 6 月 26 日《中央人民政府法制委员会有关婚姻法施行的若干问题与解答》问题一。

离婚时请求返还彩礼的。第三，婚前给付并导致给付人生活困难，且离婚时请求返还彩礼的。

(3)如果共同生活时间较短且彩礼数额过高的，人民法院可以根据彩礼实际使用及嫁妆情况，综合考虑彩礼数额、共同生活及孕育情况、双方过错等事实，结合当地习俗，确定是否返还以及返还的具体比例。人民法院认定彩礼数额是否过高，应当综合考虑彩礼给付方所在地居民人均可支配收入、给付方家庭经济情况以及当地习俗等因素。

(4)《民法典》第10条明确，应当依照法律处理民事纠纷，但如果法律没有规定的，法官可以适用习惯解决纠纷。所谓"习惯"，根据《民法典总则编解释》第2条，是指在一定地域、行业范围内长期为一般人从事民事活动时普遍遵守的民间习俗、惯常做法等。彩礼纠纷当事人主张适用习惯的，应当就习惯及其具体内容提供相应证据；案件处理有必要时，人民法院也可以依职权查明。法官适用习惯处理彩礼纠纷，特别是"高额"彩礼纠纷，不得违背社会主义核心价值观，不得违背公序良俗。

**视频教学**

彩礼是什么？我们为什么要反对高额彩礼？

扫码观看微课

以史为鉴，治理高价彩礼

5. 对因解除婚约而提出的"青春损失"等赔偿的请求，一般不予支持。

## 第二节　结婚的条件和程序

结婚不仅关系到当事人及其家庭，而且关系到民族健康和社会发展，因此国家通过法律手段来规范结婚行为。凡是符合结婚要件的男女结合,法律都赋予其婚姻的效力,双方依法具有配偶身份。不符合结婚要件的男女结合,不能成立婚姻关系,即使经过结婚登记,亦为无效婚姻或可撤销婚姻。

## 一、结婚的概念和要件

### (一)结婚的概念

结婚亦称婚姻的成立,是指男女双方按照法定的条件和程序,确立夫妻关系的民事法律行为。结婚是民事法律行为中的身份行为,该行为在没有配偶身份的男女之间建立夫妻关系,他们与对方的亲属建立姻亲关系。结婚的概念有广义和狭义之分,广义说认为,结婚包括订婚和结婚两个环节。订婚被视为结婚的前置程序,是结婚程序的一部分。狭义说认为,结婚仅指夫妻关系的建立,不包括订婚,近现代婚姻家庭立法则多采狭义说。《民法典》婚姻家庭编亦持狭义说,没有规定婚约制度。

### (二)结婚的要件

结婚是典型的身份法律行为,只有符合法定的要件,婚姻的成立才能在当事人之间产生合法婚姻的效力。根据不同的分类标准,结婚要件通常可以分为:

1. 结婚的实质要件和形式要件

根据法律规定结婚要件的不同,结婚要件可分为结婚的实质要件和形式要件。

结婚的实质要件也称结婚的条件,是指结婚当事人以及双方之间的关系必须符合的法定条件。例如,要求结婚的当事人必须已达法定婚龄,当事人之间没有禁止结婚的亲属关系,男女双方结婚必须出于自愿等。

结婚的形式要件也称结婚的程序,是指婚姻成立的法定程序或方式,它是婚姻获得社会承认的方式。对结婚的方式存在两种立法主张:事实婚姻主义和要式婚姻主义。事实婚姻主义认为,当事人双方有结婚的合意,并且有以夫妻名义共同生活的事实,无须履行任何手续即可成立婚姻关系。要式婚姻主义则认为,当事人须履行法定的方式或程序,才能使婚姻具有效力;否则,双方即使以夫妻名义共同生活,只要未履行法定的结婚程序,当事人之间的关系就不受法律的调整和保护。事实婚姻主义重事实轻形式,虽有合乎情理或习俗的一面,但不利于国家对结婚行为的监管,故当代多数国家采要式婚姻主义。

2. 结婚的必备条件和禁止条件

必备条件和禁止条件是对结婚的实质要件的分类。结婚的必备条件又称积极要件，是指结婚双方当事人必须具备的不可缺少的条件。《民法典》婚姻家庭编规定的结婚必备条件有二：一是男女双方应当完全自愿；二是当事人须达到法定婚龄。结婚的禁止条件又称消极要件，或称婚姻成立的障碍，是指法律规定不允许结婚的事项。《民法典》规定的结婚禁止条件有二：一是禁止直系血亲和三代以内旁系血亲结婚；二是禁止有配偶者结婚。

需要说明的是，学理上对结婚的条件还有公益要件和私益要件之分。例如，在法国、德国等国的民法学说中，结婚要件就有公益要件和私益要件之分。前者指关涉社会公共利益的要件，后者指仅与个人利益有关的要件，并且根据此种分类，有瑕疵的婚姻也可分为无效婚姻和可撤销婚姻。但是，由于社会中各种利益价值的多层次性及复杂性，哪些要件仅涉及公益，哪些要件仅涉及私益，难以截然分开。例如，对于法定婚龄，有学者认为是公益要件，有学者则认为是私益要件。就《民法典》婚姻家庭编中有关结婚的条件来看，大多既保护当事人的私益，又满足社会公益的要求，兼具公益和私益的属性。本书没有对结婚的条件作出公益要件和私益要件的区分，但并不否认公益要件和私益要件在理论上区分的必要性和可行性。

## 二、结婚的条件

结婚的条件，即结婚的实质要件，是指当事人本人以及相互间的关系应当满足的法定条件。根据《民法典》第 1042 条、第 1046～1048 条的规定，结婚应满足如下条件：

### （一）男女双方应当完全自愿

《民法典》第 1046 条规定，“结婚应当男女双方完全自愿，禁止任何一方对另一方加以强迫，禁止任何组织或者个人加以干涉”。正确理解该条件应注意如下三点：(1)男女双方完全自愿意味着当事人有结婚的合意，对结婚是明知并完全同意的；(2)当事人结婚没有受到第三人或任何组织的干涉和强迫，任何一方当事人也没有被对方当事人强迫；(3)法律并未要求结婚的男女双方必须具有完全民事行为能力，结婚组建家庭是自然人的基本权利，除结婚行为严重损害自己、他人和社会公益，法律明确禁止之外，不应干涉、限制他人的结婚自由。

（二）当事人须达到法定婚龄

法定婚龄，是指男女结婚必须达到的法律规定的最低年龄。男女双方或一方未达法定婚龄的，不得结婚。《民法典》第 1047 条规定，“结婚年龄，男不得早于二十二周岁，女不得早于二十周岁”。

立法确定法定婚龄主要考虑两个方面的因素：自然因素和社会因素。自然因素主要是指自然人的生理和心理发育状况，只有达到一定年龄，生理和心理发育成熟，才能具备适合结婚的生理和心理条件，才能正确地认识结婚的法律效力，更好地在婚后承担对配偶、子女、家庭和社会的责任。社会因素是指当时的经济、政治，社会生产力的发展、人口状况，人口政策，道德规范、宗教习俗及民族风俗习惯等社会条件。其中，社会生产力的发展状况和人口状况是确定法定婚龄考虑的主要社会因素。

《民法典》保留了 1980 年《婚姻法》关于法定婚龄的规定，比 1950 年《婚姻法》规定的男女最低结婚年龄各高 2 周岁。在《民法典》编纂过程中，有学者提出我国计划生育政策发生了较大改变，降低法定婚龄能够提升我国的人口出生率，建议《民法典》适当降低法定婚龄。立法机关委托国家统计局对公民的结婚意向年龄开展调查，综合考虑各方面的因素，经报中央同意，仍维持现行法定婚龄不变。[1] 不过，根据《宪法》和《立法法》的规定，民族自治地区可以根据本民族的实际情况，制定地方性法规，适当降低结婚年龄。

（三）禁止直系血亲和三代以内旁系血亲结婚

《民法典》第 1048 条规定，“直系血亲或者三代以内的旁系血亲禁止结婚”。我国禁止结婚的亲属均为血亲，既包括具有真实血缘联系的自然血亲，也包括法律拟制的血亲。前者包括生父母子女关系、祖孙关系等不受代数限制的直系血亲关系，以及兄弟姐妹关系（不论全血缘还是半血缘兄弟姐妹），堂（表）兄弟姐妹关系，叔伯姑舅姨与侄子女、外甥子女关系等三代以内的旁系血亲关系。后者包括了因收养而成立的养父母子女关系、养祖孙关系、养兄弟姐妹关系，以及继父母和受其抚养教育的继子女的关系。

禁止一定范围的亲属结婚是古今中外婚姻立法的通例。其立法理由有二：一是基于伦理观念的要求；二是基于优生的要求。人类在长期生活实践中形成的伦

---

〔1〕　参见杨明仑：《民法典婚姻家庭编的主要制度与创新》，载《中国人大》2020 年第 15 期。

理观念要求一定范围内的亲属不得结婚,通常认为近亲结婚有碍风化,为社会道德所不容。[1]《礼记·大传》中载:“四世而缌,服之穷也。五世袒免,杀同姓也。六世,亲属竭矣。其庶姓别于上而戚虽百世而昏姻不通者,周道然也。”[2]其他国家、民族的风俗习惯中也都有关于亲属通婚的限制,例如古印度《摩奴法典》要求男子结婚应娶“非其母系或父系六代祖先以内”的女子。禁止一定范围内亲属结婚还有优生的考虑。遗传学和优生学的研究成果表明,基因遗传的自然规律决定了血缘关系较近的亲属结婚,容易将父母双方在身体机能方面的缺陷累积遗传给后代,从而给后代健康带来不利影响。血缘关系较远或无血缘关系当事人的婚配,可以预防或减少遗传学上的消极影响。因此,为提高民族的人口质量,保证子孙后代的健康,保障优生优育,立法禁止直系血亲和三代以内旁系血亲结婚。

**视频教学**

直系血亲和三代以内旁系血亲不能结婚,那么三代以内旁系血亲是否包括表姐的女儿呢?

扫码观看微课

我和阿鹏是不是法律上禁止结婚的亲属?

(四)禁止有配偶者结婚

《民法典》第1042条明确规定实行“一夫一妻”的婚姻制度,“禁止重婚”。《民法典》婚姻家庭编在结婚一章中虽未明确规定“禁止有配偶者结婚”,但禁止有配偶者结婚是实行一夫一妻制度的必然要求。要求结婚的男女双方,必须是无配偶的人,即婚姻状况为未婚、丧偶或者离异。有配偶的人与他人结婚的行为属于重婚。重婚是严重违法行为,如构成重婚罪,将按照《刑法》追究其刑事责任。

需要说明的是,《民法典》删除了《婚姻法》中关于禁止患有医学上认为不应

---

[1] 涂尔干在《乱伦禁忌及其起源》一文中认为,乱伦的禁忌所要防范的,是同一氏族的男女之间的性亲近。两性要相互避讳,对这一规则的任何违反都会激起憎恶之情。参见[法]爱弥尔·涂尔干:《乱伦禁忌及其起源》,汲喆等译,上海人民出版社2003年版,第43页。

[2] (战国)孟子等:《四书五经》,中华书局2009年版,第374页。

当结婚的疾病者结婚的规定,同时相应增加“一方患有重大疾病的,应当在结婚登记前如实告知另一方;不如实告知的,另一方可以向人民法院请求撤销婚姻”的规定。删除的原因有二:一是因为结婚自由是自然人的宪法权利,虽然某些重大疾病会影响当事人的婚后共同生活,但另一方当事人知情并愿意与之结婚共同生活的,法律应尊重当事人的选择和婚姻自主权;二是因为医学不断进步和发展,在医学上并未形成关于何种疾病不应结婚的统一看法或共识,这也导致了守法和执法上的困难。最终《民法典》遵循了尊重当事人婚姻自主权的立法原则,删除了关于患有重大疾病者禁止结婚的条款,而将隐瞒自己患有影响婚后生活的重大疾病作为婚姻可撤销的事由。

## 三、结婚的程序

结婚的程序,也称结婚的形式要件,是法律规定的当事人缔结婚姻所必须采取的方式。结婚登记是我国法律所要求的婚姻成立之法定程序。《民法典》第1049条规定,“要求结婚的男女双方应当亲自到婚姻登记机关申请结婚登记。符合本法规定的,予以登记,发给结婚证。完成结婚登记,即确立婚姻关系。未办理结婚登记的,应当补办登记”。

### (一)结婚登记的机关

我国实行婚姻统一登记原则。2003年《婚姻登记条例》第2条规定:内地居民办理婚姻登记的机关是县级人民政府民政部门或者乡(镇)人民政府,省、自治区、直辖市人民政府可以按照便民原则确定农村居民办理婚姻登记的具体机关。中国公民同外国人,内地(大陆)居民同香港特别行政区居民、澳门特别行政区居民、台湾地区居民、华侨办理婚姻登记的机关是省、自治区、直辖市人民政府民政部门或者省、自治区、直辖市人民政府民政部门确定的机关。

婚姻登记机关管辖的范围,原则上与户籍管辖范围相适应。我国居民结婚的,男女双方应当共同到任何一方当事人常住户口所在地的婚姻登记机关办理结婚登记。中国公民同外国人在中国内地结婚的,内地(大陆)居民同香港特别行政区居民、澳门特别行政区居民、台湾地区居民、华侨在中国内地(大陆)结婚的,男女双方应当共同到内地(大陆)居民常住户口所在地的婚姻登记机关办理结婚登记。现役军人结婚由部队驻地、入伍前常住户口所在地或另一方当事人常住户口所在地婚姻登记机关办理婚姻登记。

常住户口所在地即为内地居民的户籍所在地,《户口登记条例》第6条规定:“公民应当在经常居住的地方登记为常住人口,一个公民只能在一个地方登记为常住人口。”

(二)结婚登记的程序

根据《民法典》第1049条、《婚姻登记条例》第5~7条以及《婚姻登记工作规范》的规定,结婚登记的程序为:申请—审查—登记。

1. 申请

要求结婚的男女双方应当亲自到婚姻登记机关申请结婚登记。为了确定结婚是男女双方本人的真实意思,结婚登记不能代理,须双方到场向婚姻登记机关表明自愿结婚的意思。申请办理结婚登记的内地居民应当出具下列证件和声明:本人的户口簿、身份证,本人无配偶以及与对方当事人没有直系血亲和三代以内旁系血亲关系的签字声明。

2. 审查

婚姻登记机关应对当事人的结婚申请严格审核查实,主要审查两方面内容:一是证件是否真实、完备,有无伪造、涂改或冒名顶替的情况。当事人在户口簿上记载的婚姻状况如与当事人声明不一致的,应当向登记机关提供能够证明其声明真实性的法院生效司法文书、配偶居民死亡医学证明(推断)书等材料;不一致且无法提供相关材料的,当事人应当先到有关部门更正再办理婚姻登记。也就是说,若当事人声明的婚姻状况与婚姻登记档案记载不一致的,当事人应当向登记机关提供能够证明其声明真实性的相关材料。二是审查当事人双方是否符合法定的结婚条件,是否具有结婚的意愿。在审查中,婚姻登记员就需要了解的情况,可以向当事人提出询问,当事人应如实作答。

3. 登记

经审查后,婚姻登记机关对于符合结婚条件的应及时予以登记,给当事人双方颁发结婚证。当事人从取得结婚证之时起,确立夫妻关系。

在审查中如果发现申请结婚的当事人有下列情形之一的,婚姻登记机关不予登记:(1)未达法定婚龄;(2)非双方自愿;(3)一方或双方已有配偶;(4)属于直系血亲或三代以内旁系血亲关系。婚姻登记机关决定不予登记应向当事人说明理由,当事人要求出具《不予办理结婚登记告知书》的,婚姻登记机关应当出具。当事人不服婚姻登记机关不予登记的决定,可按照《行政复议法》规定的条件和程序申请复议;不服复议决定的,可依据《行政诉讼法》提起行政诉讼。

(三)补办结婚登记

《民法典》第1049条规定,“……未办理结婚登记的,应当补办登记”。不要把补办结婚登记与补领结婚证相混淆。前者是当事人双方以夫妻名义共同生活,但是没有办理结婚登记,为依法确立婚姻关系,符合结婚条件的当事人亲自向婚姻登记机关申请补办结婚证,在补办结婚登记后,当事人婚姻关系的效力从双方均符合婚姻法所规定的结婚的实质要件时起算。后者是指已经办理结婚登记的当事人遗失、损毁婚姻登记证的,可以向原办理该婚姻登记的机关或者一方常住户口所在地的婚姻登记机关申请补领。

(四)结婚登记的效力

《民法典》第1049条规定:“……完成结婚登记,即确立婚姻关系……”对该句的理解应注意:在完成结婚登记之后,当事人双方即确立夫妻身份,之后是否举行婚礼,是否同居生活,都不影响其婚姻关系的成立;从结婚登记之日起,夫妻关系成立,当事人具有配偶身份,其人身权利和财产权利受法律保护;已经确立的婚姻关系非经法律程序不得任意解除,如果登记结婚后一方反悔,要求解除夫妻关系的,须按离婚程序办理。

## 第三节 无效婚姻和可撤销婚姻

在结婚登记的过程中,一些当事人弄虚作假、伪造相关证件骗取结婚登记,或者婚姻登记员玩忽职守、违反程序规定为不符合条件的当事人办理婚姻登记,导致一些完成结婚登记领取了结婚证的当事人实际上并不符合结婚的实质要件。为了制裁和处理违反结婚实质要件的违法婚姻,《民法典》第1052～1054条规定并完善了无效婚姻和可撤销婚姻制度,明确了无效婚姻和可撤销婚姻的法定事由、程序、法律后果等。我国无效婚姻制度采双轨制,区分了无效婚姻和可撤销婚姻,这有利于预防和减少违法婚姻,既严格执行关于结婚要件的法律规定,又保护无过错当事人及其子女的合法利益。

## 一、无效婚姻

### （一）概念和特征

无效婚姻是指虽已办理结婚登记，但因当事人未到法定婚龄或者具有结婚的禁止条件，而自始不具有婚姻效力的男女两性结合。

无效婚姻具有如下特征：(1)无效婚姻当事人之间已经办理结婚登记，没有办理结婚登记的男女两性结合不构成无效婚姻；(2)婚姻无效的原因是当事人一方或双方未到法定婚龄，当事人一方或双方已有配偶，当事人之间是直系血亲或三代以内旁系血亲关系；(3)无效的婚姻关系自始无效，从一开始就不产生法律上的效力，也不受法律保护，当事人之间自始不产生夫妻关系。

### （二）婚姻无效的原因和确认程序

1. 婚姻无效的原因

《民法典》第1051条规定："有下列情形之一的，婚姻无效：(一)重婚；(二)有禁止结婚的亲属关系；(三)未到法定婚龄。"对该条的理解注意如下两点：一是除上述三种情形外，其他情形例如违反结婚登记程序，一方对另一方的人品、财富、职业等有重大误解或者受到欺骗，一方强迫另一方结婚等情形，均不能导致婚姻无效。《民法典婚姻家庭编解释(一)》第17条明确，当事人以《民法典》第1051条规定的三种无效婚姻以外的情形请求确认婚姻无效的，人民法院应当判决驳回当事人的诉讼请求。当事人以结婚登记程序存在瑕疵为由提起民事诉讼，主张撤销结婚登记的，告知其可以依法申请行政复议或者提起行政诉讼。二是要注意《民法典》第1051条对2001年《婚姻法》第10条的修改，删除了"婚前患有医学上认为不应当结婚的疾病，婚后尚未治愈的"的情形。

2. 婚姻无效的确认程序

虽然《民法典》没有明确婚姻无效的确认程序，但是婚姻关系与一般民事交易关系不同，不仅影响当事人双方重大的人身和财产权益，还会影响子女等第三人利益，所以经过结婚登记的婚姻关系不宜由当事人自行判断是否具有效力。最高人民法院通过司法解释规定，与民事法律行为的当然无效不同，婚姻无效是确认无效，由婚姻当事人或利害关系人向人民法院提出申请，经人民法院确认后，婚姻才自始无效。

（1）有权申请确认婚姻无效的主体

根据《民法典婚姻家庭编解释（一）》第9条，有权申请确认婚姻无效的主体有两类：一是任何一方婚姻关系当事人。二是利害关系人。以重婚为由申请确认婚姻无效的，有权申请确认婚姻无效的主体为当事人的近亲属及基层组织；以未到法定婚龄为由申请确认婚姻无效的，有权申请确认婚姻无效的主体为未达法定婚龄者的近亲属；以有禁止结婚的亲属关系为由申请确认婚姻无效的，有权申请确认婚姻无效的主体为当事人的近亲属。之所以会有不同范围的利害关系人，是因为不同的导致婚姻无效的情形，社会危害性不同，权益受到影响的利害关系人也不同。

（2）婚姻无效的确认机关和程序

婚姻无效的确认机关是人民法院。根据《民法典婚姻家庭编解释（一）》第10～17条的相关规定，婚姻无效确认的程序如下：

婚姻无效确认程序的启动应包括：其一，经当事人或利害关系人向有管辖权的基层人民法院申请确认婚姻无效。其二，人民法院受理离婚案件后，发现当事人之间的婚姻关系确属无效婚姻的，应当将婚姻无效的情形告知当事人，并依法确认婚姻无效。其三，人民法院就同一婚姻关系分别受理了离婚和请求确认婚姻无效案件的，对于离婚案件的审理，应当待请求确认婚姻无效案件作出判决后进行。

人民法院审理确认婚姻无效案件包括：其一，经审查确属无效婚姻的，应当依法确认婚姻无效；原告申请撤诉的，不予准许。其二，对婚姻效力的审理不适用调解，应依法判决。涉及财产分割和子女抚养的，可以调解。调解达成协议的，另行制作调解书；未达成调解协议的，应当一并作出判决。[1] 其三，当事人向人民法院申请确认婚姻无效时，法定的无效婚姻情形在提起诉讼时已经消失的，人民法院不予支持。

## 二、可撤销婚姻

### （一）概念和特征

可撤销婚姻是指虽已办理结婚登记，但因当事人在结婚时受到胁迫，或者当

〔1〕《婚姻法解释（一）》曾将宣告婚姻无效的程序作为一个特别程序，婚姻无效的判决一经作出立即生效，不得上诉。但2023年《民事诉讼法》并未将婚姻无效宣告程序作为特别程序，《民法典婚姻家庭编解释（一）》删除了这一规定。

事人一方在结婚前未告知另一方其患有重大疾病，受胁迫的当事人或者不知情的另一方当事人有权在法定期限内向人民法院请求撤销的婚姻。

可撤销婚姻具有如下特征：(1)可撤销婚姻当事人之间已经办理结婚登记，没有办理结婚登记不能构成可撤销婚姻；(2)婚姻无效的原因是当事人在结婚时受到胁迫，或者当事人一方在结婚前未告知另一方其患有重大疾病；(3)可撤销婚姻关系从被撤销之日起自始无效，不受法律保护，当事人之间也自始不产生夫妻关系。

需要注意的是，《民法典》第1052条、第1053条所规定的撤销婚姻，是对结婚这一身份民事法律行为的撤销，产生的后果是婚姻自始不发生效力。撤销婚姻与撤销结婚登记不同。结婚登记是行政确认行为，即行政机关对当事人结婚行为进行行政确认的具体行政行为。如果具体行政行为存在主要证据不足、适用法律法规错误、违反法定程序、超越或滥用职权等情形，行政机关可以根据上级机关的指示或者人民法院的判决撤销行政行为。结婚登记的行政行为一旦被撤销，将导致当事人结婚的民事法律行为因欠缺结婚登记而不能成立。如双方当事人之间关系不存在导致婚姻无效或被撤销的，当事人可以申请补办结婚登记，婚姻的效力可以自双方均符合结婚要件时起算。

(二)无效婚姻与可撤销婚姻的区别和联系

无效婚姻与可撤销婚姻共同点：(1)无效婚姻与可撤销婚姻都是已经办理结婚登记但是欠缺结婚实质要件的违法婚姻；(2)婚姻被确认无效与被依法撤销的法律后果完全相同，都是自始无效，当事人实际不具有夫妻的人身和财产关系。

无效婚姻与可撤销婚姻的区别：(1)违反的实质要件不同。无效婚姻违反的是法律对法定婚龄、禁止有配偶者结婚、禁止一定范围内近血亲结婚的要求。可撤销婚姻违反的法定要件是当事人应当完全自愿，即一方当事人受胁迫而结婚，以及一方当事人隐瞒自己重大疾病侵害对方知情权，导致对方在不知情的情况下作出同意结婚的意思表示。(2)婚姻是否归于无效的弹性不同。根据《民法典》的规定，婚姻无效是绝对无效，而可撤销婚姻经撤销权人申请，人民法院依法撤销后自始无效，超过除斥期间权利人未行使撤销权的，婚姻有效。《民法典婚姻家庭编解释(一)》第10条所称申请时“法定的无效婚姻情形在提起诉讼时已经消失的”，是指因时间的经过当事人已经达到法定婚龄，人民法院不再支持确认婚姻无效的请求，但是重婚或有禁婚亲属关系而结婚的，法定无效情形不会因时间经过而消灭。当事人及利害关系人均可依法向人民法院申请确认婚姻无效。可撤销婚姻是否撤销的权利被依法赋予被胁迫一方，以及对重大疾病不知情的一方，如果撤销权人决定继续维持婚姻关系，撤销权除斥期间届满后，婚姻不能被撤销；经撤销权人申请依法被撤销的，婚姻自始无效。

（三）婚姻可撤销的原因和程序

1. 婚姻可撤销的原因

《民法典》第 1052 条第 1 款和第 1053 条第 1 款规定了可撤销婚姻的原因："因胁迫结婚的，受胁迫的一方可以向人民法院请求撤销婚姻""一方患有重大疾病的，应当在结婚登记前如实告知另一方；不如实告知的，另一方可以向人民法院请求撤销婚姻。"

（1）胁迫

因"胁迫"结婚，是指行为人以给另一方当事人或者其近亲属的生命、身体、健康、名誉、财产等方面造成损害为要挟，迫使另一方当事人违背真实意愿结婚的情况（《民法典婚姻家庭编解释（一）》第 18 条）。因受到胁迫而结婚，不符合《民法典》第 1046 条关于结婚应男女双方完全自愿的要求，因此法律赋予受胁迫一方以选择权，由其决定是否撤销非自愿缔结的婚姻。

胁迫的主体可能是结婚的另一方当事人，也可能是第三人，如当事人的父母或亲属，甚至是拐卖妇女的犯罪嫌疑人等。无论受到谁的胁迫，受胁迫方均可以请求人民法院撤销该婚姻。

（2）违反重大疾病的告知义务

结婚当事人患有重大疾病的，应当在结婚登记前如实告知对方，故意隐瞒病情甚至刻意欺骗对方，使对方在不知情的情况下同意结婚，即构成违反重大疾病的告知义务。无论对方当事人是否询问，患有重大疾病一方当事人均应主动、如实告知病情。如违反此告知义务，不知情的另一方当事人可以向人民法院请求撤销婚姻。

在《民法典》编纂过程中，关于是否禁止"患一定疾病的人结婚"的问题一直存有争议。最终立法删除了关于患有一定疾病的人禁止结婚的规定，改为尊重当事人的选择，在明知对方重大疾病的事实，依然自愿与之结婚的情况下，法律不应过多干涉当事人的婚姻自主权。但是结婚的目的是建立婚后的共同生活，一方患有重大疾病会对夫妻将来的共同生活以及子女的健康带来很多问题和风险，因此法律规定了重大疾病的婚前如实告知义务。违反此项义务，刻意隐瞒病情欺骗对方，造成不知情的一方及后代健康受损，为保障无过错方合法权益，法律赋予不知情的一方当事人以撤销权，由其自己决定是否维持婚姻关系。

2. 撤销婚姻的程序

(1)撤销权人

撤销权人有两类：一是因胁迫而结婚的受胁迫的婚姻一方当事人(《民法典》第1052条及《民法典婚姻家庭编解释(一)》第18条)。即使撤销权人处于被非法限制人身自由的状态，撤销权也不由他人代为行使。这是可撤销婚姻的特点，即尊重当事人对是否撤销婚姻的选择权。二是因一方违反重大疾病告知义务而不知情的另一方当事人。

(2)撤销权的除斥期间

撤销权的除斥期间是指撤销权的存续期间，除斥期间不能中止、中断或延长，超出该期限的，撤销权消灭。这是因为可撤销的民事法律关系处于一种不稳定的状态，为督促权利人及时选择行使或不行使权利，终结婚姻关系的不稳定状态，法律规定撤销权的除斥期间为1年。因胁迫结婚的，撤销权应"自胁迫行为终止之日起一年内"行使，若撤销权人"被非法限制人身自由"，撤销权应当自恢复人身自由之日1年内行使。因一方违反重大疾病告知义务而撤销婚姻的，撤销权应当自知道或者应当知道撤销事由之日起1年内提出。

(3)撤销婚姻的机关和适用程序

有权根据撤销权人的申请撤销婚姻的机关只有人民法院。《民法典》修改了《婚姻法》中婚姻登记机关也有权撤销婚姻的规定，规定有权撤销婚姻的机关只有人民法院。这是因为撤销婚姻时必须对当事人的请求是否符合法律规定进行实质审查，例如是否受到胁迫，某种疾病是否属于法律规定的"重大疾病"等，婚姻登记机关有时难以判断，需要当事人额外提交具有公信力的证据，增加了当事人撤销婚姻的难度。另外，撤销婚姻时，常常涉及财产分割和子女抚养，婚姻登记机关难以处理，最终案件还是要由人民法院处理。所以，立法确定的有权撤销婚姻的机关只有人民法院。

撤销婚姻之诉为形成之诉，当事人享有的撤销婚姻的权利为形成诉权。审理撤销婚姻案件，可以适用民事简易程序或者普通程序，也就是说，诉讼中法官可以基于自愿、合法的原则调解。这一点与确认婚姻无效不同，确认婚姻无效的程序不适用调解。

## 三、婚姻被确认无效或被撤销的法律后果

婚姻被确认无效以及被撤销，都导致婚姻自始没有法律效力。《民法典》第1054条第1款规定："无效的或者被撤销的婚姻自始没有法律约束力，当事人不具有夫妻的权利和义务。同居期间所得的财产，由当事人协议处理；协议不成的，由人民法院根据照顾无过错方的原则判决。对重婚导致的无效婚姻的财产处理，不得侵害合法婚姻当事人的财产权益。当事人所生的子女，适用本法关于父母子女的规定。"因此，婚姻被确认无效或被撤销的法律后果相同。

### （一）对当事人和子女的法律后果

无效的婚姻和被撤销婚姻的当事人双方自始不具有夫妻身份。

双方同居期间所得的财产，由当事人协商处理，协商不成由法院根据照顾无过错方的原则判决。照顾无过错方的原则体现了立法对善意当事人的保护。为统一裁判尺度，《民法典婚姻家庭编解释（一）》第22条补充规定：被确认无效或者被撤销的婚姻，当事人同居期间所得的财产，除有证据证明为当事人一方所有的以外，按共同共有处理。《民法典婚姻家庭编解释（一）》第16条补充规定，人民法院审理重婚导致的无效婚姻案件时，涉及财产处理的，应当准许合法婚姻当事人作为有独立请求权的第三人参加诉讼。

无效婚姻和被撤销婚姻当事人所生子女，与当事人为父母子女关系，双方的权利义务适用《民法典》第1067～1073条关于父母子女的规定。

### （二）婚姻无效或被撤销的损害赔偿责任

《民法典》第1054条在2001年《婚姻法》第12条的基础上增加了第2款，"婚姻无效或者被撤销的，无过错方有权请求损害赔偿"。如同处理同居期间财产时法院应根据照顾无过错方的原则判决一样，立法赋予无过错方损害赔偿请求权也是对善意当事人合法权益的保护。考虑到婚姻无效或被撤销对无过错一方当事人会产生重大影响，仅仅在分割财产时予以照顾可能难以弥补无过错方的损失，既不足以充分保护善意当事人合法权益，又不能体现立法惩罚违法行为的态度。所以，《民法典》增加规定了婚姻无效或被撤销的损害赔偿责任。

婚姻无效或被撤销的损害赔偿责任的构成要件为：（1）请求权人是无效婚姻或可撤销婚姻关系的无过错方。无过错方是指无效婚姻中符合结婚实质要件，对

另一方当事人不符合结婚实质要件不知情的当事人，以及可撤销婚姻中受胁迫一方或对重大疾病不知情的一方当事人。(2)另一方当事人存在法定过错或违法行为，导致婚姻被确认无效或被撤销。例如，隐瞒自己患有重大疾病的事实，或者伪造证明材料掩盖不符合结婚实质要件的事实等。(3)婚姻被确认无效或被撤销给无过错方造成客观损害，包括人身损害、财产损失以及精神损害。

## 第四节　事实婚姻与非婚同居关系

事实婚姻和非婚同居关系均为未办理结婚登记的男女两性的结合，由于没有办理结婚登记手续，所以不受婚姻法律规范调整。《婚姻法》和《民法典》均未调整事实婚姻和非婚同居关系，法律不再承认1994年2月1日之后形成的未登记的事实婚姻，导致一些以夫妻名义共同生活的同居关系与一般的非婚同居关系都得不到法律的调整和保护。在《民法典》编纂的过程中，有学者建议立法规范事实婚姻关系，认为“不违背我国婚姻法规定的一夫一妻原则和其他法律强制性规定的非登记婚姻和同居，不应该一律简单否定。如果当事人能够做到履行夫妻一样的义务，那么也应该享受到夫妻一样的权利。因此，建议立法承认和保护非登记式婚姻，给予其婚姻的地位”[1]。但立法机关考虑到如下情况最终并未在《民法典》中规定非婚同居关系：(1)同居在整个社会中仍远未达成共识，肯定同居制度容易对现行婚姻登记制度造成较大冲击。(2)目前同居的情形和原因比较复杂，法律难以统一规定。(3)同居涉及诸多法律问题，还需进一步研究后再立法。[2]

司法实践中处理事实婚姻和非婚同居关系主要依据《民法典婚姻家庭编解释(一)》。根据《民法典婚姻家庭编解释(一)》第7条，未办理结婚登记而以夫妻名义共同生活的男女，起诉到人民法院要求离婚的，区分为“事实婚姻”和“非婚同居关系”分别处理。

---

〔1〕　孙宪忠：《民法典婚姻家庭编草案应该解决的四个现实问题》，载《中国人大》2019年第13期。

〔2〕　参见黄薇主编：《中华人民共和国民法典婚姻家庭编解读》，中国法制出版社2020年版，第47页。

## 一、事实婚姻

（一）概念

事实婚姻的概念有广义与狭义之分，广义的事实婚姻是指未办理结婚登记的男女以夫妻名义同居生活，群众也认为是夫妻关系的两性结合。狭义的事实婚姻仅指1994年2月1日以前已经符合结婚法定条件的男女，未办结婚登记而以夫妻名义同居生活的两性结合。狭义的事实婚姻是被人民法院有条件承认的事实婚姻，具有与法律婚姻基本相同的法律效力。

（二）狭义事实婚姻的要件

1. 时间要件

存在事实婚姻关系的男女双方在1994年2月1日之前已经符合结婚的实质要件。需要说明的是：（1）1994年2月1日是《婚姻登记管理条例》实施的时间，该条例实施之后，不再承认未办理结婚登记的男女以夫妻名义同居生活的婚姻效力。（2）男女双方在1994年2月1日之前已经符合当时法律规定的结婚之实质要件，即已达法定婚龄、没有禁止结婚的亲属关系、均无配偶等。

2. 双方以夫妻名义同居生活

男女双方长期以夫妻名义公开共同生活，使群众也认为男女双方是夫妻关系。这是事实婚姻区别于其他同居关系的重要特征。例如，恋爱同居关系，男女双方以恋人的身份公开同居生活，但不以夫妻名义相称。

3. 未办理结婚登记

事实婚姻与法律婚姻相比，欠缺结婚的形式要件，即没有依法登记。有些当事人按照习俗举行了婚礼，但是没有按照《婚姻法》或《民法典》的要求在婚姻登记机关办理结婚登记，双方不能确立夫妻关系。

（三）司法实践对事实婚姻的态度和处理

1. 有条件地承认事实婚姻

基于事实婚姻关系形成的原因和案件的具体情况复杂，为保护妇女和儿童的合法权益，有利于婚姻家庭关系的稳定，维护安定团结，在一定时期内，人民法院有条件地承认事实婚姻关系。根据《民法典婚姻家庭编解释（一）》，1994年2月1日以前，未办结婚登记而以夫妻名义同居的男女双方已经符合结婚实质要件的，按事实婚姻处理。

2. 补办结婚登记的补救措施

根据《民法典》第1049条以及《民法典婚姻家庭编解释(一)》第3条、第7条,1994年2月1日以后,未办结婚登记而以夫妻名义同居的男女双方符合结婚实质要件的,人民法院应当告知其在案件受理前补办结婚登记。补办结婚登记的,产生追溯的效力,婚姻的效力从双方均符合婚姻法所规定的结婚的实质要件时起算。

3. 对事实婚姻离婚案件的处理

其一,人民法院应当进行调解。经调解和好或撤诉的,确认婚姻关系有效,发给调解书或裁定书。经人民法院确认婚姻关系有效的事实婚姻具有与法律婚姻相同的效力,即双方享有配偶的身份,同居期间所得财产适用夫妻财产制,互有配偶继承权,也互负扶养义务,此外双方所生的子女为婚生子女。

其二,经调解不能和好的,应调解或判决准予离婚。

其三,双方离婚时,有关未成年子女的抚养、共同财产分割及离婚救济制度的适用等,应按《民法典》婚姻家庭编第四章"离婚"的有关规定处理。

## 二、非婚同居关系

### (一)概念

非婚同居,指双方当事人未办结婚登记,而自愿、稳定、长期共同生活的一种形式。是否办理结婚登记,是非婚同居与婚姻关系最主要的区别。除狭义的事实婚姻之外,其他以夫妻名义公开同居生活但未办理结婚登记的男女同居关系,均属于非婚同居关系。

### (二)分类

1. 非婚同居关系按是否具有违法性可以分为两类:一类是双方当事人均无配偶的同居关系,例如恋爱同居关系,婚前同居关系等,不具有违法性;另一类是双方或一方当事人有配偶的同居关系,根据《民法典》第1042条第2款,属于法律所禁止的违法行为,即非法同居关系。

2. 非婚同居关系按是否以夫妻名义同居生活可以分为两类:一是以夫妻名义同居生活形成的非婚同居关系,二是不以夫妻名义同居生活形成的非婚同居关系。如此分类的意义在于,以夫妻名义同居生活形成的非婚同居关系当事人在向法院诉请离婚时,人民法院可以按《民法典婚姻家庭编解释(一)》,告知符合结婚实质要件的当事人,在案件受理前补办结婚登记:如果补办,按合法婚姻当事人起诉离婚处理;未补办的,人民法院不予受理其离婚的诉讼请求,已经受理的,裁定驳回起诉。非以夫妻名义同居请求解除同居关系的,人民法院不予受理。

(三)对非婚同居关系的处理

根据《民法典婚姻家庭编解释(一)》的相关规定,对非婚同居关系的处理如下:

第一,当事人提起诉讼仅请求解除同居关系的,人民法院不予受理;已经受理的,裁定驳回起诉。

第二,当事人因同居期间财产分割或者子女抚养纠纷提起诉讼的,人民法院应当受理,案由分别为同居关系析产纠纷和同居关系子女抚养纠纷。双方所生的子女,由哪一方抚养,双方协商;协商不成时,应根据子女的利益和双方的具体情况判决。非婚同居期间所生育的子女是当事人双方的非婚生子女。《民法典》第1071条规定:"非婚生子女享有与婚生子女同等的权利,任何组织或者个人不得加以危害和歧视。不直接抚养非婚生子女的生父或者生母,应当负担未成年子女或者不能独立生活的成年子女的抚养费。"同居生活期间双方所得的财产和购置的财物,根据双方协议处理。协议不成的,由人民法院根据财产具体情况妥善分割,但不能适用婚姻财产制度。

# 第三章　家庭关系

家庭关系一章包含了夫妻关系、父母子女关系、祖孙关系以及兄弟姐妹关系。本章以近亲属之间的权利义务关系为主要内容。由于第五章专门介绍收养，所以在父母子女关系一节没有介绍养父母子女关系。

## 第一节　夫妻关系

### 一、夫妻关系概述

（一）概念

夫妻关系也称夫妻法律关系，是夫妻之间权利与义务的总和。夫妻关系包括夫妻人身关系和夫妻财产关系两方面。夫妻人身关系指与配偶身份相关的，不具有经济内容的权利义务关系，包括夫妻姓名权、婚姻住所决定权、夫妻人身自由权、日常家事代理权等。夫妻财产关系则指配偶间特有的具有经济内容的权利义务关系，包括夫妻扶养关系、夫妻财产关系、夫妻继承关系等。

（二）特点

夫妻关系具有如下特点：

1. 夫妻财产关系从属于配偶身份关系

配偶身份是夫妻法律关系的基础，夫妻财产关系从属于身份关系。结婚后夫妻双方确定配偶身份，依法产生夫妻相互扶养帮助的义务，夫妻间适用法定财产制或约定财产制，相互取得法定继承人的资格。配偶身份解除时，夫妻互负的扶养义务依法终止，夫妻财产制终止，继承人资格消灭。例如《民法典》第 303 条规定,共同共有人在共有的基础丧失或者有重大理由需要分割时可以请求分割共同财产。夫妻共同财产的共有基础即为夫妻的配偶身份,夫妻离婚消灭配偶身份,共同共有的夫妻财产关系也将依法终止。

2. 夫妻在婚姻家庭中地位平等

《民法典》第1055条规定:“夫妻在婚姻家庭中地位平等。”这是《民法典》第1041条规定的“男女平等”的婚姻制度在夫妻关系中的具体体现,是对夫妻法律关系的原则性规定。夫妻是独立的民事主体,不因结婚而丧失或减损其基本民事权利。只有认可配偶的独立人格地位,夫妻才能在家庭地位中保持平等,相互尊重与帮助,共同建设和睦文明的婚姻家庭关系。

夫妻作为配偶法律地位平等,例如《民法典》第1062条规定夫妻对共同财产有平等的处理权。夫妻作为父母法律地位也是平等的,《民法典》第1058条规定,“夫妻双方平等享有对未成年子女抚养、教育和保护的权利,共同承担对未成年子女抚养、教育和保护的义务”。

## 二、夫妻人身关系

关于夫妻人身关系,1980年《婚姻法》规定了夫妻姓名权、婚姻住所决定权、夫妻人身自由权和计划生育义务四方面内容。《民法典》婚姻家庭编保留了夫妻姓名权、婚姻住所决定权、夫妻人身自由权,删除了计划生育义务,增加了日常家事代理权等。[1]

### (一)夫妻姓名权

根据《民法典》第1056条的规定,夫妻姓名权是指夫妻双方都有各自使用自

---

〔1〕关于夫妻同居义务是否是夫妻法定义务在司法实践中有不同观点。一种观点是夫妻同居义务不是法定义务,理由是立法没有明确规定,认定夫妻互负同居义务于法无据。另一种看法则是夫妻互负同居义务是婚姻关系的应有之义,因为夫妻互负同居义务,所以感情不和分居2年以上才会成为判定夫妻感情确已破裂的法定情形。我国1950年《婚姻法》第7条规定,“夫妻为共同生活的伴侣,在家庭中地位平等”。这被认为是夫妻互负同居义务的法律规定。但1980年《婚姻法》没有保留“夫妻为共同生活的伴侣”的规定,《民法典》也没有明确规定夫妻负有同居的义务。但是《民法典》第1079条却两次提到“分居”,均为判决离婚的法定理由:一是“因感情不和分居满二年”;二是“经人民法院判决不准离婚后,双方又分居满一年,一方再次提起离婚诉讼的,应当准予离婚”。我们认为,夫妻共同生活是婚姻关系的应有之义,也是夫妻之间相互帮助、相互关爱,以及行使权利履行义务的基础,但夫妻之间的同居不宜理解为法定义务。因为现行法律既未规定夫妻必须同居,亦未规定拒不同居的法律后果。《民法典》将因感情不和的分居作为判决离婚的法定情形,而离婚是不能被视为对夫妻不履行同居义务的民事制裁的。

己姓名的权利。姓名权是自然人依法享有的决定、使用、改变自己姓名的权利，属于人格权。法律并未规定结婚后夫妻应选用相同的姓氏，因此夫妻均有权使用自己原来的姓名。

夫妻双方达成一致协议也可以夫妻同姓或者相互冠姓，但是不得违背公序良俗。《民法典》第1015条第1款规定，“自然人应当随父姓或者母姓，但是有下列情形之一的，可以在父姓和母姓之外选取姓氏：（一）选取其他直系长辈血亲的姓氏；（二）因由法定扶养人以外的人扶养而选取扶养人姓氏；（三）有不违背公序良俗的其他正当理由”。我国历史上曾有妻子在结婚后冠夫姓的传统，在夫妻协商一致的情况下可以相互冠姓，但应向公安机关办理登记手续。

（二）婚姻住所决定权

婚姻住所决定权是指选择、决定夫妻婚后共同生活住所的权利。婚姻住所是指夫妻共同居住和生活的主要场所，既是夫妻行使权利和履行义务的场所，也是未成年子女生活的居所，所以夫妻应共同商议决定，一方不得强迫另一方，第三人也不应干涉。

在决定婚姻住所的问题上夫妻拥有平等的权利，这改变了过去“妻从夫居”的婚居方式。《民法典》第1050条规定：“登记结婚后，根据男女双方约定，女方可以成为男方家庭的成员，男方可以成为女方家庭的成员。”夫妻双方享有互为对方家庭成员的约定权，女方可以成为男方家庭的成员，即“女方到男方家落户”，妻从夫居；男方可以成为女方家庭的成员，即“男方到女方家落户”，夫从妻居。夫妻婚后另组新家庭，不加入任何一方原来的家庭，即从新居。

（三）夫妻人身自由权

1950年《婚姻法》规定，夫妻双方均有选择职业、参加工作和参加社会活动的自由。1980年《婚姻法》规定，夫妻双方都有参加生产、工作、学习和社会活动的自由，一方不得对他方加以限制或干涉。2001年《婚姻法》及《民法典》保留该项权利。《民法典》第1057条规定：“夫妻双方都有参加生产、工作、学习和社会活动的自由，一方不得对另一方加以限制或者干涉。”

立法规定夫妻人身自由权，主要是因为现实生活中部分民众认为女性结婚后应在家相夫教子，干涉女性在外工作、学习和参加社会活动的自由。法律强调已婚妇女享有参加生产、工作、学习和社会活动的自由权利，既是夫妻法律地位平等的表现，又为夫妻平等地行使权利和承担义务提供了法律上的保障。习近平总书记指出,"中国实践证明,推动妇女参加社会和经济活动,能有效提高妇女地位,也能极大提升社会生产力和经济活力"[1]。

（四）日常家事代理权

《民法典》首次以立法形式确认了日常家事代理权,该法第1060条规定:"夫妻一方因家庭日常生活需要而实施的民事法律行为,对夫妻双方发生效力,但是夫妻一方与相对人另有约定的除外。夫妻之间对一方可以实施的民事法律行为范围的限制,不得对抗善意相对人。"理解日常家事代理权应注意如下三点:

1. 日常家事代理权

日常家事代理权是由夫妻身份关系产生的法定效力,除非夫或者妻与第三人另有约定,否则夫妻一方因家庭日常生活需要与第三人为民事法律行为,该民事法律行为的效力依法及于夫妻另一方。例如,《民法典》第1064条第1款规定,"……夫妻一方在婚姻关系存续期间以个人名义为家庭日常生活需要所负的债务,属于夫妻共同债务",即一方以个人名义为家庭日常生活需要负的债务是夫妻共同债务,这就是日常家事代理权的法律效力。

2. 日常家事的范围

《民法典》并没有明文规定日常家事的范围,其通常与一对夫妻的社会地位、职业、资产、收入以及生活的地区习惯有关。学理上一般认为该范围包括有未成年子女的夫妻共同生活的一切必要事项,如一家之食物、光热、衣着等的购买,正当的保健和娱乐、医疗,子女之教养,日常用品购买,保姆雇佣,亲友馈赠等。[2]

3. 对日常家事代理权的限制

夫妻双方对一方可以实施的民事法律行为范围的限制,对夫妻双方产生法律约束力,即具有对内效力。但除非明确告知法律行为的相对人,否则,此种限制不能对抗不知情的相对人。

## 三、夫妻财产关系

我国《民法典》婚姻家庭编有关夫妻财产关系的内容主要包括夫妻扶养关系、

---

〔1〕 习近平:《促进妇女全面发展　共建共享美好世界——在全球妇女峰会上的讲话》(2015年9月27日,纽约),载《人民日报》2015年9月28日,第3版。

〔2〕 参见史尚宽:《亲属法论》,中国政法大学出版社2000年版,第316页。

夫妻继承权和夫妻财产制三个方面。

### (一)夫妻扶养关系

扶养的概念有狭义和广义之分,狭义的扶养指同辈亲属相互在经济上供养和生活上扶助的法定权利义务关系,而广义的扶养则包括长辈对晚辈的抚养,晚辈对长辈的赡养,也包括了同辈亲属间的狭义的扶养。

夫妻扶养关系是指基于婚姻的效力而产生的,夫妻在经济上相互供养、生活上相互扶助的关系,扶养对于夫妻而言既是义务也是权利。《民法典》第1059条规定:“夫妻有相互扶养的义务。需要扶养的一方,在另一方不履行扶养义务时,有要求其给付扶养费的权利。”

夫妻之间的扶养义务是法定义务,具有强制性。当夫妻一方需要扶养而另一方不履行扶养义务时,需要扶养的一方有权请求对方支付扶养费。对因患病、年老而需要扶养的配偶,夫妻一方有扶养能力却拒不扶养的,构成遗弃,应依法追究其法律责任。

### (二)夫妻继承权

夫妻继承权,亦称配偶继承权,是指夫妻基于配偶身份而享有的相互继承对方遗产的权利。《民法典》第1061条规定,夫妻有相互继承遗产的权利。根据第1127条的规定,配偶是被继承人第一顺序的法定继承人。夫妻享有继承对方遗产的权利虽然是婚姻的效力之一,但是考虑到其与继承制度关系更为密切,本书没有讲解。

### (三)夫妻财产制

夫妻财产制也称婚姻财产制,主要规定各种夫妻财产制的设立、变更与终止,夫妻婚前财产和婚后所得财产的归属、管理、使用、收益、处分,家庭生活费用的负担,夫妻债务的清偿,婚姻终止时夫妻财产的清算和分割等问题。

现代夫妻财产制,从内容上可以分为三类,共有制、分别制和剩余分享制。(1)共有制也称共同财产制,以我国、法国等为代表,是指除特有财产外夫妻的全部财产或部分财产归双方共同所有;因共有范围不同,共有制还可以分为一般共同制、动产及所得共同制、婚后所得共同制、婚后劳动所得共同制等不同形式。(2)分别制也称分别财产制,以英国、日本,以及美国部分州等为代表,是指夫妻婚前、婚后所得的财产均归各自所有,各自独立行使管理、使用、收益和处分权;但夫妻可以约定将一方财产的管理权交付另一方行使,夫妻双方也可依法或依约定拥有部分共同财产。(3)剩余分享制也称剩余共同制,以德国为代表,我国台湾地区、我国澳门特别行政区也采此财产制,是指夫妻对于自己的婚前财产及婚后所得财产,各自保留所有权、管理权、使用收益权及有限制的处分权,当因一方死亡或双方离婚而终止夫妻财产制时,以夫妻双方在婚姻期间各自增值财产的差额为剩余财产,各自剩余财产加总后由双方分享。

夫妻财产制按发生原因分,又可分为法定财产制和约定财产制。(1)法定财产制指夫妻间依法律规定而直接适用的财产制。按适用情形不同,法定财产制还可分为通常法定财产制与非常法定财产制。前者是指在通常情况下婚姻当事人双方无约定时依法律的直接规定而适用的财产制;后者则是指因法定情形的发生,依法或依夫妻一方的申请,由法院宣告撤销夫妻之前适用的共有制,而在夫妻间改为适用法定之分别制。(2)约定财产制是指夫妻排除法定财产制适用,以约定的方式决定婚后适用的财产制。夫妻约定财产制可以选择某种财产制类型,也可以自行决定财产制的内容。

我国的夫妻财产制主要规定在《民法典》第 1062 ~ 1066 条中,包括法定夫妻共同财产、法定个人特有财产、夫妻共同债务和个人债务、夫妻财产约定以及婚内共同财产分割等内容。

1. 法定财产制

(1)法定共同财产的范围

《民法典》第 1062 条规定:“夫妻在婚姻关系存续期间所得的下列财产,为夫妻的共同财产,归夫妻共同所有:(一)工资、奖金、劳务报酬;(二)生产、经营、投资的收益;(三)知识产权的收益;(四)继承或者受赠的财产,但是本法第一千零六十三条第三项规定的除外;(五)其他应当归共同所有的财产。夫妻对共同财产,有平等的处理权。”

对《民法典》第 1062 条的理解,注意如下几点:

第一,夫妻共同财产来源于夫或者妻在婚姻关系存续期间分别或者共同的所得。“所得”是指法律上取得所有权,而不是对财产的实际占有。例如,女方的父亲在女方结婚前去世,依据《民法典》第 230 条,女方在父亲去世时(继承开始的时间)已经取得遗产之物权。即使女方实际占有其父亲遗产是在结婚以后,该遗产也不属于夫妻共同财产。另外,对于个人财产(如不动产)在婚姻关系存续期间因市场价格变化而增加的价值,由于原物的自然增值在性质上不属于“所得”,故其也不是夫妻共同财产。

第二,《民法典》第1062条第1款第1项中的“工资、奖金、劳务报酬”指一方或双方的劳动所得。其中,工资、奖金是指夫妻双方或一方在婚后所得的工资和作为工资组成部分的奖金;劳务报酬,是指因提供劳务而得到的报酬。其中,“奖金”一词在日常生活中有多重含义,例如工作全勤奖的奖金、年终奖的奖金、彩票奖金、参加比赛获得的奖金、见义勇为得到的奖金等,我们认为应该根据具体情况予以认定。用人单位、接受劳务方发放的对工作或劳务的金钱奖励,应认定为《民法典》第1062条第1款第1项中的“奖金”。

第三,《民法典》第1062条第1款第2项中的“生产、经营、投资的收益”是指夫妻双方或一方在婚后从事生产、经营及投资活动所得的劳动性收入和资本性收入。《民法典》规定的收益,既包括夫妻一方利用共同财产或个人财产生产、经营、投资所获得的收益,也包括夫妻双方共同生产、经营、投资获得的收益。例如,丈夫利用婚前个人财产投资债券市场,婚后取得的债券利息收入,或妻子将结婚前父母赠与她的门面房婚后出租,所取得的租金收益均属于“生产、经营、投资的收益”。只要是通过生产、经营、投资活动而在婚姻关系存续期内获得的收益,无论是一方还是双方的行为,借助一方或双方的财产取得的收益,均为夫妻的共同财产。

第四,知识产权是权利人依法就作品,发明、实用新型、外观设计,商标,地理标志,商业秘密,集成电路布图设计,植物新品种以及法律规定的其他客体所享有的专有权利。《民法典》第1062条第1款第3项中的“知识产权的收益”,指夫妻在婚后转让或许可他人使用自己知识产权而得到的经济收入。需要说明,一是只有知识产权在婚姻关系存续期间的“收益”属于夫妻共同财产,“知识产权”本身仍然属于取得知识产权的夫或妻一方。二是知识产权的收益包括了实际取得或者已经明确可以取得的财产性收益(《民法典婚姻家庭编解释(一)》第24条)。例如,专利许可使用合同中已经明确约定专利使用费为每年30万元,婚姻关系存续期间合同已经履行,但使用费尚未支付,该笔使用费即属于已经明确可以取得的收益。三是取得收益的知识产权只要归一方所有,无论是在结婚之前取得的,还是结婚之后取得的,其在婚姻关系存续期间得到的收益就属于夫妻共同财产。

第五,《民法典》第1062条第1款第4项中的“继承或者受赠的财产”,是指夫妻双方或一方在婚后因继承或者受赠而取得的财产,除遗嘱或赠与合同确定财产只归一方的以外，其余均为夫妻共同财产。需要说明，一是因继承取得的遗产，无论是法定继承还是遗嘱继承，均是指婚姻关系存续期间因被继承人死亡而发生的继承。《民法典》第230条规定，“因继承取得物权的，自继承开始时发生效力”，而继承从被继承人死亡时开始。因此，无论何时分割遗产，只有在婚姻关系存续期间因被继承人死亡而取得的遗产才归夫妻双方共同所有。二是从继承开始到遗产分割可能会间隔一段时间，在遗产没有被分割之前，夫或者妻作为继承人应当得到的遗产份额尚不能确定，因此《民法典婚姻家庭编解释(一)》第81条规定，“婚姻关系存续期间，夫妻一方作为继承人依法可以继承的遗产，在继承人之间尚未实际分割，起诉离婚时另一方请求分割的，人民法院应当告知当事人在继承人之间实际分割遗产后另行起诉”。三是受赠的财产是指夫或者妻一方在婚姻关系存续期间接受赠与取得的财产。根据《民法典》第209条和第224条，不动产经登记取得物权，动产经交付取得物权。因此，在婚姻关系存续期间夫或者妻取得不动产登记或者接受动产交付而取得的受赠财产，除赠与合同确定只归一方的之外，属夫妻共同财产。

第六，其他应当归共同所有的财产，这是一项概括性的弹性规定。不过，由于《民法典》第1063条第5项也有类似规定——“其他应当归一方的财产”，所以不能得出法律未规定为个人所有的财产均可推定为夫妻共有的结论。对哪些其他财产应属于夫妻共同所有，应通过立法解释和司法解释来确定。根据《民法典婚姻家庭编解释(一)》的规定，“其他应当归共同所有的财产”还包括：其一，男女双方实际取得或者应当取得的住房补贴、住房公积金。其二，男女双方实际取得或者应当取得的破产安置补偿费。其三，男女双方实际取得的养老保险金，以及尚未领取养老保险金时，一方养老金账户中在婚姻关系存续期间以夫妻共同财产实际缴付的部分。其四，婚姻关系存续期间发放到军人名下的复员费、自主择业费等一次性费用，以夫妻婚姻关系存续年限乘以年平均值所得数额为夫妻共同财产。其五，由一方婚前承租、婚后用共同财产购买的房屋，房屋权属证书登记在一方名下的，应当认定为夫妻共同财产。

第七，婚后夫妻双方对一方个人所有的房屋进行过修缮、装修、原拆原建的，其增值部分或扩建部分应认定为夫妻共同财产。夫妻“因加工、附合、混合而产生的物的归属”的纠纷的，可参照《民法典》第322条的规定处理，“因加工、附合、混合而产生的物的归属，有约定的，按照约定；没有约定或者约定不明确的，依照法律规定；法律没有规定的，按照充分发挥物的效用以及保护无过错当事人的原则确定。因一方当事人的过错或者确定物的归属造成另一方当事人损害的，应当给予赔偿或者补偿”。

第八，《民法典》第1062条第2款规定，“夫妻对共同财产，有平等的处理权”。这是关于夫妻如何对共同财产行使所有权的规定。夫妻共有财产的性质是共同共有，夫妻对全部共有财产不分份额地共同享有所有权。根据《民法典》第301条，处分共有的财产或者对其作重大修缮、改变性质用途的，应经全体共同共有人同意。根据《民法典》第1060条的规定，夫妻一方因日常生活需要而处理夫妻共同财产的，任何一方均有权决定。夫或妻非因日常生活需要对夫妻共同财产做重要处理决定，夫妻双方应当平等协商，取得一致意见。他人有理由相信其为夫妻双方共同意思表示的，另一方不得以不同意或不知道或夫妻之间对一方可以实施的民事法律行为范围有限制为由，对抗善意相对人。

**视频教学**

结婚后买的房子就一定是夫妻共同财产吗？

扫码观看微课

结婚后买的房就一定是夫妻共同财产吗？

(2)法定个人特有财产的范围

个人特有财产，是指夫妻婚后实行共有制的，依法律规定或依双方约定，夫妻各自保留的一定范围内的个人财产，也称保留财产。依据保留财产的依据不同，可将个人特有财产分为法定个人特有财产与约定个人特有财产。《民法典》第1063条即为关于法定个人特有财产的规定，该条规定：“下列财产为夫妻一方的个人财产：(一)一方的婚前财产；(二)一方因受到人身损害获得的赔偿或者补偿；(三)遗嘱或者赠与合同中确定只归一方的财产；(四)一方专用的生活用品；(五)其他应当归一方的财产。”

对《民法典》第1063条的理解，注意如下几点：

第一,一方的婚前财产属于个人特有财产。个人婚前的财产不因婚姻关系的延续而转化为夫妻共同财产,除非当事人另有约定(《民法典婚姻家庭编解释(一)》第31条);一方婚前个人财产的自然增值以及取得的孳息一般归个人所有(《民法典婚姻家庭编解释(一)》第26条),但该增值不属于自然增值,以及取得的孳息属于生产、经营和投资的收益的除外。另外,一方婚前取得产权的房屋,虽然婚后用共同财产还贷的,若夫妻双方不能就房屋归属达成一致意见,该房屋应根据《民法典》第1063条确定为一方的婚前个人财产(《民法典婚姻家庭编解释(一)》第78条)。

第二,一方因受到人身损害获得的赔偿或者补偿,根据《民法典》第1179条的规定,包括医疗费、护理费、交通费、营养费、住院伙食补助费等为治疗和康复支出的合理费用,以及因误工减少的收入。造成残疾的,还应当赔偿辅助器具费和残疾赔偿金。

第三,遗嘱或者赠与合同中确定只归一方的财产,属于一方个人特有财产。这是出于对遗嘱人和赠与人意愿的尊重,也是对其处分个人财产的自由的保护。需要说明,一是遗嘱继承也称指定继承,遗嘱人可以通过遗嘱指定继承人和继承份额。当遗嘱人明确指定某继承人继承遗产,是否属于确定只归该继承人所有呢?我们认为应根据《民法典》第142条第2款来解释遗嘱,"不能完全拘泥于所使用的词句,而应当结合相关条款、行为的性质和目的、习惯以及诚信原则,确定行为人的真实意思"。因为遗嘱人打算将遗产留给夫妻中自己子女一方,也是人之常情,但在遗嘱中申明遗产只归继承人,与其配偶无关,可能会引起家庭内部矛盾。二是父母赠与子女财产是司法实践中最常见的,碍于情面,父母可能没有或不愿明明白白地说明受赠人是夫妻一方还是双方。为确定赠与人的意图,根据《民法典婚姻家庭编解释(一)》第29条的规定,当事人结婚前,父母为双方购置房屋出资的,该出资应当认定为对自己子女个人的赠与,但父母明确表示赠与双方的除外。当事人结婚后,父母为双方购置房屋出资的,依照约定处理;没有约定或者约定不明确的,按照《民法典》第1062条规定的原则,应认定为对夫妻双方的赠与。

第四,一方专用的生活用品,是指夫妻日常生活中所使用的个人专用物品,如个人使用的衣裤鞋袜、洗护用具、书籍文具等。一些价值不菲的财产虽然为一方专用,如机动车、珠宝、金银饰品等,但不属于生活用品,不宜认定为使用方的个人财产。

第五，其他应当归一方的财产。结合《民法典婚姻家庭编解释（一）》的规定，发放给军人的伤亡保险金、伤残补助金、医药生活补助费，属于军人的个人财产。

（3）夫妻个人债务与夫妻共同债务

《民法典》第1064条规定："夫妻双方共同签名或者夫妻一方事后追认等共同意思表示所负的债务，以及夫妻一方在婚姻关系存续期间以个人名义为家庭日常生活需要所负的债务，属于夫妻共同债务。夫妻一方在婚姻关系存续期间以个人名义超出家庭日常生活需要所负的债务，不属于夫妻共同债务；但是，债权人能够证明该债务用于夫妻共同生活、共同生产经营或者基于夫妻双方共同意思表示的除外。"

对《民法典》第1064条的理解，注意如下几点：

第一，夫妻双方共同签名举债的是夫妻共同债务，一方举债另一方事后追认作出了共同举债意思表示的也是共同债务，关键是夫妻有共同负债的意思表示，至于举债是否用于家庭共同生活、举债时间是否在婚姻关系存续期间等则在所不问。如夫妻双方共同向债权人举债，所借款项用于为丈夫的母亲治疗疾病，虽然妻子对婆婆并没有法定的赡养义务，但夫妻共同举债即意味着夫妻双方愿意承担连带清偿责任。至于私下夫妻就其共同举债协商由某一方偿还的约定，不影响债权人对夫妻双方享有共同债权。

第二，夫妻一方以个人名义在婚姻关系存续期内，为家庭日常生活所负的债务，可认定为夫妻共同债务。一是本条适用的前提是夫妻一方以个人名义所负的债务，不适用于以夫妻一方名义对外承担的保证责任，也不适用于夫妻一方侵权行为所致的民事责任。二是以夫妻一方名义所负债务是在婚姻关系存续期间发生的。三是一方负债是为家庭日常生活所需。家庭日常生活所需一般是指夫妻以及他们未成年子女的日常共同生活所需，包括家庭成员日常生活费用，教育费用，医疗费用，一般的娱乐费用、交通通信费用、亲友馈赠往来费用等，通常判断是否属于家庭日常生活所需也会考虑每个家庭的具体情况。债权人在诉讼中并不需要证明上述负债的确被用于债务人的家庭共同生活，他只需证明该笔负债并不超过家庭日常生活所需，且他有理由相信债务人是为了家庭日常生活所需举债即可。

第三，夫妻一方在婚姻关系存续期间以个人名义超出家庭日常生活需要所负的债务，不属于夫妻共同债务。但债权人能够证明该债务被用于夫妻共同生活、共同生产经营或者基于夫妻双方共同意思表示的，以一方名义所负的债务也可认定为夫妻共同债务。一是“夫妻共同生活”与“家庭日常共同生活”的差异在于“日常”二字，夫妻共同生活所需比日常生活所需范围更大，包括一方重大疾病的治疗费用，子女在国外读书的高额学费以及其他大额共同生活消费。例如，夫妻一方以自己的名义举债，所得款项用于购置房屋，房屋归夫妻双方共同所有、共同使用等。这里的“用于夫妻共同生活”强调夫妻另一方从负债中获益，包括增加了收入以及减少了支付。但如果夫妻另一方确未受益，如夫妻双方已经分居，一方个人负债用于个人奢侈消费甚至违法活动，不能认定一方个人负债被用于夫妻共同生活。二是“共同生产经营”是追求盈利的商业活动，可能产生较大的资金需求。以一方名义所负债务，用于夫妻共同生产经营，夫妻应共享收益共担风险，债务应按夫妻共同债务处理。至于一方进行生产经营，另一方没有参与的情况，经营方的负债一般不能直接认定为夫妻共同债务。三是“基于夫妻双方共同意思表示”是指债权人能证明负债是夫妻双方的共同意思，例如只有一方签字但是夫妻双方一起前往表示了共同负债的意思，或者另一方因在外地不能签字而通过电话、短信等表达了共同负债的意思等。

第四，结合《民法典婚姻家庭编解释(一)》第33条、第34条的规定，夫妻共同债务的认定还要注意：一是债权人就一方婚前所负个人债务向债务人的配偶主张权利的，人民法院不予支持。但债权人能够证明所负债务用于婚后家庭共同生活的除外。二是夫妻一方与第三人串通虚构债务，夫妻一方在从事赌博、吸毒等违法犯罪活动中所负债务，第三人主张上述债务为夫妻共同债务的，人民法院不予支持。

2. 约定财产制

约定财产制是指，夫妻对双方在婚姻关系存续期间所得财产的归属、管理、使用、收益、处分以及家庭生活费用的负担、债务的清偿、婚姻终止时财产的清算等事项作出约定，排除法定财产制适用的制度。《民法典》第1065条是我国夫妻约定财产制的法律渊源，该条规定，“男女双方可以约定婚姻关系存续期间所得的财产以及婚前财产归各自所有、共同所有或者部分各自所有、部分共同所有。约定应当采用书面形式。没有约定或者约定不明确的，适用本法第一千零六十二条、第一千零六十三条的规定。夫妻对婚姻关系存续期间所得的财产以及婚前财产的约定,对双方具有法律约束力。夫妻对婚姻关系存续期间所得的财产约定归各自所有,夫或者妻一方对外所负的债务,相对人知道该约定的,以夫或者妻一方的个人财产清偿”。

对《民法典》第 1065 条的理解,注意如下几点:

第一,夫妻财产约定的条件和方式。夫妻财产约定是双方民事法律行为,须符合《民法典》第 143 条民事法律行为的有效要件方能发生法律效力:一是约定的主体是具有完全民事行为能力的夫妻双方或者准备结婚的男女双方。二是意思表示真实。男女双方应自愿作出财产约定,以欺诈、胁迫手段或乘人之危使对方违背真实意思作出的财产约定,受欺诈、胁迫或受损害方可请求法院撤销该约定。三是约定不违反法律、行政法规的强制性规定,不违背公序良俗。例如,不得将其他家庭成员的财产或国家、集体及他人的财产列入约定财产的范围,不得免除养老育幼等法定义务等。此外,约定的形式应为书面形式。

第二,夫妻财产约定的时间和内容。夫妻可以在结婚前、结婚时或婚姻关系存续期间对此进行约定,婚前约定的,在婚姻关系成立时对夫妻双方发生效力。关于约定的内容,根据《民法典》第 1065 条,包括:一是约定夫妻婚前财产或婚后所得财产的归属,可以约定婚前财产或婚后所得财产归各自所有、共同所有或部分各自所有、部分共同所有。二是除财产归属外,夫妻也可以约定财产的使用、管理、收益、处分,家庭生活费用的负担,债务清偿责任,婚姻关系终止时财产的清算及分割等。三是夫妻没有明确约定或约定不明确的,适用法定财产制的规定。

第三,夫妻财产约定的效力,可分为对内效力与对外效力。对内效力指夫妻财产关系经双方约定成立后即对夫妻双方发生法律约束力,未经协商一致不得单方变更或解除约定。对外效力指对第三人的法律效力,夫妻财产约定对第三人发生效力的前提是第三人知道该约定。为保护交易安全及夫妻财产权益,依《民法典》第 1065 条第 3 款及《民法典婚姻家庭编解释(一)》第 37 条的规定:夫妻对婚姻关系存续期间所得的财产约定归各自所有,并且相对人知道该约定的,夫妻一方对外所负的债务,以该方的个人财产清偿;相对人是否知道该约定,由夫或者妻负举证责任。

3. 夫妻共同财产的婚内分割

夫妻共有属于共同共有,对共同共有财产的处分应取得夫妻双方一致同意。夫妻在婚姻关系存续期间协商一致分割夫妻共同财产,按双方协议分割;夫妻一方请求分割共同财产,应符合《民法典》第 303 条的规定,即共有人没有约定不得分割共有财产,共同共有人在共有的基础丧失或者有重大理由需要分割时可以请求分割。其中,共有的基础丧失是指婚姻关系解除,而重大理由则规定在《民法典》第 1066 条中,该条规定:"婚姻关系存续期间,有下列情形之一的,夫妻一方可以向人民法院请求分割共同财产:(一)一方有隐藏、转移、变卖、毁损、挥霍夫妻共同财产或者伪造夫妻共同债务等严重损害夫妻共同财产利益的行为;(二)一方负有法定扶养义务的人患重大疾病需要医治,另一方不同意支付相关医疗费用。"

对《民法典》第 1066 条的理解,注意如下三点:

第一,请求分割夫妻共同财产的重大理由之一是一方实施了严重损害夫妻共同财产的行为,包括隐藏、转移、变卖、毁损、挥霍夫妻共同财产或者伪造夫妻共同债务等。其中,隐藏夫妻共同财产是指夫妻一方将财产故意藏匿起来不让对方发现,使其不知道财产的存在,或不知财产所在而脱离其控制;转移夫妻共同财产是指夫妻一方私自将财产移往别处或者将资金转往其他账户,使其脱离对方掌握;变卖夫妻共同财产是指夫妻一方私自将财产折价卖给他人;毁损夫妻共同财产是指夫妻一方故意采用破坏性手段使物品失去原貌,失去或者部分失去使用价值或交换价值;挥霍夫妻共同财产是指夫妻一方恶意超出合理范围任意处置、浪费夫妻共同财产;伪造夫妻共同债务则是指通过制造虚假债务意图让另一方承担清偿责任而侵占另一方财产。

第二,请求分割夫妻共同财产的重大理由之二是一方负有法定扶养义务的人患重大疾病需要医治,另一方不同意支付相关医疗费用。一方负有法定扶养义务通常是对自己的父母、与前配偶所生子女以及一定条件下对自己祖父母外祖父母、兄弟姐妹负有抚养、扶养和赡养义务;对夫妻共同生育、抚养的子女,双方都平等地负有抚养的法定义务,不属于本条所指的情况。由于配偶一方对于患有重大疾病的人不负法定扶养义务,所以也没有使用共同财产承担医疗费用的义务,负有义务一方如果没有个人财产支付治疗费用,可以请求分割夫妻共同财产,再用分得的个人财产支付治疗费用。

第三,根据《民法典婚姻家庭编解释(一)》第 38 条的规定,婚姻关系存续期间,除上述两种情形以外夫妻一方请求分割共同财产的,人民法院不予支持。也就是说,一方要求分割夫妻共同财产的重大理由仅限于上述两项。

## 第二节 父母子女关系

### 一、父母子女关系概述

（一）概念

父母子女关系，也称亲子关系，亲是指父母，子是指子女，亲子关系即指父母和子女之间的权利义务关系。父母子女关系是最近的直系血亲关系，也是家庭关系的核心组成部分。

父母子女之间的法律关系，主要有两方面的内容：一是父母子女关系的确认和否认，即父母与子女之间建立和消灭亲子关系的方法或途径；二是父母子女之间的抚养、监护、教育、保护、赡养、继承等权利义务关系。[1]

（二）种类

根据《民法典》第1071条、第1072条和第1111条，父母子女关系可以分为自然血亲的亲子关系和法律拟制的亲子关系。除了上述类型外，人工生殖技术的运用带来了第三种亲子关系——人工生育的亲子关系。

1. 自然血亲的亲子关系

自然血亲的亲子关系，是指基于出生的事实而产生的具有自然血缘联系的父母子女关系。

以子女是否在父母的婚姻关系存续期间受胎或出生，自然血亲的亲子关系可以分为婚生的父母子女关系和非婚生的父母子女关系。《民法典》第1071条第1款规定，“非婚生子女享有与婚生子女同等的权利，任何组织或者个人不得加以危害和歧视”。自然血亲的亲子关系因出生而发生，因一方死亡而终止，不能人为地解除。

2. 拟制血亲的亲子关系

拟制血亲的亲子关系是因收养而在收养人和被收养人之间，或因继父母抚养

---

〔1〕 有关儿童最大利益原则的形成、发展及对我国亲子关系法的影响，可以参见曹贤余：《儿童最大利益原则下的亲子法研究》，群众出版社2015年版。

教育继子女而在继父母子女之间形成的父母子女关系。拟制血亲的父母子女关系因法律拟制而形成,除因一方死亡而终止外,还可人为地解除。考虑到篇幅,因收养形成的法律拟制亲子关系我们放在第五章论述,这里只讲继父母子女之间形成拟制血亲关系的条件、法律效力以及拟制血亲关系的消灭。

(1)继父母子女的概念

子女的生父母再婚,子女与生父母再婚配偶之间的关系即为继父母子女关系,再婚配偶为子女的继父母,子女为再婚配偶的继子女。继父母子女关系是直系姻亲关系,所谓直系姻亲是指直系血亲的配偶和配偶的直系血亲。对继父母而言,继子女是其配偶的直系血亲(生子女),对继子女而言,继父母是其直系血亲(生父母)的配偶。但是,直系姻亲还有多种,例如公婆与儿媳,岳父母与女婿,也包括配偶婚外所生育子女与另一方配偶的关系等,但这些并非继父母子女关系。

(2)继父母子女形成拟制血亲关系的条件

《民法典》第1072条第2款规定:"继父或者继母和受其抚养教育的继子女间的权利义务关系,适用本法关于父母子女关系的规定。"继父母子女本来是直系姻亲关系,在法律上没有实质的权利义务关系,立法只规定二者之间不得相互虐待或者歧视。但如果继父或者继母抚养教育了继子女,则将这种直系姻亲关系转化为法律拟制的亲子关系。根据法律规定及相关司法解释,继父母子女形成拟制血亲关系条件有二:

其一,继父母子女之间存在着直系姻亲关系,即继父与生母,继母与生父结婚,继父母和继子女之间就建立起直系姻亲关系。

其二,继父母抚养教育了继子女。继父母对继子女的抚养教育可以是支付抚养费用,也可以是在生活学习上予以照顾教育和保护,一般而言,继父母与继子女共同生活即可以推定其抚养教育了继子女。需要注意的是,法律拟制的亲子关系只有继父母抚养教育了继子女才能形成,继子女赡养扶助了继父母并不会形成。

只有两个条件同时具备,继父母子女之间才能形成法律上拟制的亲子关系。

(3)继父母子女形成拟制血亲关系的法律效力

根据《民法典》第1072条,形成拟制血亲关系的继父母子女间的权利义务关系适用《民法典》关于父母子女关系的规定。因此,形成拟制血亲关系的继父母子女之间具有如下权利义务关系:继父母对未成年继子女有抚养、监护、教育、保护的权利和义务,受继父母抚养教育成年的继子女对继父母有赡养、扶助和保护的义务，继父母子女之间互享继承权。

需要注意的是：继父母子女之间形成的这种拟制血亲关系，不及于继父母或继子女的其他近亲属，也不影响继子女与其生父母之间的权利义务关系。

（4）拟制血亲关系的消灭及法律后果

其一，根据《民法典婚姻家庭编解释（一）》第54条，生父与继母或生母与继父离婚时，对曾受其抚养教育的继子女，继父或继母不同意继续抚养的，仍应由生父母抚养。这是因为，继父与继子女的生母、继母与继子女的生父离婚的，作为中介的婚姻关系因离婚而终止，继父母子女之间的姻亲关系终止，互相不再具有继父母和继子女的身份关系。如果继父母不同意继续抚养教育原继子女，则双方之间的关系不再适用父母子女关系。

其二，根据1986年最高人民法院《关于继母与生父离婚后仍有权要求已与其形成抚养关系的继子女履行赡养义务的批复》[1]，继父与生母或继母与生父离婚后，仍有权要求已与其形成抚养教育关系的成年继子女赡养。这是因为虽然原继父母子女之间的姻亲关系已经因继父与生母或继母与生父离婚而消灭，但原继父母子女之间已经形成的抚养关系不能消失，因此，有负担能力的继子女对曾经长期抚养教育过他们的年老体弱、生活困难的继父母应尽赡养扶助的义务。

3. 人工生育的亲子关系

人工生育是指通过人工生殖技术辅助生育，是人类自然生育模式的补充。人工辅助生殖技术通常包括人工授精、体外授精—胚胎移植（试管婴儿）、代孕技术等，人类可以用人工方法代替自然生育部分步骤，使子女可能存在遗传学意义上、生物学意义上以及社会学意义上的父母，冲击了以男女两性性行为受孕生育方式形成的传统社会观念和法律制度。因此，对于人工生育的亲子关系需要用特别的亲子关系确立规则。

（1）现行法对人工辅助生殖技术的许可和限制

根据2001年卫生部《人类辅助生殖技术管理办法》，现行法许可采用的人类

---

〔1〕 该批复指出："经我们研究认为：王淑梅与李春景姐弟五人之间，既存在继母与继子女间的姻亲关系，又存在由于长期共同生活而形成的抚养关系。尽管继母王淑梅与生父李明心离婚，婚姻关系消失，但王淑梅与李春景姐弟等人之间已经形成的抚养关系不能消失。因此，有负担能力的李春景姐弟等人，对曾经长期抚养教育过他们的年老体弱、生活困难的王淑梅应尽赡养扶助的义务。"该批复的论述和结论既符合法理又符合生活常识、常情和常理，值得肯定。

辅助生殖技术包括人工授精和体外授精—胚胎移植技术及其各种衍生技术。[1]根据精液来源不同，人工授精又可分为丈夫精液人工授精（也称为同质人工授精）和供精人工授精（也称为异质人工授精）。同时，该办法禁止以任何形式买卖配子、合子、胚胎，要求医疗机构和医务人员不得实施任何形式的代孕技术。

（2）人工生育子女的亲子关系确立

第一，母亲身份的单一确立规则。人工生育子女的母亲确认仍然遵循分娩者为母的确认规则；即使因违法实施的代孕手术而怀孕生育的女性，也应被认定为是其所生育子女的母亲。

第二，协议（同意）原则。人类辅助生殖技术的应用应当在医疗机构中进行，以医疗为目的，并符合国家计划生育政策、伦理原则和有关法律规定。医务人员有义务告知受术夫妇，通过人类辅助生殖技术出生的后代与自然受孕分娩的后代享有同样的法律权利和义务，包括继承权、受教育权、赡养父母的义务等，受术夫妇对通过对该技术出生的孩子（包括对有出生缺陷的孩子）有伦理、道德和法律上的权利和义务。受术夫妇需要在充分了解手术的情况下自愿同意实施手术并签署知情同意书。[2]《民法典婚姻家庭编解释（一）》第40条规定："婚姻关系存续期间，夫妻双方一致同意进行人工授精，所生子女应视为婚生子女，父母子女间的权利义务关系适用民法典的有关规定。"也就是说，无论是丈夫精液人工授精还是供精人工授精，因夫妻双方一致同意进行的人工授精手术所生育的子女，都是夫妻双方的婚生子女。

第三，配子提供者与子女无法律亲子关系。根据《人类辅助生殖技术和人类精子库伦理原则》：医务人员有义务告知捐赠者不可查询受者及其后代的一切信息，并签署书面知情同意书；也有义务告知供精者，对其供精出生的后代无任何的权利和义务。

---

[1]《人类辅助生殖技术管理办法》第24条规定："本办法所称人类辅助生殖技术是指运用医学技术和方法对配子、合子、胚胎进行人工操作，以达到受孕目的的技术，分为人工授精和体外受精—胚胎移植技术及其各种衍生技术。人工授精是指用人工方式将精液注入女性体内以取代性交途径使其妊娠的一种方法。根据精液来源不同，分为丈夫精液人工授精和供精人工授精。体外受精—胚胎移植技术及其各种衍生技术是指从女性体内取出卵子，在器皿内培养后，加入经技术处理的精子，待卵子受精后，继续培养，到形成早早期胚胎时，再转移到子宫内着床，发育成胎儿直至分娩的技术。"

[2]参见《人类辅助生殖技术管理办法》《人类辅助生殖技术和人类精子库伦理原则》。

## 二、亲子关系的确立与异议之诉

婴儿出生,即应为其明确法律上的父母。确定亲子关系是确定抚养、监护、保护等法律上权利义务关系的基础。亲子关系的确立制度是一种依法在无争议状态下为子女确定父母的制度,对于亲子关系确立的结果有异议的,可提起亲子关系异议之诉。对未能通过该制度为子女确定父母的,权利人可以提起诉讼请求确认亲子关系;对已经通过该制度确立的亲子身份有异议的,权利人可以提起诉讼请求否认亲子关系。

### (一)亲子关系确立制度

亲子关系确立制度,是指子女出生后依法为其确定生父和生母的制度,包括确立亲子关系的方法和亲子关系的证明。[1]

#### 1. 母亲的确立方法

生育子女的女性是子女的母亲。从比较法的角度来看,很多国家和地区都在亲子关系法中确定生育子女是获得母亲身份的方式。我国《民法典》虽然没有明确母亲的确认方式,但生育子女的女性是子女的母亲在学理上和司法实践中均得到认可。

#### 2. 父亲的确立方法

父亲的确立方法以推定为主,即推定母亲的丈夫是子女的父亲。[2] 婚生推

---

〔1〕 亲子关系确立不是传统的法律术语,因此有必要予以说明。无论是为家庭确定后嗣或继承人,还是为未成年人找到抚养义务人,确定"子女"和"父母"之间的法律身份在不同的国家和历史时代总有约定俗成的或法律明文规定的原则和方法。传统的亲子关系确立制度包括婚生子女的推定、非婚生子女的认领和准正制度。从20世纪末开始,各国的亲子法有子女平等受保护以及强调未成年子女最佳利益的变革趋势。在德国、瑞士、法国、英国等国家,非婚生子女的称谓消失了,为子女确立生母和生父的制度代替了原来区分婚姻血统和非婚姻血统原则下的非婚生子女的认领、准正等制度。我国学界对如何确定父母子女关系进行了积极的探索,但研究对象的称谓不统一。在《改革开放三十年中国亲子法研究之回顾与展望》一文中指出,对亲子关系确立制度学界有如下三种称谓:子女亲生否认制度和子女亲生认领制度,亲子关系的推定、亲子关系推定的否认和亲子关系的认领制度,亲子关系推定与否认制度和子女认领制度。参见陈苇:《改革开放三十年(1978~2008年)中国婚姻家庭继承法研究之回顾与展望》,中国政法大学出版社2010年版,第232页。我们认为,在《民法典》规定了亲子关系异议之诉后,有关亲子关系的建立或否认就简化了。在无争议的状态下,适用亲子关系确立制度为子女确立亲子身份;在有争议的状态下,可以亲子关系异议之诉对此予以矫正和救济。

〔2〕 法律并没有规定婚生推定,司法实践则在1956年就认可了婚生推定。最高人民法院《关于徐秀梅所生的小孩应如何断定生父问题的复函》指出,"根据请示所提的情况,徐秀梅的丈夫向徐提出离婚,且不承认小孩是他生的。按这小孩是在双方婚姻关系继续存在中所生的,男方现主张非其所生,应提出证据证明。男方既提不出任何证据而法院亦无法另找证明方法,在这种情况下,法院只能认为男方的主张不能证明,在这认定下对小孩问题予以判决"。

定是确定父子女关系的传统方式，子女在受胎或出生时母亲的丈夫即被推定为子女的父亲。婚生推定制度是法律为建立婚生亲子关系所设的制度。婚生推定制度建立的前提是肯定婚姻以及以之为基础所组成的家庭对生养子女的重要性与必要性。倘无婚姻制度，婚生推定制度将无所依附。在婚生子女的推定中确定父子女关系的主要原因有二，即婚姻关系和血缘关系，而非单纯取决于父子女间的血缘关系。婚生推定的意义在于，使子女在出生后即被推定为婚生子女，确定抚养关系，不至于让子女的身份处于不确定的状态。然而，法律上的推定可被客观事实推翻。法律允许利害关系人提出否认之诉，但这种否认须经法院判决确认后方可撤销婚生推定，否认权人自行否认没有法律效力。

3. 亲子关系的证明

从1993年1月1日起，我国各地医疗卫生机构将出生医学证明书作为婴儿出生的医学证明。出生医学证明书是医疗卫生部门出具的说明婴儿出生情况的证明，既是人口统计工作的基本信息来源，也是判定出生婴儿情况的基本法律依据。[1] 1995年实施的《母婴保健法》第23条明确了由“医疗保健机构和从事家庭接生的人员”出具统一的“新生儿出生医学证明”，从1996年起我国境内出生的婴儿开始使用卫生行政部门依法制发的统一的出生医学证明。新生儿父母或监护人凭出生医学证明到户口登记机关申报新生儿出生登记，户口登记机关也只凭出生医学证明办理出生登记手续。[2] 对于申报出生登记但未提供出生医学证明的，须依法补领出生医学证明。“在助产机构内出生的无户口人员，本人或者其监护人可以向该助产机构申领《出生医学证明》；在助产机构外出生的无户口人员，本人或者其监护人需提供具有资质的鉴定机构出具的亲子鉴定证明，向拟落户地县级卫生计生行政部门委托机构申领《出生医学证明》。无户口人员或者其监护人凭《出生医学证明》和父母一方的居民户口簿、结婚证或者非婚生育说明，申请办理常住户口登记。”[3]因为出生医学证明中记载了新生儿母亲和父亲的基本信

---

〔1〕 参见1992年卫生部、公安部、民政部《关于使用〈出生医学证明书〉、〈死亡医学证明书〉和加强死因统计工作的通知》。

〔2〕 出生医学证明由新生儿出生所在的医疗保健机构和从事家庭接生的人员出具。新生儿父母或监护人凭出生医学证明到新生儿常住地户口登记机关申报出生登记，户口登记机关亦只凭出生医学证明办理出生登记手续。参见1995年卫生部、公安部《关于统一规范〈出生医学证明〉的通知》。

〔3〕 2015年国务院办公厅《关于解决无户口人员登记户口问题的意见》。

息,所以出生医学证明就成为自然人亲子关系的法定证明文件。

(二)亲子关系的异议之诉

如果子女的出生医学证明中未记载父母信息,或者利害关系人对记载的父母信息有异议,而原记载的父母不认可,则可能引起亲子关系异议之诉。根据异议内容不同,亲子关系异议之诉可分为请求确认亲子关系之诉和请求否认亲子关系之诉两种类型。提起亲子关系异议之诉的法律依据是《民法典》第 1073 条,该条规定:"对亲子关系有异议且有正当理由的,父或者母可以向人民法院提起诉讼,请求确认或者否认亲子关系。对亲子关系有异议且有正当理由的,成年子女可以向人民法院提起诉讼,请求确认亲子关系。"[1]

1. 亲子关系异议之诉的性质

从 2011 年《婚姻法解释(三)》颁布开始,关于亲子关系异议之诉的诉讼类型,[2]就在学术界和实务界引发争议。[3] 亲子关系异议之诉的诉讼类型判断,涉及谁有诉权,判决是否具有对世效力等问题,应予明辨。我们认为:从形成之诉应由法律明确规定的原则来看,亲子关系异议之诉来源于《民法典》第 1073 条;从形

〔1〕 在司法实践中曾有当事人提起行政诉讼,请求出具出生医学证明的医疗保健机构等签发机构撤销或变更关于父母身份信息的记载,但人民法院多以出具出生医学证明仅为医学上的证明行为,而非具体行政行为为由裁定驳回起诉。这也引发了学界关于出具出生医学证明的行为是否具有可诉性的论争。参见程时菊、黄欣:《论出生医学证明的可诉性——以公共行政职能为视角》,载《行政法学研究》2011 年第 1 期。不过,2011 年《婚姻法解释(三)》出台后,当事人即可通过民事诉讼程序提起亲子关系否认之诉及亲子关系确认之诉。

〔2〕 依民事诉讼法学理论,按诉讼目的的不同,诉的类型可分为三类:给付之诉、确认之诉和形成之诉。给付之诉是指原告向被告主张给付请求权,并要求法院对此作出给付判决的诉讼;确认之诉是指原告要求法院确认其主张的法律关系存在(积极的确认之诉)或不存在(消极的确认之诉)的诉讼;形成之诉则是指原告要求法院变动法律关系的诉讼,通常该法律关系的变动是法律所明确规定的。

〔3〕 对于当事人所提起的亲子关系异议之诉的类型,学界主要有三种观点:确认之诉,亲子关系的否认之诉为形成之诉,形成之诉。参见杨立新:《家事法》,法律出版社 2013 年版,第 179 页;张卫平:《诉的利益:内涵、功用与制度设计》,载《法学评论》2017 年第 4 期;刘哲玮:《确认之诉的限缩及其路径》,载《法学研究》2018 年第 1 期;曹志勋:《论我国法上确认之诉的认定》,载《法学》2018 年第 11 期;陈桂明、李仕春:《形成之诉独立存在吗?——对诉讼类型传统理论的质疑》,载《法学家》2007 年第 4 期;史尚宽:《亲属法论》,中国政法大学出版社 2000 年版,第 547 页;张燕玲:《亲子否认之诉的理念变迁》,载《南京大学学报(哲学·人文科学·社会科学)》2019 年第 5 期;江晨:《婚生否认之诉原告资格的立法完善和规范适用》,载《政治与法律》2020 年第 5 期;李春景:《关于亲子关系否认制度若干问题探讨——评析〈婚姻法司法解释三〉第 2 条第 1 款之规定》,载《河北法学》2016 年第 12 期;欧元捷:《确认亲子关系诉讼的原告资格论——以诉的种类为秩序框架》,载《政治与法律》2018 年第 11 期;等等。

成之诉的诉讼目的是变动法律关系来看，不论是起诉确认亲子关系还是否认亲子关系，“异议”一词均为不认可已有的亲子关系，其诉讼目的均是变动现有的亲子关系。因此，亲子关系异议之诉应为形成之诉。

更重要的是，亲子关系异议之诉为形成之诉具有合理性和必要性。亲子关系涉及自然人的基本身份关系以及未成年人的重大利益，不宜赋予当事人凭借单方意思即可直接变动亲子关系的权利，也不宜允许第三人随意提起对他人亲子关系的异议之诉，因此法律明文规定父母子女对亲子关系享有确认和否认权利并可通过诉讼行使。其一，形成之诉判决的既判力和形成力不仅存在于当事人之间，而且具有对世效力。确认之诉的判决是单纯确认当事人之间法律关系存在或不存在的判决，其判决没有形成力，判决的既判力通常只及于当事人。亲子关系是自然人重要的身份关系，涉及本人及其他亲属的若干权利义务，亲子关系异议之诉为形成之诉更有利于稳定亲子关系。其二，形成诉权的法定可以避免诉权被滥用。形成之诉的根基在于形成诉权，而形成权的本质还是单方意思即可变动民事法律关系，故形成权通常规定有明确的权利人和权利存续的期间，也即能够提起诉讼的当事人是法律明确规定的。但是，确认之诉的提出则缺少限制。为避免诉权被滥用，民事诉讼的理论和实践通常是从有无诉的利益来判断诉讼的必要性和实效性，因此对于确认之诉法官需判断当事人有无诉讼利益。由于我国缺乏关于确认利益的法律规则、成熟理论以及判断确认利益的程序环节，故以确认利益为限制路径尚未真正发挥限制确认之诉的功能。[1] 例如，《婚姻法解释(三)》第2条对亲子关系异议之诉的提起几乎没有设置限制条件。这引起了学者的批评，认为“倘若任何人都可以随意提起确认、否认之诉，将有损父母与儿童的尊严、利益，造成精神上的伤害”[2]。

2. 请求确认亲子关系

(1)权利人

有权请求确认亲子关系的，只能是子女的父亲或者是母亲，子女已经成年的，成年子女本人也有权起诉确认亲子关系。之所以限制权利人的范围，是考虑亲子

---

〔1〕 参见刘哲玮：《确认之诉的限缩及其路径》，载《法学研究》2018年第1期。

〔2〕 汪金兰、孟晓丽：《民法典中亲子关系确认制度的构建》，载《安徽大学学报(哲学社会科学版)》2020年第1期。

关系的确认将对父母子女双方以及其他近亲属的权利义务产生重要的影响。在《民法典》编纂过程中,各方对于亲子关系异议之诉的主体范围也有不同意见,从利害关系人到父母、成年子女和未成年子女,再到父母或者成年子女,主体范围越来越狭窄。《民法典》规定的亲子关系否认之诉的主体仅限于父或者母,请求确认亲子关系的主体限于父或者母以及成年子女。

(2)诉讼限制条件——正当理由

权利人请求确认亲子关系,应当具有"正当理由"。权利人对亲子关系有异议,可以请求确认亲子关系,但为维护家庭关系稳定和谐,以及保护未成年人合法权益,《民法典》规定父或者母对亲子关系有异议时,还需举证证明其有"正当理由",才能提起亲子关系之诉。

正当理由不是民事诉讼的起诉条件,而是请求确认亲子关系诉讼的限制条件。在司法实践中,有将《民法典》第1073条的"正当理由"等同于《民事诉讼法》第122条规定的起诉必须"有具体的诉讼请求和事实、理由"的情况,我们认为是错误的。在立案登记制下,人民法院对起诉的"具体理由"仅作形式审查,而"正当理由"要在诉讼中由人民法院根据案件具体情况判断。适用"正当理由"应当遵循保护未成年人合法权益原则和公序良俗原则,特别是在请求确认他人的婚生子女为自己子女,请求确认因自己强奸犯罪所生育子女为自己子女等诉讼中,要从严审查其理由的正当性。

(3)请求确认亲子关系的举证与亲子身份推定

《民法典婚姻家庭编解释(一)》第39条第2款规定,"父或者母以及成年子女起诉请求确认亲子关系,并提供必要证据予以证明,另一方没有相反证据又拒绝做亲子鉴定的,人民法院可以认定确认亲子关系一方的主张成立"。权利人请求确认亲子关系,应提供必要证据。这里的"必要证据"是指证据能够形成合理的证据链条证明当事人之间可能存在亲子关系,一般包括两类:一是与生母在子女可能的受胎期间同居;二是所谓"生父"曾经认可亲子关系,例如存在能够证明其承认父子关系的信件、字据等,或者所谓"生父"以此身份负担或者分担子女的生活教育费用等。被告方若没有证据否认权利人的主张,又不愿意采用最直接客观的亲子鉴定来排除自己与子女的亲子关系的,将承担不利的法律后果。人民法院可以据此推定原告和子女之间存在亲子关系。

3. 请求否认亲子关系

亲子关系的否认是指对已经确立的亲子关系提出异议并否认亲子关系的存

在,司法实践中最常见的是对父亲身份推定的否认。《民法典》第 1073 条第 1 款规定,“对亲子关系有异议且有正当理由的,父或者母可以向人民法院提起诉讼,请求确认或者否认亲子关系”。

(1)权利人

有权提出否认之诉的只能是子女的父亲或者是母亲,成年子女不能起诉请求否认亲子关系。之所以限制否认权利人的范围:一是考虑亲子关系的否认将对亲子身份以及其他近亲属关系产生重大影响;二是担心被父母抚养成年的子女,借亲子关系否认拒绝承担赡养义务。

(2)诉讼限制条件——正当理由

权利人提起亲子关系否认之诉,应当具有“正当理由”。与请求确认亲子关系一样,否认亲子关系也需要具有正当理由,人民法院将据此判断亲子关系否认之诉的正当性、合理性,以维护家庭关系的稳定并保护未成年人的合法权益。例如,自称生父之第三人,起诉否认已被婚生推定并与父母共同生活的未成年子女的亲子关系,如果受理这样的亲子关系否认之诉,可能造成未成年人现有抚养环境的明显恶化,应严格审查其理由的正当性。

(3)请求否认亲子关系的举证与身份否认推定

《民法典婚姻家庭编解释(一)》第 39 条第 1 款规定:“父或者母向人民法院起诉请求否认亲子关系,并已提供必要证据予以证明,另一方没有相反证据又拒绝做亲子鉴定的,人民法院可以认定否认亲子关系一方的主张成立。”这里的“必要证据”是指证据能够形成合理的证据链条证明当事人之间不可能存在亲子关系或者没有亲子关系,例如在子女可能的受胎期间因服刑、在国外未归等无法与子女生母同居、患有不孕不育的疾病或者提供了子女与他人已经确定亲子关系的证明等。被告方可以提供证据否认权利人的主张,例如提供原告同意采取异质人工授精生育子女的证明,但如果没有证据否认,又不同意子女与原告做亲子鉴定来证明亲子关系存在的,将承担不利的法律后果。人民法院可以据此推定原告和子女之间不存在亲子关系。

## 三、父母子女间的权利义务关系

根据我国《民法典》第 1067 ~ 1072 条,父母子女的权利义务主要包括以下内容:

### (一)父母是未成年子女第一顺序的法定监护人

《民法典》第 27 条第 1 款规定,“父母是未成年子女的监护人”。父母作为监护人与其他监护人一样,应按照最有利于被监护人的原则履行监护人的职责,代理被监护人实施民事法律行为,保护被监护人的人身权利、财产权利以及其他合法权益等;除为维护被监护人利益外,不得处分被监护人的财产。父母在作出与未成年子女利益有关的决定时,应当考虑子女的年龄和智力状况,尊重子女的真实意愿。父母作为监护人与其他监护人相比,享有一些特别权利,例如可通过遗嘱指定监护人。《民法典》第 29 条规定:“被监护人的父母担任监护人的,可以通过遗嘱指定监护人。”但是一方父母遗嘱指定了监护人,在遗嘱生效时父母另一方有监护能力且对遗嘱指定监护人有异议时,由生存父母一方担任监护人。此外,未成年人的父母还可以与其他具有监护资格的人约定,当父母丧失监护能力时由该具有监护资格的人担任监护人,但是父母不得约定免除自己的监护职责。[1]

1. 父母应当亲自履行监护职责

2020 年修订的《未成年人保护法》第 16 条、第 17 条,对父母应当履行的职责和不当为的行为作出了规定。父母应当履行的监护职责包括:(1)为未成年人提供生活、健康、安全等方面的保障;(2)关注未成年人的生理、心理状况和情感需求;(3)教育和引导未成年人遵纪守法、勤俭节约,养成良好的思想品德和行为习惯;(4)对未成年人进行安全教育,提高未成年人的自我保护意识和能力;(5)尊重未成年人受教育的权利,保障适龄未成年人依法接受并完成义务教育;(6)保障未成年人休息、娱乐和体育锻炼的时间,引导未成年人进行有益身心健康的活动;(7)妥善管理和保护未成年人的财产;(8)依法代理未成年人实施民事法律行为;(9)预防和制止未成年人的不良行为和违法犯罪行为,并进行合理管教;(10)其他应当履行的监护职责。

父母不得实施下列行为:(1)虐待、遗弃、非法送养未成年人或者对未成年人实施家庭暴力;(2)放任、教唆或者利用未成年人实施违法犯罪行为;(3)放任、唆使未成年人参与邪教、迷信活动或者接受恐怖主义、分裂主义、极端主义等侵害;(4)放任、唆使未成年人吸烟(含电子烟)、饮酒、赌博、流浪乞讨或者欺凌他人;(5)放任或者迫使应当接受义务教育的未成年人失学、辍学;(6)放任未成年人沉

---

〔1〕 参见《民法典总则编解释》第 7 条、第 8 条。

迷网络，接触危害或者可能影响其身心健康的图书、报刊、电影、广播电视节目、音像制品、电子出版物和网络信息等；(7)放任未成年人进入营业性娱乐场所、酒吧、互联网上网服务营业场所等不适宜未成年人活动的场所；(8)允许或者迫使未成年人从事国家规定以外的劳动；(9)允许、迫使未成年人结婚或者为未成年人订立婚约；(10)违法处分、侵吞未成年人的财产或者利用未成年人牟取不正当利益；(11)其他侵犯未成年人身心健康、财产权益或者不依法履行未成年人保护义务的行为。

2. 临时照护

2020 年修订的《未成年人保护法》第 21 条第 1 款规定，“未成年人的父母或者其他监护人不得使未满八周岁或者由于身体、心理原因需要特别照顾的未成年人处于无人看护状态，或者将其交由无民事行为能力、限制民事行为能力、患有严重传染性疾病或者其他不适宜的人员临时照护”。临时照护是指父母将不能亲自照顾的未成年子女委托他人短时间内照顾保护。必须设置临时照护的未成年子女有两类：(1)未满 8 周岁的子女；(2)由于身体、心理原因需要特别照顾的未成年子女，例如身患疾病处于无人看护状态可能会有危险的未成年子女。父母应寻找合适的受托人，不能将子女委托给无民事行为能力人、限制民事行为能力人、患有严重传染性疾病的人或者其他不适宜的人员短时间内临时照护。

3. 特殊情况下父母委托照护

与临时照护一样，委托照护也是 2020 年修订的《未成年人保护法》所使用的新的法律名词，是对过去委托监护的完善和发展。父母委托照护是指未成年子女的父母因外出务工等原因在一定期限内不能完全履行监护职责的，可委托具有照护能力的完全民事行为能力人代为照护未成年子女。

(1)设立委托照护。父母以及其他监护人因正当理由(如外出务工)未与未成年人共同生活，在一定期限内无法完全履行监护职责的，可将照料和保护未成年子女的职责委托给符合条件且接受委托的照护人。监护人无正当理由的，不得委托他人代为照护。

(2)照护人的职责。照护人接受委托后，应亲自代为履行受托的部分监护职责，照料未成年人的生活并保护其人身安全。

(3)照护人的资格。照护人应为完全民事行为能力人，具有照护未成年人的能力。父母在确定被委托人时，应当综合考虑其道德品质、家庭状况、身心健康状况、与未成年人生活情感上的联系等情况,并听取有表达意愿能力未成年人的意见。具有下列情形之一的,不得作为被委托人:其一,曾实施性侵害、虐待、遗弃、拐卖、暴力伤害等违法犯罪行为;其二,有吸毒、酗酒、赌博等恶习;其三,曾拒不履行或者长期怠于履行监护、照护职责;其四,其他不适宜担任被委托人的情形。

(4)父母仍然是监护人,应履行监护职责。照护人只履行约定的照护职责,父母依然是未成年子女的监护人。为保障未成年子女利益,父母应当及时将委托照护情况书面告知未成年人所在学校、幼儿园和实际居住地的居民委员会、村民委员会,加强和未成年人所在学校、幼儿园的沟通;与未成年人、被委托人至少每周联系和交流一次,了解未成年人的生活、学习、心理等情况,并给予未成年人亲情关爱。父母接到受托人、居民委员会、村民委员会、学校、幼儿园等关于未成年人心理、行为异常的通知后,应当及时采取干预措施。

### (二)父母对子女有抚养、教育、保护的权利和义务

《民法典》第26条第1款、第1067条第1款、第1068条规定了父母对子女有抚养、教育和保护的权利和义务。父母对子女的抚养、教育和保护是父母天然的权利和职责,是亲子关系的重要内容。如同《德国基本法》所倡导的,父母应照料并教育子女,照料子女身体发育和健康的外部发展,教育子女以促进其精神和心灵上的发展,培养其独立性、社会生活能力及在经济上自立。[1]

#### 1.抚养义务

抚养,是指父母对子女在经济上的供养和在生活中的照料。《民法典》第1067条第1款规定:“父母不履行抚养义务的,未成年子女或者不能独立生活的成年子女,有要求父母给付抚养费的权利。”

父母对未成年子女的抚养是无条件的,而对成年子女的抚养则是有条件的。父母对子女的抚养通常到子女成年即18周岁为止,但对于不能独立生活的成年子女,父母有负担能力的,仍应给付必要的抚养费。所谓“不能独立生活的成年子女”,《民法典婚姻家庭编解释(一)》第41条认为是“尚在校接受高中及其以下学历教育,或者丧失、部分丧失劳动能力等非因主观原因而无法维持正常生活的成年子女”。父母应支付的“抚养费”,“包括子女生活费、教育费、医疗费等费用”。

此外,父母的婚姻关系状态不影响父母对子女抚养义务的履行。《民法典》第

[1] 参见[德]迪特尔·施瓦尔:《德国家庭法》,王葆莳译,法律出版社2010年版,第261页。

1084 条第 2 款规定,“离婚后,父母对于子女仍有抚养、教育、保护的权利和义务”。该法第 1071 条第 2 款规定,“不直接抚养非婚生子女的生父或者生母,应当负担未成年子女或者不能独立生活的成年子女的抚养费”。

父母不履行抚养义务的,子女有权请求父母双方支付抚养费。请求父母支付抚养费的权利,不适用诉讼时效的规定。对于只有一方父母不履行抚养义务的,未成年子女或者不能独立生活的子女也可以单独请求该方支付抚养费(《民法典婚姻家庭编解释(一)》第 43 条)。父母拒不履行抚养义务,情节严重的,应追究其遗弃的刑事责任。

2. 教育的权利和义务

未成年人的健康成长和发展需要正确的引导和培养,这主要由家庭教育、学校教育和社会教育来实现。习近平总书记指出:“家庭是人生的第一个课堂,父母是孩子的第一任老师。孩子们从牙牙学语起就开始接受家教,有什么样的家教,就有什么样的人。家庭教育涉及很多方面,但最重要的是品德教育,是如何做人的教育。也就是古人说的‘爱子,教之以义方’,‘爱之不以道,适所以害之也’。”[1]父母对子女的教育,不仅是父母对子女依法接受学校教育和社会教育的保护,也是父母对子女家庭教育的亲身实施,父母应该在日常共同生活中培养子女良好的品行,引导子女进行有益身心的活动,预防并制止子女的违法行为。《未成年人保护法》以及《义务教育法》要求:(1)父母应当学习家庭教育知识,接受家庭教育指导。(2)父母应教育和引导未成年子女遵纪守法、勤俭节约,养成良好的思想品德和行为习惯。(3)父母应对未成年子女进行安全教育,提高未成年人的自我保护意识和能力。(4)父母应预防和制止未成年子女的不良行为和违法犯罪行为,并进行合理管教;不得放任、唆使未成年子女参与邪教、迷信活动或者接受恐怖主义、分裂主义、极端主义等侵害;不得放任、唆使未成年子女吸烟、饮酒、赌博、流浪、乞讨或者欺凌他人;不得放任未成年人沉迷网络,接触危害或者可能影响其身心健康的图书、报刊、电影、广播电视节目、音像制品、电子出版物和网络信息等;不得放任未成年人进入营业性娱乐场所、酒吧、互联网上网服务营业场所等不适宜未成年人活动的场所等。(5)父母应当尊重未成年子女受教育的权利,必须让适龄的未成年子女按照规定接受义务教育,不得使在校接受义务教育的未成

---

〔1〕　习近平:《在会见第一届全国文明家庭代表时的讲话》,载《人民日报》2016 年 12 月 16 日,第 2 版。

年子女辍学。

父母双方平等享有教育子女的权利,均应履行对子女的教育义务。父母分居或者离异的,也应相互配合履行家庭教育责任,不得拒绝或者怠于履行,除法律另有规定外,不得阻碍另一方实施家庭教育(《家庭教育促进法》第 20 条)。父母教育子女既是权利也是义务,以履行义务为主,权利是父母履行义务的保障。父母不应在教育中缺位或放任不管,也不应采用暴力、侮辱等不当方式教育子女。父母应依法采取符合社会道德规范、适合子女发育程度的适当方法,对未成年子女加以教导,并对其行为进行必要的约束。《家庭教育促进法》第 17 条对父母实施家庭教育的方式方法提出如下建议:亲自养育,加强亲子陪伴;共同参与,发挥父母双方的作用;相机而教,寓教于日常生活之中;潜移默化,言传与身教相结合;严慈相济,关心爱护与严格要求并重;尊重差异,根据年龄和个性特点进行科学引导;平等交流,予以尊重、理解和鼓励;相互促进,父母与子女共同成长;运用其他有益于未成年人全面发展、健康成长的方式方法。

未成年子女可能缺乏对事物的判断和处理能力,当子女出现不当、危险、违法的言行时,父母有责任批评、帮助,并给予正确的引导。未成年子女造成他人损害的,父母应当依法承担民事责任。《民法典》第 1188 条规定,被监护人造成他人损害的,由监护人承担侵权责任。监护人尽到监护职责的,可以减轻其侵权责任。

3. 保护的权利和义务

保护,是指父母应当保护未成年子女的人身财产安全。父母对子女的保护包括三方面的内容:(1)父母不得实施危害子女的人身安全、侵害子女财产权益的行为。禁止对未成年子女实施家庭暴力,禁止虐待、遗弃未成年人子女,不得歧视女性未成年子女或者有残疾的未成年子女。(2)父母应保护未成年子女远离危险的环境和事物,阻止其他人对未成年子女的侵害,确保未成年子女的安全和健康成长。(3)父母发现未成年子女身心健康受到侵害、疑似受到侵害或者其他合法权益受到侵犯的,应当及时了解情况并采取保护措施;情况严重的,应当立即向公安、民政、教育等部门报告。

《未成年人保护法》还细化了在日常生活中对未成年人的人身安全保护,第 18 条规定:"未成年人的父母或者其他监护人应当为未成年人提供安全的家庭生活环境,及时排除引发触电、烫伤、跌落等伤害的安全隐患;采取配备儿童安全座椅、教育未成年人遵守交通规则等措施,防止未成年人受到交通事故的伤害;提高户外安全保护意识，避免未成年人发生溺水、动物伤害等事故。”

（三）成年子女对父母负有赡养、扶助和保护的义务

《民法典》第 26 条第 2 款规定，成年子女对父母负有赡养、扶助和保护的义务。《老年人权益保障法》第 14 条也规定，赡养人应当履行对老年人经济上供养、生活上照料和精神上慰藉的义务，照顾老年人的特殊需要。

1. 赡养义务

赡养，是指成年子女在经济上供养父母，为父母提供必要的生活费用和生活条件。《民法典》第 1067 条第 2 款规定：“成年子女不履行赡养义务的，缺乏劳动能力或者生活困难的父母，有要求成年子女给付赡养费的权利。”根据《民法典》及《老年人权益保障法》的相关规定，对赡养义务的理解要注意如下几点：（1）负有赡养义务的是有负担能力的成年子女，未成年子女以及没有独立生活能力的成年子女不负有此项义务。（2）需要被赡养的父母是缺乏劳动能力或者生活困难的父母，只要缺乏劳动能力和生活困难满足一项，就属于需要被赡养的父母。（3）父母要求成年子女给付赡养费的权利不适用诉讼时效的规定。（4）子女对父母的赡养义务是法定义务，不得以放弃继承权或者其他原因为由，拒绝履行赡养义务。（5）不论父母离婚还是再婚，子女的赡养义务都不因父母婚姻关系的变化而终止。（6）多个子女为了更好地履行赡养义务，经父母同意，可以就履行赡养义务签订协议。赡养协议的内容不得违反法律的规定和老年人的意愿。

2. 扶助义务

扶助，是指子女在日常生活中照料帮助父母，精神上关心慰籍父母。子女应当使患病的父母得到及时治疗和护理；对生活不能自理的父母，子女应当亲自照料，或者按照老年人的意愿委托他人或者养老机构等照料；子女应当关心父母的精神需求，不得忽视、冷落父母；与父母分开居住的子女应当经常看望或者问候父母；等等。

3. 保护义务

保护，是指子女对父母人身、财产安全的保护。一方面，子女不得有危害父母的人身安全、财产权益的行为。禁止对父母实施家庭暴力，禁止虐待、遗弃父母；子女不得强迫父母居住于或者迁居至条件低劣的房屋，父母的住房子女不得侵占；子女不得要求父母承担力不能及的劳动；子女不得窃取、骗取、强行索取父母的财产或父母承包农地的收益；等等。另一方面，子女应保护父母，阻止其他人对

父母的侵害行为,例如欺骗老人钱财的行为。

（四）子女应当尊重父母的婚姻权利

《老年人权益保障法》第 21 条规定,“老年人的婚姻自由受法律保护。子女或者其他亲属不得干涉老年人离婚、再婚及婚后的生活。赡养人的赡养义务不因老年人的婚姻关系变化而消除”。《民法典》第 1069 条也规定:“子女应当尊重父母的婚姻权利,不得干涉父母离婚、再婚以及婚后的生活。子女对父母的赡养义务,不因父母的婚姻关系变化而终止。”

（五）父母和子女有相互继承遗产的权利

《民法典》第 1070 条规定:“父母和子女有相互继承遗产的权利。”继承权基于父母、子女双方的特定身份而产生。依据《民法典》继承编,父母和子女互为第一顺序的法定继承人。父母,包括生父母、养父母和有扶养关系的继父母;子女,包括婚生子女、非婚生子女、养子女和有扶养关系的继子女。

## 第三节 其他近亲属关系

《民法典》第 1045 条规定的近亲属,除了配偶、父母、子女之外,还有祖父母、外祖父母、孙子女、外孙子女以及兄弟姐妹。相比配偶关系和亲子关系,祖孙和兄弟姐妹之间法律上的权利义务关系较少,主要是一定条件下的相互扶养和继承关系。

### 一、祖父母、外祖父母与孙子女、外孙子女关系

祖孙关系包括祖父母与孙子女之间的权利义务关系和外祖父母与外孙子女之间的权利义务关系。法律上具有权利义务关系的祖孙关系包括自然血亲的祖孙关系和因收养而形成的拟制血亲的祖孙关系。需要说明的是,养祖孙关系是指被收养人与收养人的父母所形成的亲属关系,而不是以祖孙相称的养父母子女关系。另外,受继父母扶养教育的继子女,与继父母所形成的亲子身份关系,效力不及于继父母的近亲属。

（一）祖孙之间的扶养义务

《民法典》第 1074 条规定，“有负担能力的祖父母、外祖父母，对于父母已经死亡或者父母无力抚养的未成年孙子女、外孙子女，有抚养的义务。有负担能力的孙子女、外孙子女，对于子女已经死亡或者子女无力赡养的祖父母、外祖父母，有赡养的义务”。

1. 祖父母、外祖父母抚养孙子女、外孙子女的条件

祖父母、外祖父母对孙子女、外孙子女承担抚养义务的条件包括：

（1）孙子女、外孙子女未成年。孙子女、外孙子女未满 18 周岁，无独立生活能力，需要抚养。对于已经成年的孙子女、外孙子女，无论其是否具有独立生活能力，其祖父母、外祖父母均无法定抚养义务。

（2）孙子女、外孙子女的父母已经死亡或者无力抚养。父母已经死亡或者无力抚养，包括父母双亡，父母均无抚养能力以及一方死亡而另一方无抚养能力这三种情况。“死亡”包括生理死亡和被宣告死亡。

（3）祖父母、外祖父母有负担能力。祖父母、外祖父母在确保自身生活条件的同时，尚有余力负担孙子女、外孙子女的抚养费用。

以上三个条件必须同时具备，祖父母、外祖父母对孙子女、外孙子女才负有法律上的抚养义务。

2. 孙子女、外孙子女赡养祖父母、外祖父母的条件

根据我国《民法典》的规定，孙子女、外孙子女对祖父母、外祖父母承担赡养义务的条件包括：

（1）孙子女、外孙子女已成年且具有负担能力。孙子女、外孙子女已经年满 18 周岁，能够独立生活，且还具有负担祖父母、外祖父母赡养费用的能力。

（2）祖父母、外祖父母的子女已经死亡或者无力赡养。子女已经死亡或者无力抚养，包祖父母、外祖父母的全部子女均已死亡、全部子女均无赡养能力以及部分子女死亡而其他子女均无赡养能力这三种情况。“死亡”包括生理死亡和被宣告死亡。

（3）祖父母、外祖父母需要赡养。参照《民法典》第 1067 条的规定，祖父母、外祖父母如缺乏劳动能力或者生活困难，即可视为需要赡养。

以上三个条件必须同时具备孙子女、外孙子女对祖父母、外祖父母才负有赡养义务。

### (二)祖孙之间的继承关系

根据《民法典》第 1127 条的规定,祖父母、外祖父母是孙子女、外孙子女第二顺序的法定继承人。孙子女、外孙子女没有第一顺序法定继承人时,祖父母、外祖父母可以继承孙子女、外孙子女的遗产。但是,孙子女、外孙子女不是祖父母、外祖父母第二顺序的继承人,而是代位继承人。根据《民法典》第 1128 条的规定,当孙子女、外孙子女的父母先于祖父母、外祖父母死亡时,该孙子女、外孙子女可以代其父母之位,继承其祖父母、外祖父母的遗产,取得被代位父亲或者母亲有权继承的遗产份额。

## 二、兄弟姐妹关系

兄弟姐妹关系包括全血缘的兄弟姐妹关系,也包括半血缘的兄弟姐妹关系。法律上具有权利义务关系的兄弟姐妹关系包括了自然血亲的兄弟姐妹关系和因收养而形成的拟制血亲的兄弟姐妹关系。需要说明的是,养兄弟姐妹关系是指被收养人与收养人的其他生子女或养子女之间的亲属关系。此外,受继父母扶养教育的继子女,与继父母的其他子女之间并不形成法律上拟制的兄弟姐妹关系,而是旁系姻亲继兄弟姐妹关系。[1]

### (一)兄弟姐妹之间的扶养关系

《民法典》第 1075 条规定,“有负担能力的兄、姐,对于父母已经死亡或者父母无力抚养的未成年弟、妹,有扶养的义务。由兄、姐扶养长大的有负担能力的弟、妹,对于缺乏劳动能力又缺乏生活来源的兄、姐,有扶养的义务”。

1. 兄、姐对弟、妹承担扶养义务的条件

根据《民法典》的规定,兄、姐对弟、妹承担扶养义务的条件包括:

(1)弟、妹尚未成年,即不满 18 周岁,无独立生活能力。如果弟、妹已经成年,即使仍无独立生活能力,兄、姐也无扶养义务。

---

〔1〕 继兄弟姐妹关系是指继子女与继父母的生子女或养子女之间的关系,属于同辈旁系姻亲关系,相互之间没有法律上扶养的义务,也不属于《民法典》第 1045 条所指的近亲属,即使在一起共同生活也不是家庭成员。但是,根据《民法典》第 1127 条的规定,继兄弟姐妹之间如果有事实上的扶养关系,可以互为第二顺序的法定继承人。这与丧偶儿媳(女婿)因对公婆(岳父母)尽了主要赡养义务而取得第一顺序法定继承人资格一样,即在姻亲关系的基础上,加上事实上的扶养关系,可以取得继承的权利。但是,继兄弟姐妹并不因相互扶养而形成法律拟制的血亲关系,也即并不适用《民法典》总则编、婚姻家庭编的相关制度。

(2)父母双亡,或者父母均无抚养子女的能力,或者一方死亡而另一方无抚养子女的能力。

(3)兄、姐有负担能力,即兄、姐在保障自己生活的基础上可负担弟、妹的扶养费用。

上述三个条件必须同时具备兄、姐对弟、妹才负有扶养义务。

2. 弟、妹对兄、姐负担扶养义务的条件

根据《民法典》的规定,弟、妹对兄、姐承担扶养义务的条件包括:

(1)弟、妹由兄、姐扶养长大。兄、姐曾扶养未成年弟、妹,照料其生活至其成年。

(2)兄、姐缺乏劳动能力又缺乏生活来源。兄、姐处于既缺乏劳动能力,又缺乏生活来源的困顿状态。如兄、姐虽然缺乏劳动能力但能够凭借个人财产生活,或者虽缺乏生活来源但具备劳动能力,则无权请求扶养。所谓“缺乏生活来源”,包括没有父母、配偶、子女等第一顺序的扶养义务人,或第一顺序的扶养义务人没有扶养能力。

(3)弟、妹具有负担能力。弟、妹在能够保障自己生活的基础上,可负担兄、姐的扶养费用。

以上三个条件必须同时具备弟、妹对兄、姐才负有扶养义务。

### (二)兄弟姐妹间的继承权

根据《民法典》第1127条的规定,兄弟姐妹互为第二顺序的法定继承人,即在法定继承中,在被继承人没有第一顺序法定继承人、第一顺序法定继承人均放弃继承或第一顺序法定继承人均丧失继承权的情况下,被继承人的兄弟姐妹得继承其遗产。另外,根据《民法典》第1131条的规定,被继承人的兄弟姐妹对其扶养较多或者该被继承人的兄弟姐妹一直依靠被继承人扶养,即使被继承人有第一顺序法定继承人,也可酌情分给其兄弟姐妹适当遗产。

# 第四章　离　　婚

本章主要介绍离婚的概念、登记离婚和诉讼离婚的条件和程序，以及离婚的法律后果。

## 第一节　离婚概述

### 一、离婚概述

（一）概念和特征

离婚是婚姻关系终止的原因之一，是指夫妻双方在生存期间依照法定的条件和程序解除婚姻关系的法律行为。

离婚具有如下特征：(1)离婚是解除配偶关系的身份法律行为。作为民事法律行为，当事人离婚必须按法律规定的程序办理，在得到国家法律认可后，才能发生法律效力。当事人未经法定程序的协商解除或一方当事人自行宣告解除，都不发生离婚的法律后果。(2)离婚的主体是具有婚姻关系的男女双方，没有合法的夫妻身份便不符合离婚的主体条件。根据《民法典婚姻家庭编解释(一)》第7条的规定：未依法办理结婚登记而以夫妻名义共同生活的男女，起诉到人民法院要求离婚的，如果是1994年2月1日以后男女双方才符合结婚实质要件的，人民法院应当告知其在案件受理前补办结婚登记；未补办结婚登记的，人民法院不予受理其诉讼请求；已经受理的，裁定驳回起诉。(3)离婚应于夫妻双方活着时进行。如果一方或双方死亡，婚姻关系当然终止，无须通过离婚来解除。根据《民事诉讼法》的规定，即使在离婚诉讼的过程中一方当事人死亡，离婚诉讼也会终止。

(4)离婚不仅解除当事人的婚姻关系,而且解除因此而生之姻亲关系。

需要注意的是,离婚是解除婚姻关系的重要身份行为,应当由婚姻当事人亲自决定并提出请求。但若夫妻一方丧失了行为能力,其父母能否代为提起离婚诉讼?司法实践中发现,夫妻一方患病或受伤导致丧失行为能力,另一方离家出走或对无行为能力配偶的生活和治疗漠不关心,丧失行为能力一方父母为获取监护权而到法院代其子女起诉要求离婚的情况较多。这产生两个问题:其一,在夫妻未离婚的情况下,父母能否代为提出离婚之诉?其二,在离婚诉讼中,无民事行为能力人可以作为被告应诉,但能否作为原告提起离婚之诉呢?《民法典婚姻家庭编解释(一)》明确回答了上述疑问,第62条指出"无民事行为能力人的配偶有民法典第三十六条第一款规定行为,其他有监护资格的人可以要求撤销其监护资格,并依法指定新的监护人;变更后的监护人代理无民事行为能力一方提起离婚诉讼的,人民法院应予受理"。《民法典》第36条第1款规定的监护人可被撤销监护资格的行为包括:"(一)实施严重损害被监护人身心健康的行为;(二)怠于履行监护职责,或者无法履行监护职责且拒绝将监护职责部分或者全部委托给他人,导致被监护人处于危困状态;(三)实施严重侵害被监护人合法权益的其他行为。"也就是说,当无民事行为能力人的配偶有严重侵害其人身或财产权益的行为时,无民事行为能力人的父母有权请求变更监护关系,不需要通过解除子女与其配偶的关系来获得监护人身份。无民事行为能力人的监护人在被监护人的配偶侵害其权益时有权提出离婚的请求。

(二)离婚的种类

依当事人对离婚的态度,离婚可分为双方自愿的离婚和一方要求的离婚;依离婚的程序,离婚可分为登记离婚和诉讼离婚;依解除婚姻关系的方式,离婚可分为协议离婚和判决离婚。双方自愿的离婚可以是登记离婚,也可以是诉讼离婚,因为双方当事人可能对离婚是自愿的,但是对财产处理、子女抚养尚未达成一致,此种情况最终只能通过诉讼程序解决。登记离婚都是双方自愿的离婚,也都是协议离婚,但协议离婚也可能发生在诉讼离婚中,即当事人在诉讼中达成一致意见而离婚。

本书将分别按照登记离婚和诉讼离婚的分类讲解离婚的条件和程序。

## 二、离婚自由及其限制

离婚不仅是夫妻双方配偶身份和财产关系的全面解除，而且还影响父母对未成年子女的监护、抚养、教育以及保护义务的实际履行，可能还会涉及夫妻的债权人等第三人的合法权益保护。因此，无论是婚姻登记机关办理离婚登记，还是人民法院处理离婚案件，都应既坚持保障离婚自由，又防止轻率离婚。

### （一）保障离婚自由

离婚自由是指夫妻双方或一方，于夫妻感情破裂，无法继续共同生活时，有权依法提出解除夫妻关系的请求。

我国实行婚姻自由的法律制度，婚姻自由既包括结婚自由，也包括离婚自由。离婚自由是婚姻自由的重要组成部分，它与结婚自由共同构成婚姻自由的完整内容。如果法律只规定当事人的结婚自由，而不规定离婚自由，婚姻自由就是片面的、不完全的。保障离婚自由，不仅有利于保护当事人的合法权益，也是构建和谐家庭与和谐社会的需要。离婚是解决夫妻间矛盾的一种手段，是对客观上夫妻感情破裂的承认和处理。婚姻是夫妻共同生活的伦理实体，包括夫妻间的情感、经济和亲密关系等内容，如果夫妻没有处理好相关关系而导致无法共同生活，婚姻可能已经名存实亡。依法解除这种死亡的婚姻，让当事人双方从不幸婚姻带来的痛苦中解脱，也是保障离婚自由的目的所在。因此，应从积极方面认识《民法典》婚姻家庭编对离婚问题的规定。

为保障离婚自由，在符合法律规定的条件下，婚姻登记机关和人民法院应尊重当事人选择的法定离婚方式，对双方自愿离婚并对子女、财产等问题达成一致的，应当充分尊重双方当事人的意愿，准予离婚，颁发离婚证或制作离婚调解书，解除夫妻关系；对一方要求离婚并向人民法院起诉的，人民法院应依法受理。若当事人存在法律规定的情形，调解无效，符合判决离婚的法定原则和条件的，人民法院应准予离婚，并对离婚后子女抚养财产债务处理一并处理。

### （二）对离婚自由的限制——防止轻率离婚

轻率离婚是指婚姻关系并未完全破裂，当事人随意提出离婚请求。离婚自由并不意味着轻率对待自己的婚姻问题，离婚是解除婚姻关系的严肃的法律行为，正如马克思指出的："婚姻不能听从已婚者的任性，相反地，已婚者的任性应该服从婚姻的本质。"[1]离婚自由是一种有限制、有条件的自由，只有当"某一婚姻已经死亡，它的存在仅仅是一种外表和骗局"时，且只有在符合法律规定的前提下，才允许使用离婚这一法律手段。现实生活中有些人曲解离婚自由，将离婚自由视为随心所欲的权利，不仅给自己带来不幸，而且可能损害他人的合法利益。因此，个人在对待离婚问题时应严肃，婚姻登记机关和人民法院在处理离婚问题时，也应坚持防止轻率离婚，严肃执法，以维护社会主义婚姻制度。

在《民法典》编纂的过程中，考虑到登记离婚的数量近20年来快速增长，离婚当事人大多婚龄短，冲动型，轻率、草率型离婚数量增加，加上登记离婚手续过于简便，为了防止轻率离婚，《民法典》特别增设离婚冷静期制度。要求离婚的当事人应在共同递交离婚申请后等待30日再行办理离婚登记手续，能在一定程度上防止冲动型的轻率离婚。自2021年《民法典》施行以来，离婚率的确出现明显下降(见图4-1)。

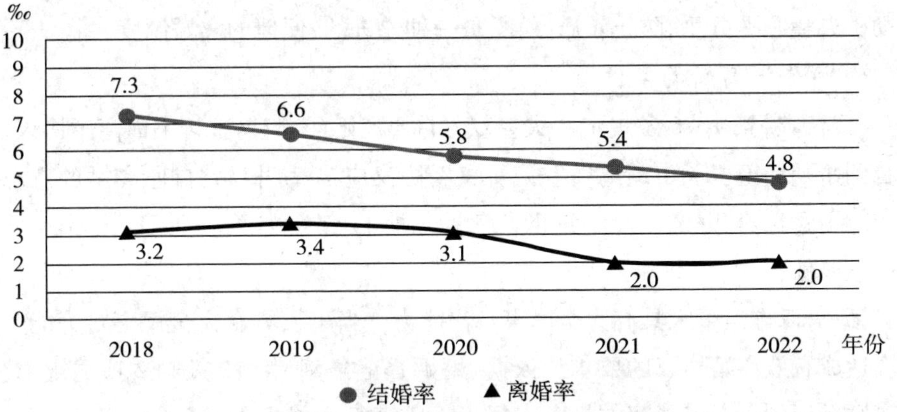


**图4-1 2018~2022年结婚率和离婚率**

(资料来源:《2022年民政事业发展统计公报》,载民政部官网,2023年11月,https://www.mca.gov.cn/n156/n2679/c1662004999979995221/attr/306352.pdf。)

---

[1] 《马克思恩格斯全集》(第21卷),人民出版社1965年版,第96页。

## 第二节 登记离婚

### 一、登记离婚的概念和条件

(一)登记离婚的概念

登记离婚又称行政登记离婚,是指夫妻双方自愿解除婚姻关系,并对子女抚养、财产处理等问题达成一致意见后,由婚姻登记机关确认符合法律规定,发给离婚证即解除婚姻关系的离婚方式。

登记离婚是离婚自由原则在离婚程序上的具体体现,反映了法律尊重当事人婚姻自由的现代法治精神。登记离婚以当事人完全自愿离婚并达成协议为前提,有助于夫妻和平分手、防止矛盾激化,是一种先进的、便捷的离婚制度。

(二)登记离婚的条件

《民法典》第1076条规定:“夫妻双方自愿离婚的,应当签订书面离婚协议,并亲自到婚姻登记机关申请离婚登记。离婚协议应当载明双方自愿离婚的意思表示和对子女抚养、财产以及债务处理等事项协商一致的意见。”我国登记离婚应符合以下条件:

第一,双方当事人具有完全民事行为能力。当事人具有完全民事行为能力是夫妻达成有效离婚协议的要求。依据《婚姻登记条例》第12条第2项之规定,办理离婚登记的一方或者双方当事人属于无民事行为能力人或限制民事行为能力人的,婚姻登记机关不予受理。对于夫妻一方为无民事行为能力人或限制行为能力人的,离婚应依诉讼程序进行,并由其法定代理人代理。

第二,双方当事人的结婚登记是在我国内地的婚姻登记机关办理的。双方的结婚证是办理离婚登记的重要证明文件。

第三,双方当事人自愿离婚并形成离婚协议书。双方对离婚的意愿必须是自愿、真实、一致的。离婚协议书应当载明双方当事人自愿离婚的意思表示以及对子女抚养、财产及债务处理等事项协商一致的意见。

第四,双方当事人应亲自到婚姻登记机关办理离婚登记。当事人亲自到场,婚姻登记员才能确定双方当事人是否属于自愿离婚。

## 二、登记离婚的程序

根据民政部《关于贯彻落实〈中华人民共和国民法典〉中有关婚姻登记规定的通知》,登记离婚程序为:申请—受理—冷静期—审查—登记(发证)。

### (一)申请

夫妻双方自愿离婚的,应当签订书面离婚协议,共同到有管辖权的婚姻登记机关提出申请,并提供以下证件和证明材料:(1)内地婚姻登记机关或者中国驻外使(领)馆颁发的结婚证;(2)符合《婚姻登记工作规范》第29~35条规定的有效身份证件;(3)在婚姻登记机关现场填写的离婚登记申请书。

### (二)受理

婚姻登记员按照《婚姻登记工作规范》有关规定对当事人提交的上述材料进行初审。申请办理离婚登记的当事人有一本结婚证丢失的,当事人应当书面声明遗失,婚姻登记员可以根据另一本结婚证受理离婚登记申请;申请办理离婚登记的当事人两本结婚证都丢失的,当事人应当书面声明结婚证遗失并提供加盖查档专用章的结婚登记档案复印件,婚姻登记员可根据当事人提供的上述材料受理离婚登记申请。婚姻登记员对当事人提交的证件和证明材料初审无误后,发给离婚登记申请受理回执单;不符合离婚登记申请条件的,不予受理。当事人要求出具不予受理离婚登记申请告知书的,应当出具。

### (三)冷静期

《民法典》第1077条规定了一定期限内离婚登记申请可被撤回。一定期限是指自婚姻登记机关收到离婚登记申请并向当事人发放离婚登记申请受理回执单之日起30日内,俗称"离婚冷静期"。撤回人可以是夫妻中的任何一方,只要在期限内改变主意不愿意离婚了,就可以向婚姻登记机关撤回离婚登记申请。申请撤回的方式有两种:一是在"冷静期"内亲自去撤回。夫妻中任何一方不愿意离婚的,可以持本人有效身份证件和离婚登记申请受理回执单,向受理离婚登记申请的婚姻登记机关撤回离婚登记申请,并亲自填写撤回离婚登记申请书,经婚姻登记机关核实无误后,发给撤回离婚登记申请确认单。二是"冷静期"后的30日内双方未亲自去婚姻登记机关申请离婚,视为撤回离婚申请。

(四)审查

“离婚冷静期”届满后30日内(期间届满的最后一日是节假日的,以节假日后的第一日为期限届满的日期),双方应持相关证件和材料亲自到婚姻登记机关申请发给离婚证。婚姻登记机关按照《婚姻登记工作规范》相关规定的程序和条件执行和审查。婚姻登记机关对不符合离婚登记条件的,不予办理。当事人要求出具不予办理离婚登记告知书的,应当出具。

婚姻登记员应当严格审查当事人是否符合协议离婚的法定条件,当事人携带的证明材料、证件是否齐全、真实,以及登记机关是否具有管辖权。婚姻登记员受理离婚登记申请,应当按照下列程序进行:(1)分开询问当事人的离婚意愿,以及对离婚协议内容的意愿,并进行笔录,笔录当事人阅后签名。(2)查验相关证件和材料。申请办理离婚登记的当事人有一本结婚证丢失的,当事人应当书面声明遗失,婚姻登记机关可以根据另一本结婚证办理离婚登记;申请办理离婚登记的当事人两本结婚证都丢失的,当事人应当书面声明结婚证遗失并提供加盖查档专用章的结婚登记档案复印件,婚姻登记机关可根据当事人提供的上述材料办理离婚登记。(3)双方自愿离婚且对子女抚养、财产及债务处理等事项协商一致的,双方填写申请离婚登记声明书并在婚姻登记员面前完成签字并按指纹。(4)夫妻双方应当在离婚协议上现场签名,婚姻登记员在离婚协议书上加盖“此件与存档件一致,涂改无效”的印章。协议书夫妻双方各一份,婚姻登记处存档一份。

(五)登记(发证)

婚姻登记员对当事人提交的证件、申请离婚登记声明书、离婚协议书进行审查,符合离婚条件的,填写离婚登记审查处理表和离婚证,并在当事人的结婚证上加盖印章,注明“双方离婚,证件失效”。离婚证应当在当事人双方均在场时,核对相关情况后颁发。完成离婚登记,婚姻关系即解除。

## 三、关于“假离婚”

在实践中,一些夫妻为达到某种目的而约定“假离婚”,但一方当事人事后不愿意复婚,反而另行结婚;另一方当事人以“假离婚”为由,声称自己受人欺骗,没有离婚的真实意思,向人民法院起诉要求撤销离婚登记。关于“假离婚”能否撤销离婚登记的问题,最高人民法院有明确处理意见。最高人民法院在1985年《关于男女登记离婚后一方翻悔,向人民法院提起诉讼,人民法院是否应当受理的批复》

(已废止)中明确:“男女双方自愿离婚,并对子女和财产问题已有适当处理,在婚姻登记机关办理了离婚登记,领取了离婚证的,其婚姻关系即正式解除。一方对这种已发生法律效力的离婚,以及对子女和财产问题的处理翻悔,在原婚姻登记机关未撤销离婚登记的情况下,向人民法院提起诉讼的,人民法院不应受理……告知当事人向原婚姻登记机关申请解决。”不过,该处理意见是1985年作出的,那时我国尚无《行政诉讼法》。我国1990年开始实施第一部《行政诉讼法》,请求撤销离婚登记这样的具体行政行为人民法院是可以受理的,但是否撤销,要看是否符合法律的规定。依据现行法,当事人双方共同向婚姻登记机关作出自愿离婚的虚假意思表示,婚姻登记机关没有实施违反法定程序、超越滥用职权等《行政诉讼法》第70条所规定的人民法院可判决撤销或者部分撤销的行为的,离婚登记不予撤销。

## 第三节　诉讼离婚

诉讼离婚又称裁判离婚,是指婚姻当事人一方基于一定理由,向法院提起离婚之诉,经法院审理判决离婚的制度。在我国,一方要求离婚或双方对子女抚养及财产分割有争议的离婚,应经人民法院审理后判决。

### 一、准予离婚的法定条件

《民法典》第1079条第1款规定:“夫妻一方要求离婚的,可以由有关组织进行调解或者直接向人民法院提起离婚诉讼。”所谓有关组织的调解,是指诉讼外的调解,调解的有关组织可以是当事人双方所在单位,村(居)民委员会,人民调解委员会,以及乡、镇司法服务所等。诉讼外的调解不是离婚诉讼的必经程序。要求离婚的当事人可以要求或接受有关组织的调解,也可拒绝有关组织的调解,直接向人民法院起诉离婚。

#### (一)诉讼离婚的程序

1. 起诉和受理

根据《民事诉讼法》第122条、第127条的规定:提出离婚诉讼的只能是夫妻中的一方;被告是与原告存在着夫妻关系的对方当事人;一方提出解除婚姻关系的诉讼请求,并说明事实及理由;受诉人民法院有管辖权。如果人民法院已经判决不准离婚和调解和好的离婚案件,如没有新情况、新理由,原告在6个月之内又起诉的,人民法院不予受理。

离婚案件一般应由被告住所地人民法院管辖,被告住所地与经常居住地不一致的,由经常居住地人民法院管辖。若离婚案件的被告属于不在我国领域内居住的人,下落不明或者被宣告失踪的人,被采取强制性教育措施的人以及被监禁的人等情形的,由原告住所地法院管辖。根据相关司法解释:双方当事人都被监禁或者被采取强制性教育措施的,由被告原住所地人民法院管辖。被告被监禁或者被采取强制性教育措施1年以上的,由被告被监禁地或者被采取强制性教育措施地人民法院管辖。双方当事人均为军人的民事案件由军事法院管辖。夫妻一方离开住所地超过1年,另一方起诉离婚的案件,可以由原告住所地人民法院管辖。夫妻双方离开住所地超过1年,一方起诉离婚的案件,由被告经常居住地人民法院管辖;没有经常居住地的,由原告起诉时被告居住地的人民法院管辖。

2. 诉讼中的调解

诉讼中的调解,又称司法调解,是指由人民法院主持调解,双方当事人自愿达成协议,解决纠纷的程序。《民法典》第1079条第2款规定:"人民法院审理离婚案件,应当进行调解……"《民事诉讼法解释》第145条规定:"人民法院审理民事案件,应当根据自愿、合法的原则进行调解。当事人一方或者双方坚持不愿调解的,应当及时裁判。人民法院审理离婚案件,应当进行调解,但不应久调不决。"

经过调解,可能有三种结果:(1)双方和好,原告撤诉,由人民法院将调解协议记录在卷;(2)双方都同意离婚,并对离婚后果达成协议,由人民法院制作离婚调解书,双方签收离婚调解书后,调解书生效,双方的婚姻关系解除;(3)调解无效,或者调解书签收前一方反悔的,继续诉讼,进入判决阶段。

3. 判决

根据案件的具体情况,人民法院对离婚案件可作出准予离婚或者不准离婚的判决。对于夫妻感情确已破裂,符合法律规定的准予离婚条件的,应当判决准予离婚,并对子女、财产等问题一并处理;对于感情尚未真正破裂,不符合法律规定的准予离婚条件的,应当判决不准离婚。不论是否判决准予离婚,当事人均有权在一审判决书送达之日起15日内向上一级人民法院提起上诉,上诉期内未依法上诉的，一审判决生效。依法上诉的，案件进入二审程序。二审人民法院仍可依法调解，调解无效时应及时判决，二审判决是终审判决，一经送达即发生效力。当事人对已经发生法律效力的解除婚姻关系的判决、调解书，不得申请再审。

(二)准予离婚的法律条件

准予离婚的法律条件指对于夫妻一方提出的离婚请求，由法院依照法律作出准予离婚判决的法律准则或法律依据。我国《民法典》第 1079 条规定了准予离婚的法律条件，包括准予离婚的法律原则和具体条件，该条规定："……人民法院审理离婚案件，应当进行调解；如果感情确已破裂，调解无效的，应当准予离婚。有下列情形之一，调解无效的，应当准予离婚：(一)重婚或者与他人同居；(二)实施家庭暴力或者虐待、遗弃家庭成员；(三)有赌博、吸毒等恶习屡教不改；(四)因感情不和分居满二年；(五)其他导致夫妻感情破裂的情形。一方被宣告失踪，另一方提起离婚诉讼的，应当准予离婚。经人民法院判决不准离婚后，双方又分居满一年，一方再次提起离婚诉讼的，应当准予离婚。"

1. 准予离婚的法律原则

准予离婚的法律原则是法院确定判决离婚具体理由时应当遵循的准则，在现代各国的立法中，准予离婚的法律原则主要有：过错原则、干扰原则和破裂原则。过错原则是指夫妻一方以另一方有法定的过错行为，导致无法共同生活，提出离婚请求可获准离婚的立法准则。干扰原则是指夫妻一方以另一方有客观上无法与之共同生活的情形，提出离婚请求可获准离婚的立法准则，如一方患有无法与之共同生活的疾病，一方失踪等。破裂原则是指婚姻关系无可挽回地破裂时，经一方请求可准予离婚的立法准则。破裂原则有婚姻关系破裂和夫妻感情破裂两种标准。我国采用破裂原则，以夫妻感情确已破裂为准予离婚的法律原则。但是，现代各国很少单一使用某一原则，通常同时使用两种或三种原则来确定准予离婚的具体理由。《民法典》在确定准予离婚的具体条件时，也考虑了当事人的过错行为和无法共同生活的客观情形。

"夫妻感情确已破裂，调解无效"是我国法律规定的准予离婚的法律原则。"夫妻感情确已破裂"，意指夫妻感情已经彻底、全面、真正破裂，经调解无效，人民法院应当判决准予离婚。对于夫妻之间的感情，人民法院如何判断是否确已破裂呢？最高人民法院在 1989 年《关于人民法院审理离婚案件如何认定夫妻感情确已破裂的若干具体意见》曾提出了"四看"的方法，即"判断夫妻感情是否确已破裂，应当从婚姻基础、婚后感情、离婚原因、夫妻关系的现状和有无和好的可能等方面综合分析”。“一看”婚姻基础，即看双方结合时的感情基础，是包办强迫的还是自主自愿的，是相互深入了解的还是草率结合的。“二看”婚后感情，即看婚后夫妻共同生活期间的感情状况，是较好的、一般的还是不好的。“三看”看离婚原因，即查清一方请求离婚的真实原因，可以抓住主要矛盾有针对性地解决问题。“四看”夫妻关系的现状及有无和好的可能性，有和好希望的，法院应尽力调解促进当事人和好；已无和好希望，调解无效的，可认定夫妻感情确已破裂。该司法解释虽已废止，但“四看”的方法对判断夫妻感情是否破裂仍然具有指导的意义。

2. 准予离婚的具体条件

除了通过“四看”判断夫妻感情确已破裂，《民法典》第 1079 条第 3 款还明确了准予离婚的具体条件，即只要出现如下情形，调解无效的，人民法院均应判决准予离婚，而不应以夫妻感情可能尚未破裂为由判决不准离婚：

（1）重婚或者与他人同居。重婚和与他人同居均属严重违法行为，其行为严重损害夫妻双方的感情，破坏了夫妻共同生活的基础，法院调解无效的，应准予离婚。

（2）实施家庭暴力或虐待、遗弃家庭成员。针对家庭成员实施暴力行为，以及虐待、遗弃家庭成员，不仅违反家庭成员之间的法定义务，应承担相应法律责任，而且严重伤害夫妻感情，破坏夫妻关系。人民法院经调解无效的，应准予离婚。

（3）有赌博、吸毒等恶习屡教不改。赌博和吸毒都是严重违法行为，不仅可能构成犯罪而且可能导致无法履行家庭义务。一方如偶然有上述行为，并认识到错误愿意改正，人民法院应予以调解，促进和好。但若一方多次出现赌博和吸毒的行为，屡教不改，夫妻难以共同生活，对方坚决要求离婚，调解无效的，应判决准予离婚。

（4）因感情不和分居满 2 年。需要注意的是：第一，夫妻分居是因为感情不和，而不是因为一方在外工作、学习等客观原因；第二，夫妻分居的时间要满 2 年。夫妻同居、共同生活是夫妻关系的核心内容，因感情不和分居达到一定期限，夫妻关系名存实亡，经人民法院调解无效的，应当判决准予离婚。

（5）其他导致夫妻感情破裂的情形。除了上述四种情形之外，还存在其他导致夫妻感情破裂的情形。例如，一方被判处长期徒刑，其犯罪行为严重伤害夫妻感情，另一方坚决要求离婚，人民法院调解无效的；再如，夫妻双方因是否生育发生纠纷,感情确已破裂,一方请求离婚的,人民法院调解无效的(《民法典婚姻家庭编解释(一)》第23条)。“其他情形”应由人民法院根据夫妻关系的实际情况,经调解无效后,依法确定夫妻感情确已破裂,判决准予离婚。

除《民法典》第1079条第3款规定的准予离婚的具体条件之外,《民法典》第1079条第4款和第5款还规定了两种应当准予离婚的法定情形:其一,一方被宣告失踪,另一方提出离婚诉讼的,应当准予离婚。这是因为夫妻因一方被宣告失踪下落不明而无法共同生活,夫妻关系名存实亡,一方要求离婚的,人民法院应依法准予离婚。其二,一方起诉离婚,因不符合准予离婚的法定条件,人民法院判决不准离婚。之后双方又分居满1年,一方再次提起离婚诉讼的,应当准予离婚。在第一次离婚诉讼被判决不准离婚后,夫妻没有和好并分居生活满1年,表明夫妻关系的破裂不可挽回,已无和好的可能。因此,当事人再次起诉离婚的,人民法院应判决准予离婚。

我国以夫妻感情确已破裂为准予离婚的法律原则。一般而言,夫妻感情确已破裂,调解无效的,人民法院就应该判决准予离婚。但是司法实践中也存在着特殊的情形,例如虽然夫妻感情确已破裂,但如果判决离婚,会让一方当事人陷于难以克服的困境,人民法院一般应在处理一方当事人困境之后再判决准予离婚。例如,1984年最高人民法院《关于贯彻执行民事政策法律若干问题的意见》第10条规定,“因一方患精神病对方要求离婚的,处理时既要保障婚姻自由,又有利于对患者的治疗和生活上的安置。婚前隐瞒了病情,婚后经治不愈,应做好工作,准予离婚;原来夫妻感情比较好,结婚多年,生育子女的,应指出夫妻间有互相扶助的义务,做好思想工作,以不离为宜。如确系久治不愈,事实证明夫妻关系已无法再维持下去的,经对方、亲属以及有关单位安排好病患者的生活、医疗、监护等问题后,可准予离婚”。该意见虽已废止,但上述情形中人民法院也应充分考虑判决离婚对当事人的后果,从离婚的法律后果中给予救济。

## 二、诉讼离婚中的两项特殊保护

### (一)对现役军人的特殊保护

《民法典》第1081条规定:“现役军人的配偶要求离婚,应当征得军人同意,但是军人一方有重大过错的除外。”中国人民解放军和中国人民武装警察部队是国家的武装力量,担负着保家卫国的神圣职责。保护军婚符合国家和人民的根本利益，也是我国婚姻家庭立法的良好传统。

对《民法典》第1081条的理解应注意如下几点：

1. 现役军人的范围

《兵役法》规定，在中国人民解放军服现役的军官和士兵为军人。根据《人民武装警察法》第8条的规定“人民武装警察享有法律、法规规定的现役军人的权益”。因此，《民法典》第1081条所指现役军人包括在中国人民解放军服现役的军官和士兵，以及人民武装警察。

2. 保护军人婚姻的适用

只适用于非军人一方提出的与军人一方的离婚。双方都是现役军人或军人一方向非军人一方提出离婚的不适用上述规定。

3. 对现役军人特殊保护的内容

非军人一方要求与现役军人离婚，须征得军人同意。军人不同意的，不得离婚。但是，军人如果有重大过错除外。所谓军人的“重大过错”，是指军人一方重婚，与他人同居，实施家庭暴力或虐待，遗弃家庭成员，有赌博、吸毒等恶习屡教不改或者其他重大过错（《民法典婚姻家庭编解释（一）》第64条）。军人有重大过错时，应保护配偶中非军人一方的合法权利。

（二）对女方的特殊保护

离婚诉讼中对女方的特殊保护是通过限制男方离婚诉权来实现的。《民法典》第1082条规定：“女方在怀孕期间、分娩后一年内或者终止妊娠后六个月内，男方不得提出离婚；但是，女方提出离婚或者人民法院认为确有必要受理男方离婚请求的除外。”

女性的怀孕期、分娩后或者终止妊娠后的一定时期，是女性特殊的生理状态期间，由于承担生育哺乳等重任，女性在上述期间理应得到特别的关心和权益保障，这是保护妇女和未成年人合法权益原则在离婚制度中的直接体现。因此，在上述期间限制男方提出离婚的权利非常必要。

对《民法典》第1082条的理解应注意如下几点：

第一，限制男方提出离婚的权利，是推迟男方提出离婚的权利，待上述特别期间经过后男方仍可以提出离婚。故该规定并非剥夺男方诉权，也非不准予其离婚。

第二，女方在上述期间内提出离婚的，不受限制。此外，男女双方一致同意登记离婚的，也不受上述期限限制。

第三，人民法院认为确有必要受理男方离婚请求的，不受上述期间限制。审判实践中，人民法院认为确有必要受理的情形一般包括：其一，女方因与婚外第三人发生两性关系而怀孕生育，男方坚决要求离婚的，如不及时受理，可能使矛盾激化发生严重后果；其二，夫妻双方矛盾十分尖锐，发生激烈冲突，如不及时受理男方请求可能会发生危及女方甚至婴儿的生命安全的情况。人民法院受理男方的离婚请求后，是否准予离婚，仍应根据案件具体情况和法律规定的条件处理。

## 第四节　离婚的法律后果

### 一、婚姻关系的解除

《民法典》第 1080 条规定了婚姻关系解除的时间点。登记离婚的，完成离婚登记，即解除婚姻关系；诉讼离婚的，人民法院判决准予离婚的判决书生效，或者离婚调解书经双方当事人签收生效，即解除婚姻关系。解除婚姻关系后，男女双方自愿恢复婚姻关系的，应当到婚姻登记机关重新进行结婚登记（《民法典》第 1083 条）。

婚姻关系解除，男女双方不再具有配偶的身份，因身份产生的权利义务关系终止，不再互负同居义务、忠实义务、扶养义务等，也不再互享日常家事代理权、继承权等，男女双方各自享有再婚的权利，因该婚姻而产生的姻亲关系的消灭。在婚姻关系解除的后果中，本书主要讲解如下三方面的内容：一是因夫妻财产制终止而发生的财产清算与分割，债务清偿；二是离婚父母对未成年子女的抚养和探望；三是离婚救济制度的适用。

### 二、子女的抚养和探望

父母离婚，只是夫妻身份关系的解除，并不会因此消除父母与子女的亲子关系。离婚后，子女无论由父，或者母直接抚养，仍是父母双方的子女；父母对于子女仍然负有监护、抚养、教育、保护的权利和义务（《民法典》第 1084 条第 1、2 款）。

但是由于父母不再一起共同生活，子女只能跟随父母一方生活，这产生了由哪一方直接抚养子女，未直接抚养子女的一方父母如何履行抚养义务、监护职责，以及如何行使探望权等问题。

（一）子女由何方直接抚养

所谓直接抚养，是指以与子女共同生活的方式抚养子女。《民法典》第1084条第3款规定："离婚后，不满两周岁的子女，以由母亲直接抚养为原则。已满两周岁的子女，父母双方对抚养问题协议不成的，由人民法院根据双方的具体情况，按照最有利于未成年子女的原则判决。子女已满八周岁的，应当尊重其真实意愿。"

1. 不满2周岁的子女以由母亲直接抚养为原则

不满2周岁的子女是处于哺乳期内的婴幼儿，心理学上的"幼年原则"[1]理论认为子女在年幼时对母亲的需要超过对父亲的需要，而且一般而言母亲比父亲更适合对年幼子女进行养育和保护，所以跟随母亲生活对于哺乳期内的婴孩来说符合其最佳利益。因此，离婚时对于不满2周岁的子女，无论双方争养还是均不愿抚养的，人民法院均以判决由母亲直接抚养为原则。根据《民法典婚姻家庭编解释（一）》第44条的规定，母亲有下列情形之一，父亲请求直接抚养的，可随父亲生活："（一）患有久治不愈的传染性疾病或者其他严重疾病，子女不宜与其共同生活；（二）有抚养条件不尽抚养义务，而父亲要求子女随其生活；（三）因其他原因，子女确不宜随母亲生活。"第45条规定："父母双方协议不满两周岁子女由父亲直接抚养，并对子女健康成长无不利影响的，人民法院应予支持。"

2. 已满2周岁的子女由何方直接抚养

（1）父母协议由一方直接抚养的，依照协议抚养。《未成年人保护法》第24条第1款规定，"未成年人的父母离婚时，应当妥善处理未成年子女的抚养、教育、探望、财产等事宜，听取有表达意愿能力未成年人的意见。不得以抢夺、藏匿未成年子女等方式争夺抚养权"。父母就子女抚养达成一致意见，没有损害未成年子女合法权益的，应尊重父母的意愿。

（2）父母不能达成协议的，由人民法院根据双方的具体情况，按照最有利于未成年子女的原则判决。"按照最有利于未成年子女的原则"是指人民法院在决定

---

[1] 孙若军：《父母离婚后的子女监护问题研究》，载《法学家》2005年第6期。

由父母哪一方直接抚养的问题上，出发点是最有利于未成年子女，而不应以照顾某一方父母为出发点。女方丧失生育能力的，在离婚处理子女抚养问题时，应当在最有利于未成年子女的条件下，优先考虑女方的抚养要求（《妇女权益保障法》第71条）。

（3）子女已满8周岁的，应当尊重其真实意愿。父母双方对8周岁以上的未成年子女随哪一方生活发生争议的，应尊重子女的真实意愿。8周岁以上的未成年子女，属于限制民事行为能力人，具有一定的辨认识别能力。尊重子女的选择，也有利于亲子关系的和睦稳定。

（二）不直接抚养子女一方的权利和义务

1. 不直接抚养子女一方应支付抚养费

《民法典》第1085条规定，“离婚后，子女由一方直接抚养的，另一方应当负担部分或者全部抚养费。负担费用的多少和期限的长短，由双方协议；协议不成的，由人民法院判决。前款规定的协议或者判决，不妨碍子女在必要时向父母任何一方提出超过协议或者判决原定数额的合理要求”。对《民法典》第1085条的理解要注意如下三点：

（1）不直接抚养子女一方承担支付抚养费的义务，抚养费包括子女的生活费、教育费、医疗费等费用。由于直接抚养子女一方承担了对子女日常生活的照料、教育、保护等职责，所以不直接抚养子女一方应根据子女抚养的实际需要以及双方负担能力等具体情况承担抚养费用的部分和全部。

（2）抚养费的多少和支付期限由父母根据子女的实际需要和双方的负担能力协商确定。在离婚诉讼中，父母双方可以协议由一方直接抚养子女并由直接抚养方负担子女全部抚养费。但是，直接抚养方的抚养能力明显不能保障子女所需费用，影响子女健康成长的，人民法院不予支持。（《民法典婚姻家庭编解释（一）》第52条）。父母不能达成一致意见的，由法院判决确定抚养费和支付期限。人民法院在判决时，应根据“子女的实际需要、父母双方的负担能力和当地的实际生活水平”确定（《民法典婚姻家庭编解释（一）》第49条）。子女抚养费的支付期限一般到子女成年为止，对成年但尚在接受高中及以下学历教育的子女，抚养费支付到接受上述教育完毕为止，对成年但丧失或部分丧失劳动能力的子女，待其恢复劳动能力后，父母可不再支付。

（3）协议或者判决确定的抚养费是根据离婚时子女的实际需要和父母双方的

负担能力确定的，当子女的实际需要发生变化时，子女可以提出增加抚养费的合理要求。是否增加或增加的数额由父母双方协商确定，协商不成的，子女可向人民法院起诉要求增加抚养费。有如下情形之一，父或者母又有负担能力的，法院应支持子女的合理要求：其一，原定抚育费数额不足以维持当地实际生活水平；其二，因子女患病、上学，实际需要已超过原定数额；其三，有其他正当理由应当增加的（《民法典婚姻家庭编解释（一）》第 58 条）。

此外，司法实践中也有父母离婚后，直接抚养子女一方给子女改变姓氏引起对方不满，而拒绝支付抚养费的情况。对此的处理应当明确：第一，父母不得因为子女变更姓氏而拒付抚养费，抚养子女是父母的法定义务。第二，根据《民法典》第 1015 条规定，子女应当随父姓或者母姓，依法也可以选取其他直系长辈血亲的姓氏，或者因由法定扶养人以外的人扶养而选取扶养人姓氏，或者有不违背公序良俗的其他正当理由而选择父母姓氏之外的姓氏。因此，父或母一方擅自将子女姓氏改为继母或继父姓氏而引起抚养费纠纷的，人民法院应责令恢复原姓氏（《民法典婚姻家庭编解释（一）》第 59 条）。

2. 不直接抚养子女一方父母享有探望权

《民法典》第 1086 条是立法对父母探望权的内容、行使以及中止和恢复的规定。该条规定："离婚后，不直接抚养子女的父或者母，有探望子女的权利，另一方有协助的义务。行使探望权利的方式、时间由当事人协议；协议不成的，由人民法院判决。父或者母探望子女，不利于子女身心健康的，由人民法院依法中止探望；中止的事由消失后，应当恢复探望。"

（1）探望权的概念和特征

探望权是指离婚后不直接抚养子女的父母一方所享有的与子女会面、交往以及短期共同居住的权利。探望权是父母特别享有的一项身份权利，与其他身份权利相比具有如下特征：

第一，探望权是父母离婚后不与子女共同生活一方享有的权利。父母离婚后子女由一方直接抚养跟随该方共同生活，不与子女共同生活一方仍然是子女的父母，承担抚养、监护、教育等职责。为保障不与子女共同生活一方了解子女生活、学习情况和正确教育子女，同时增强未成年子女与父母的感情，立法确定了离婚后不与子女共同生活的一方仍然享有与子女会面和交往的权利。至于子女的其他近亲属是否享有与该子女会面交往的权利，法律没有明确规定。我们认为，未成年子女与其近亲属交往有利于子女健康成长的,应支持祖父母、外祖父母、兄弟姐妹等与其会面交往。但近亲属的会面交往应在父母行使探望权的时候一起进行,没有必要单独赋予其探望权。如果近亲属无法通过父母行使探望权一同探望,可以与直接抚养子女一方父母协商,协商不成可以通过诉讼由人民法院根据案件具体情况按最有利于未成年子女利益的原则判决。

第二,探望权的义务主体是直接抚养子女的父母一方。不直接抚养方行使探望权,直接抚养方负有协助义务。直接抚养子女的父母应按照双方协议或人民法院的调解书或判决书确定的探望时间、场所、方式,配合权利人行使权利,不得无故拒绝或者阻挠探望。

(2)探望权的行使

行使探望权不得影响子女身心健康,不得影响子女正常的生活和学习,不得破坏子女与直接抚养子女一方父母的关系等。《未成年人保护法》第 24 条第 2 款规定,“未成年人的父母离婚后,不直接抚养未成年子女的一方应当依照协议、人民法院判决或者调解确定的时间和方式,在不影响未成年人学习、生活的情况下探望未成年子女,直接抚养的一方应当配合,但被人民法院依法中止探望权的除外”。

(3)探望权的中止

享有探望权的一方探望子女,如果“不利于子女身心健康”,例如父母有不利于子女身心健康的疾病,或者有不利于子女身心健康的行为时,人民法院可依法中止其探望权。《民法典婚姻家庭编解释(一)》第 66 条、第 67 条规定,探望权人行使探望权不利于子女身心健康的,未成年子女、直接抚养子女的父或者母以及其他对未成年子女负担抚养、教育、保护义务的法定监护人,有权向人民法院提出中止探望的请求。人民法院在征询双方当事人意见后,认为需要中止探望的,依法作出裁定。

(4)探望权的恢复

中止探望权是暂时停止探望权人行使探望权。根据《民法典》第 1086 条以及《民法典婚姻家庭编解释(一)》第 66 条的规定,当中止探望的情形消失后,人民法院应当根据当事人的请求书面通知其恢复探望。

## 三、财产分割与债务清偿

离婚后，因夫妻身份关系解除夫妻财产制终止，涉及共同财产分割和债务清偿等相关法律后果。

### （一）夫妻共同财产的分割

夫妻共同财产的范围可参见第三章的相关内容，此处不再赘述。根据《妇女权益保障法》第 67 条的规定，离婚诉讼期间，夫妻双方均有向人民法院申报全部夫妻共同财产的义务。夫妻一方申请查询登记在对方名下财产状况且确因客观原因不能自行收集的，人民法院应当进行调查取证，有关部门和单位应当予以协助。

就已经确定的夫妻共同财产，其分割的原则和具体方法应以《民法典》以及相关司法解释的规定确定。

1. 夫妻共同财产分割的原则

《民法典》规定了夫妻共同财产处理的原则，第 1087 条第 1 款规定"离婚时，夫妻的共同财产由双方协议处理；协议不成的，由人民法院根据财产的具体情况，按照照顾子女、女方和无过错方权益的原则判决"。据此，夫妻共同财产分割的原则是：双方协议分割优先，协议不成的，按照照顾子女、女方和无过错方权益的原则分割。

"照顾子女、女方和无过错方权益的原则"是指分割夫妻共同财产时应对与子女共同生活一方，女方以及对于离婚没有过错的一方当事人的权益予以照顾。第一，子女不是父母共同财产的共有人，因此分割财产时照顾子女是指照顾直接抚养子女一方，直接抚养子女一方与子女共同生活，对该方照顾也是为了保护未成年子女的合法权益，例如分割住房时照顾直接抚养子女一方可以保障未成年子女生活学习环境的稳定。第二，照顾女方，是对保护妇女权益原则的落实，由于女方承担了大部分照料保护子女的工作，在经济条件上大多不如男方，分割夫妻共同财产时应依法予以照顾。第三，对于一方的过错导致的离婚，无过错方也承担了婚姻破裂的不利后果，为保护其合法权益，同时惩戒制裁过错方的行为，应依法在分割夫妻共同财产时对无过错方予以照顾。

2. 夫妻共同财产分割的方法

夫妻共同财产的分割与共有物的分割略有不同。共有物的分割是指某一明确的动产或不动产的分割，其分割规则参见《民法典》第304条第1款，该款规定："共有人可以协商确定分割方式。达不成协议，共有的不动产或者动产可以分割且不会因分割减损价值的，应当对实物予以分割；难以分割或者因分割会减损价值的，应当对折价或者拍卖、变卖取得的价款予以分割。"夫妻分割共同财产时可以对每一个共有物进行分割，但如果共同财产的数量、种类较多，也可以"一揽子"分割，不精确到每一个共有物，即在确定总体价值的情况下分割。

3. 夫妻财产分割中的特殊情形

根据《民法典》《农村土地承包法》《民法典婚姻家庭编解释（一）》等法律法规和司法解释，对夫妻财产分割中的特殊情形可作如下处理：

（1）夫妻共有的出资

依据《民法典婚姻家庭编解释（一）》第72～75条，人民法院审理离婚案件，涉及分割的财产不同，分割方式亦有所区别。

第一，夫妻双方分割共同财产中的股票、债券、投资基金份额等有价证券以及未上市股份有限公司股份时，协商不成或者按市价分配有困难的，人民法院可以根据数量按比例分配。

第二，人民法院审理离婚案件，涉及分割夫妻共同财产中以一方名义在有限责任公司的出资额，另一方不是该公司股东的，按以下情形分别处理：其一，夫妻双方协商一致将出资额部分或者全部转让给该股东的配偶，其他股东过半数同意，并且其他股东均明确表示放弃优先购买权的，该股东的配偶可以成为该公司股东；其二，夫妻双方就出资额转让份额和转让价格等事项协商一致后，其他股东半数以上不同意转让，但愿意以同等条件购买该出资额的，人民法院可以对转让出资所得财产进行分割。其他股东半数以上不同意转让，也不愿意以同等条件购买该出资额的，视为其同意转让，该股东的配偶可以成为该公司股东。用于证明前述股东同意的证据，可以是股东会议材料，也可以是当事人通过其他合法途径取得的股东的书面声明材料。

第三，人民法院审理离婚案件，涉及分割夫妻共同财产中以一方名义在合伙企业中的出资，另一方不是该企业合伙人的，当夫妻双方协商一致，将其合伙企业中的财产份额全部或者部分转让给对方时，按以下情形分别处理：其一，其他合伙人一致同意的，该配偶依法取得合伙人地位；其二，其他合伙人不同意转让，在同等条件下行使优先购买权的，可以对转让所得的财产进行分割；其三，其他合伙人不同意转让,也不行使优先购买权,但同意该合伙人退伙或者削减部分财产份额的,可以对结算后的财产进行分割;其四,其他合伙人既不同意转让,也不行使优先购买权,又不同意该合伙人退伙或者削减部分财产份额的,视为全体合伙人同意转让,该配偶依法取得合伙人地位。

第四,夫妻以一方名义投资设立个人独资企业的,人民法院分割夫妻在该个人独资企业中的共同财产时,应当按照以下情形分别处理:其一,一方主张经营该企业的,对企业资产进行评估后,由取得企业资产所有权一方给予另一方相应的补偿;其二,双方均主张经营该企业的,在双方竞价基础上,由取得企业资产所有权的一方给予另一方相应的补偿;其三,双方均不愿意经营该企业的,按照《个人独资企业法》等有关规定办理。

(2)夫妻共有的房屋

双方对共有的房屋价值及归属无法达成协议的:双方均主张房屋所有权的,可以竞价取得;一方主张房屋所有权的,由评估机构按市场价格对房屋作出评估,取得房屋所有权的一方应当给予另一方相应的补偿;双方均不主张房屋所有权的,可根据当事人的申请拍卖、变卖房屋,就所得价款进行分割。

对于双方离婚时尚未取得所有权或者因被查封等原因暂时无法处分的房屋,双方可以维持共有关系,待房屋取得所有权或可以处分后再分割。

(3)婚前承租婚后购买的房屋

由一方婚前承租、婚后用共同财产购买的房屋,登记在一方名下的,应当认定为夫妻共同财产(《民法典婚姻家庭编解释(一)》第27条)。

(4)农村土地承包经营权益

《民法典》第1087条第2款明确规定:"对夫或者妻在家庭土地承包经营中享有的权益等,应当依法予以保护。"《农村土地承包法》第31条规定,妇女离婚仍在原居住地生活或者不在原居住地生活但在新居住地未取得承包地的,发包方不得收回其原承包地。《妇女权益保障法》第77条规定,侵害妇女享有的农村土地承包和集体收益的,检察机关可以依法提起公益诉讼。

(5)尚未领取的养老保险金

离婚时夫妻一方尚未退休、不符合领取基本养老金条件,另一方请求按照夫妻共同财产分割基本养老金的,人民法院不予支持;婚后以夫妻共同财产缴纳基本养老保险费,离婚时一方主张将养老金账户中婚姻关系存续期间个人实际缴纳部分及利息作为夫妻共同财产分割的，人民法院应予支持（《民法典婚姻家庭编解释（一）》第80条）。

（6）一方婚前房产，婚后共同还贷

夫妻一方婚前签订不动产买卖合同，以个人财产支付首付款并在银行贷款，婚后用夫妻共同财产还贷，不动产登记于首付款支付方名下的，离婚时该不动产由双方协议处理。不能达成协议的，人民法院可以判决该不动产归登记一方，尚未归还的贷款为不动产登记一方的个人债务。双方婚后共同还贷支付的款项及其相对应财产增值部分，离婚时应根据《民法典》第1087条第1款规定的原则，由不动产登记一方对另一方进行补偿（《民法典婚姻家庭编解释（一）》第78条）。

（7）夫妻共同出资购买以一方父母名义参加房改的房屋

婚姻关系存续期间，双方用夫妻共同财产出资购买以一方父母名义参加房改的房屋，登记在一方父母名下，该房屋不属于夫妻共同财产。但购买该房屋时的出资，可以作为共同债权处理（《民法典婚姻家庭编解释（一）》第79条）。

（8）婚姻存续期间一方继承，但尚未分割的遗产

婚姻关系存续期间夫妻一方作为继承人依法可以继承的遗产，在离婚时尚未实际分割的，另一方可以在遗产分割后另行起诉（《民法典婚姻家庭编解释（一）》第81条）。

4. 离婚时未分割的共同财产的处理

根据《民法典》第303条：男女双方在离婚时可以约定对部分共同财产维持共有关系，不予分割；离婚后一方有重大理由需要分割的，可以请求分割。

男女双方离婚时未约定维持共有，或者约定不明确的，根据《民法典婚姻家庭编解释（一）》第81条，离婚后一方以尚有夫妻共同财产未处理为由向人民法院起诉请求分割的，经审查该财产确属离婚时未涉及的夫妻共同财产，人民法院应当依法予以分割。

因夫妻一方隐藏、转移、变卖夫妻共同财产，离婚时未分割的，另一方可起诉请求分割；人民法院在处理时，对隐藏、转移、变卖夫妻共同财产的一方可以少分或者不分（《民法典》第1092条）。

### （二）夫妻共同债务的清偿

《民法典》第1089条规定，“离婚时，夫妻共同债务应当共同偿还。共同财产不足清偿或者财产归各自所有的，由双方协议清偿；协议不成的，由人民法院

判决”。

夫妻对共同债务负有共同偿还的责任。共同债务应用共同财产予以清偿。如果共同财产不足以清偿共同债务，或者没有共同财产的，则由夫妻双方协议清偿。双方关于共同债务清偿的协议，对双方发生法律效力，但债权人仍然有权向夫妻双方或任一方要求全部清偿。如果双方对共同债务的清偿无法达成一致意见，则由人民法院根据债务的形成原因、双方的受益情况等依法判决。

## 四、离婚救济制度

### （一）离婚家务劳动补偿制度

《民法典》第1088条规定了离婚家务劳动补偿制度。家务劳动是指不能直接带来经济收入，为满足家庭成员的生活需要而从事的劳动，包括日常洗衣、做饭、打扫、采购，照料、教育、保护子女，照顾、帮助老人，协助另一方工作等。家务劳动具有满足家庭成员生活需要的功能，同时也是不必支付报酬的劳动。婚姻关系存续期间，夫妻共享对方的经济收入和家务劳动价值，离婚时，如果一方负担的家务劳动较多却又无法从分割夫妻共同财产中得到补偿的，可以要求另一方给予经济上的补偿。根据《民法典》第1088条的规定，离婚时，一方向对方主张家务劳动补偿的条件如下：

1. 夫妻一方承担了较多的家务劳动

夫妻一方在履行教育、照料、保护子女职责方面，照料老年人尤其对另一方的父母的照料和帮助方面，或者是协助另一方工作等方面负担较多义务。

2. 离婚时有权向另一方请求补偿

家务劳动补偿是离婚时的救济制度。一般来说，夫妻离婚时承担家务劳务较多的一方能够从夫妻共同财产的分割中得到补偿。但若夫妻采用约定分别财产制，或者没有足够的共同财产可以分割，则负担家务劳动较多的一方不能从离婚财产分割中获得补偿。当负担家务劳动较多的一方向另一方明确提出补偿时，另一方应当给予补偿。

对离婚家务劳动补偿的具体办法由双方协议；协议不成的，由人民法院判决。人民法院可以根据一方所负担的家务劳动的市场价值，离婚时分得的共同财产的数量等确定补偿金额。

### （二）离婚经济帮助制度

《民法典》第1090条规定了离婚经济帮助制度。夫妻离婚后扶养义务随之终止，但如果离婚时一方生活困难，有负担能力的另一方应给予经济上帮助。根据《民法典》第1090条，离婚时一方向对方主张经济帮助的条件如下：

1. 离婚时一方生活困难

一方生活困难，一般是指一方依靠个人财产和离婚时分得的财产无法维持当地基本生活水平，例如一方离婚后没有住处。需要注意的是，只有离婚时生活困难的才能适用离婚经济帮助制度，如果离婚时没有生活困难的情况，离婚后生活困难的，不能请求对方给予经济帮助。

2. 另一方具有负担能力

另一方具有负担能力，即另一方具有帮助对方的经济能力。对于同样困难或者没有相应负担能力的另一方而言，不负有经济帮助义务。

对于经济帮助方式，由双方协议；协议不成的，由人民法院判决。人民法院可结合双方的财产状况、收入情况、谋生能力及当地基本生活水平等因素作出判决。经济帮助的方式可以是给予现金，也可以是给予实物。对一方离婚后没有住房的，可以给予一定期限的租金补贴，也可以给予房屋的所有权或居住权（在自己所有的住房上为他方设置居住权，参见《民法典》第366～370条）。

### （三）离婚损害赔偿制度

《民法典》第1091条规定了离婚损害赔偿制度。离婚损害赔偿是指因夫妻一方法定的重大过错导致离婚的，过错方应赔偿无过错方因此遭受的损失的法律制度。虽然我国诉讼离婚制度采破裂原则，只要夫妻感情确已破裂，无论是何方的何种行为所导致，在调解无效的情况下均准予离婚。如果离婚是对"已死亡"婚姻的宣告，那么离婚损害赔偿制度就是对过错方的追究和制裁。离婚损害赔偿制度重申了婚姻关系中的正义，明确保护无过错方在婚姻中的合法权益，惩罚违反法定义务、具有重大过错的一方当事人。根据《民法典》第1091条，离婚损害赔偿的构成要件如下：

1. 夫妻一方有法定重大过错行为

法定重大过错行为包括：重婚，与他人同居，实施家庭暴力，虐待、遗弃家庭成员以及其他重大过错。前四种情形，均为严重的违法行为，破坏一夫一妻制原则，侵害对方或家庭成员的人身财产权利，也是2001年《婚姻法》首次规定离婚损害赔偿制度时就确定的重大过错行为。《民法典》采取列举性规定与概括性规定相结合的立法方式,在《婚姻法》四项具体重大过错行为的基础上增加了内容为"有其他重大过错"的兜底条款。人民法院在审理案件时,可依法将给无过错方造成严重伤害的其他重大过错行为纳入损害赔偿的范围。

2. 一方的法定重大过错行为导致了离婚

夫妻离婚是因为一方实施上述法定重大过错行为,即离婚和一方的重大过错行为之间具有因果关系。如果一方曾经有家庭暴力行为,但已经承认并改正了错误,也得到了另一方的谅解,后来实施职务犯罪行为被判处长期徒刑导致夫妻离婚,那么无过错的一方不能因此请求离婚损害赔偿。

3. 无过错方因此遭受了实际损害

离婚损害赔偿以无过错方实际上因此遭受的损害为基础来确定损害赔偿的金额。对离婚损害赔偿中"损害"的产生来源,各方有不同的观点。第一种观点认为,损害是由法定违法行为造成,即重婚、有配偶者与他人同居、实施家庭暴力、虐待遗弃家庭成员等法律明确规定的违法行为本身给受害人造成损害;[1] 第二种观点认为,损害是由法定违法行为导致的离婚造成的;[2] 第三种观点认为损害是法定违法行为和离婚共同造成的。[3] 我们更赞成第三种观点。理由如下:第一种观点没有区分婚姻关系存续期间的侵权损害赔偿和离婚损害赔偿。第二种观点认为违法行为导致的离婚造成了当事人遭受损害。但从法律适用的实际出发,如果一方实施法定过错行为造成的无过错方损害不属于离婚损害赔偿的范围,则在离婚时受害人就需要单独提出侵权损害赔偿之诉。因此,第三种观点认为离婚损害赔偿中的损害有两个来源,即法定违法行为及其导致的离婚,该种观点能有效保护无过错方,并方便当事人诉讼。故,无过错方的损害包括对方的法定过错行为和离婚本身给其带来的财产损失、人身损害和精神损害。对于一方实施法定过错行为(如家庭暴力)给无过错方造成损害时,可按《民法典》侵权责任编的相关规定来确定。对于离婚导致的无过错方损害,可综合考虑双方结婚时间长短,无过错方离婚前后生活水平的变化,是否依靠或主要依靠对方扶养,以及是否直

---

[1] 参见王歌雅:《关于离婚损害赔偿制度的若干思考》,载《求是学刊》2004 年第 4 期。

[2] 参见张学军:《离婚损害赔偿制度辨析》,载《政治与法律》2008 年第 2 期。

[3] 参见陈苇:《离婚损害赔偿法律适用若干问题探讨》,载《法商研究(中南政法学院学报)》2002 年第 2 期。

接抚养未成年子女等情形，来酌情确定离婚给无过错方带来的损害。

根据《民法典婚姻家庭编解释（一）》的相关规定，对离婚损害赔偿请求权的行使要注意如下几点：

第一，有权行使离婚损害赔偿请求权主体只能是无过错的一方，“无过错”是指不具有《民法典》第 1091 条所列举的几种法定过错。如双方均有法定过错，则均无权向对方请求离婚损害赔偿。

第二，承担离婚损害赔偿责任的主体，为离婚诉讼当事人中无过错方的配偶，无过错方不能向第三人请求离婚损害赔偿。

第三，离婚损害赔偿只能在离婚时提出，不离婚或者判决不准离婚的，法院不支持离婚损害赔偿的请求；离婚损害赔偿既适用于诉讼离婚也适用于登记离婚。

第四，为保障无过错方权利的行使，在诉讼离婚中人民法院应将该权利书面告知当事人。无过错方为原告的，应在提起离婚诉讼的同时提出离婚损害赔偿请求；无过错方为被告的，如果不同意离婚也未提起损害赔偿请求，可以就此单独提起诉讼；一审时无过错方未提出，二审期间提出的，人民法院应当进行调解，调解不成的，告知当事人在离婚后另行起诉。双方当事人同意由第二审人民法院一并审理的，第二审人民法院可以一并裁判。

第五，登记离婚的，当事人可以在离婚协议书中约定离婚损害赔偿的内容。没有约定的，已经办理离婚登记的当事人向人民法院提出离婚损害赔偿请求的，人民法院应当受理。但当事人在协议离婚时已经明确表示放弃该项请求的，人民法院不予支持。

# 第五章 收　　养

本书按照民法典的编排体例，将收养单独作为一章，主要介绍收养的原则、收养成立的条件和程序、收养的效力，以及收养解除的条件和后果。

## 第一节 收养的原则

我国1991年颁布了第一部《收养法》，于1992年4月1日施行；该法于1998年11月4日修订，修订后的《收养法》于1999年4月1日起施行；2021年1月1日《民法典》施行，《收养法》废止。[1] 除上述法律之外，我国收养制度的法律渊源还包括：2023年《中国公民收养子女登记办法》、1999年《外国人在中华人民共和国收养子女登记办法》、2008年《收养登记工作规范》（被2020年民政部《关于修改

---

〔1〕 需要指出，由于上述法律规定的收养成立要件和程序不同，判断收养是否合法有效成立，应以当时的法律为准。那么1991年《收养法》施行之前所形成的收养关系如何判断其是否合法有效？考虑到该法施行前没有法律的明确规定，为了维护收养关系中当事人的合法利益，稳定家庭扶养关系，司法机关有条件地承认部分收养关系。1992年最高人民法院《关于学习、宣传、贯彻执行〈中华人民共和国收养法〉的通知》第2条规定，"收养法施行前受理，施行时尚未审结的收养案件，或者收养法施行前发生的收养关系，收养法施行后当事人诉请确认收养关系的，审理时应适用当时的有关规定；当时没有规定的，可比照收养法处理"。该通知明确：其一，对办理了收养公证或户籍登记手续的收养关系，承认其合法有效。其二，对1991年《收养法》施行前已经形成的事实收养关系应予承认。事实收养关系的认定可参考1984年最高人民法院《关于贯彻执行民事政策法律若干问题的意见》之规定，即"亲友、群众公认，或有关组织证明确以养父母与养子女关系长期共同生活的，虽未办理合法手续，也应按收养关系对待"。最高人民法院《关于贯彻执行民事政策法律若干问题的意见》虽然于2019年废止，但此前据此作出的判决或裁定还是有效的，其对事实收养关系认定的规定依然具有参考价值。

部分规范性文件的公告》[1]〔民政部公告第490号〕修改)、2021年《收养评估办法(试行)》、1992年最高人民法院《关于学习、宣传、贯彻执行〈中华人民共和国收养法〉的通知》等。

## 一、收养的概念和特征

收养,是指自然人依法律规定的条件和程序,将他人子女领为自己子女的民事法律行为。

收养具有如下法律特征:

第一,收养是一种身份法律行为。身份法律行为是以身份变动为目的的法律行为,收养行为将在收养人和被收养人之间创建亲子关系,被收养人与收养人的近亲属之间成立近亲属关系,被收养人原来的亲子关系和近亲属关系因此消除。

第二,收养以建立法律拟制的亲子关系为目的。收养的目的是使本无亲子身份关系的收养人和被收养人之间建立法律拟制的亲子关系,因此只能收养子女,不能收养孙子女、弟妹,更不能收养长辈。

第三,收养关系当事人资格受到诸多限制。确立了法律上的亲子关系,收养人和被收养人之间将产生父母子女之间的权利义务关系。该种权利义务关系不仅与收养人、送养人及被收养人身份利益密切相关,而且还涉及社会公共利益,因此立法对收养关系当事人资格加以严格限制。

第四,收养为要式法律行为。身份法律行为多为要式法律行为,这是因为身份关系的变动不仅影响当事人的人身权益还影响其财产权益,不仅影响身份关系的双方当事人而且影响有利害关系的第三人,所以法律规定了严格的形式要件以确保身份行为的真实性和合法性。

根据上述概念和特征,我们可以区分他人抚养和收养。《民法典》第1107条规定,"孤儿或者生父母无力抚养的子女,可以由生父母的亲属、朋友抚养;抚养人与被抚养人的关系不适用本章规定"。由于抚养人和被抚养人并不以建立亲子关系为目的,亲属、朋友对孤儿或者生父母无力抚养的子女的抚养可能不是基于法

---

〔1〕 2020年民政部《关于修改部分规范性文件的公告》(民政部公告第490号),2021年1月1日起施行,载民政部官网2020年10月21日,https://www.mca.gov.cn/n152/n165/c39230/content.html。

定义务，而是基于道义、亲情等，因此应当得到保护和提倡，但双方并不因为抚养的事实而产生法律拟制的亲子身份。

## 二、收养的原则

《民法典》第1044条是对收养原则的规定，该条明确："收养应当遵循最有利于被收养人的原则，保障被收养人和收养人的合法权益。禁止借收养名义买卖未成年人。"

### （一）最有利于被收养人原则

收养制度从"为家"的收养、"为亲"的收养，逐渐发展到现代"为子女"的收养。所谓"为子女"的收养，是指收养立法以保护养子女的利益作为出发点，优先考虑子女的最大利益，以未成年养子女的健康成长为目的。我国1991年加入《儿童权利公约》，在1991年《收养法》中已确定收养应符合"有利于被收养的未成年人的抚养、成长"原则，《民法典》进一步将之表述为"收养应当遵循最有利于被收养人的原则"，既符合现代收养立法发展的趋势，也是我国《民法典》婚姻家庭编保护未成年人合法权益的具体体现。

### （二）保障被收养人和收养人的合法权益原则

1998年修订《收养法》时，增加了"保障被收养人和收养人的合法权益"原则，《民法典》保留了该原则。收养关系涉及收养人和被收养人双方的利益，《民法典》应保障被收养人和收养人双方合法权益的平等实现。《民法典》关于收养人的条件、送养人的条件、被收养人的意愿以及收养的效力等的具体制度都体现了保障被收养人和收养人合法权益原则。例如，《民法典》第1110条"收养人、送养人要求保守收养秘密的，其他人应当尊重其意愿，不得泄露"的规定，体现了对收养人合法、合理的意愿的保护。

### （三）禁止借收养名义买卖未成年人

人不能成为买卖合同的标的，这是人作为享有人格尊严和人格权益的民事主体的应有之义。买卖未成年人是非法的，是受刑法制裁的行为。假借收养的名义，实施金钱交易，均应认定为买卖行为。

**视频教学**

亲生母亲将自己的子女送给他人收养，并让对方支付1万元营养费，“收养人”支付营养费后将孩子抱走抚养，这样收养行为是否合法有效？

扫码观看微课

送养亲生子女收取营养费违法吗？

## 第二节　收养成立的条件和程序

### 一、收养成立的条件

收养成立的条件是指收养关系当事人应当满足的条件以及当事人之间相互关系应该满足的条件。收养关系当事人包括被收养人、收养人和送养人。

（一）被收养人的条件

根据《民法典》第1093条的规定，被收养人只能是未成年人。[1] 与1998年《收养法》要求的被收养人为“不满十四周岁的未成年人”不同，《民法典》规定下列三类未成年人都可以被收养：

第一，丧失父母的孤儿。父母双亡的未成年人是孤儿，只有父亲或母亲一方死亡，即使生存的一方父母没有行为能力、没有抚养能力或者下落不明，也不能称之为丧失父母的孤儿。

---

〔1〕 依据《民法典》，被收养人只能是未成年人。我国收养法律一直承认特殊情况下的成年人收养，包括收养三代以内旁系血亲子女，以及继父母收养继子女的情况。《民法典》不允许成年人收养的理由主要是：其一，根据最有利于被收养人的原则，收养法以向需要抚养的被收养人提供稳定的家庭成长环境以保证被收养人的健康成长为宗旨，所以《民法典》把被收养人的条件从不满14周岁的未成年人放宽到未成年人，但不再允许成年人被收养。其二，如允许由生父母抚养成年的子女被他人收养，其与生父母的权利义务关系因此消除，不再负有对生父母的赡养扶助义务，这对生父母明显不利，也不符合现代收养制度的目的。其三，成年人收养的目的主要是养老或者财产传承的需要，例如收养三代以内旁系血亲子女的，有些就是基于民间立嗣（俗称“过继”）的习惯，其目的是宗祧继承或养老。但是这些目的可经由遗嘱或遗赠扶养协议达成，而无须在立法上确立成年人收养。

第二,查找不到生父母的未成年人。查找不到生父母的未成年人是指被父母或其他监护人遗弃或者出于其他原因与父母或监护人分离又无法查找到生父母的未成年人。

第三,生父母有特殊困难无力抚养的子女。有抚养义务的生父母因身体状况、经济困难等无抚养子女的能力,其无力抚养的未成年子女即为生父母有特殊困难无力抚养的子女。

(二)送养人的条件

根据《民法典》第1094~1095条,送养人包括如下四类:(1)孤儿的监护人;(2)儿童福利机构;(3)有特殊困难无力抚养自己子女的生父母;(4)未成年人的父母均不具备完全民事行为能力,且可能严重危害该未成年人的,该未成年人的监护人。

需要注意的是,儿童福利机构作为送养人,被收养人主要是由其抚养的由民政部门长期监护的未成年人。根据《未成年人保护法》第94条、第95条的规定,民政部门进行收养评估后,可以依法将其长期监护的未成年人交由符合条件的申请人收养。民政部门长期监护的未成年人包括:(1)查找不到未成年人的父母或者其他监护人;(2)监护人死亡或者被宣告死亡且无其他人可以担任监护人;(3)监护人丧失监护能力且无其他人可以担任监护人;(4)人民法院判决撤销监护人资格并指定由民政部门担任监护人;(5)法律规定的其他情形。

(三)收养人的条件

根据《民法典》第1098条、第1102条,收养人应满足如下条件:(1)无子女或只有一名子女;(2)有抚养、教育和保护被收养人的能力;(3)未患有医学上认为不应该收养子女的疾病;(4)无不利于被收养人健康成长的违法犯罪记录;(5)年满30周岁;(6)无配偶者收养异性的,收养人与被收养人的年龄应当相差40周岁以上。

需要注意的是:(1)无子女的收养人可收养2名子女,有子女的收养人只能收养1名子女;(2)无不利于被收养人健康成长的违法犯罪记录,这是《民法典》对收养人新增的要求,也是“最有利于被收养人原则”的具体体现;(3)无配偶者收养异性的,收养人与被收养人的年龄应当相差40周岁以上,这是《民法典》根据男女平等的原则对1998年《收养法》单身男性收养女性限制条件的修改。

### (四)有关收养条件的几项特殊规定

第一,收养条件的豁免包括以下几种情形:一是收养三代以内同辈旁系血亲子女的,可以不受生父母有特殊困难无力抚养子女以及单身异性收养人应与被收养人年龄相差40周岁的限制;华侨收养三代以内同辈旁系血亲的子女,还不受无子女或只有1名子女的限制。二是收养孤儿、残疾儿童或者社会福利机构抚养的查找不到生父母的弃婴和儿童,可以不受收养子女人数以及收养人有无子女的限制。三是继父或者继母经继子女的生父母同意收养继子女,不受生父母有特殊困难无力抚养子女、收养子女人数、《民法典》第1098条对收养人的限制。

第二,生父母送养子女,须父母共同送养。但生父母一方不明或者查找不到的,可以单方送养。配偶一方死亡,另一方送养未成年子女的,死亡一方的父母有优先抚养的权利。被宣告死亡的人在被宣告死亡期间,其子女被他人依法收养的,在死亡宣告被撤销后,不得以未经本人同意为由主张收养行为无效(《民法典》第52条、第1097条、第1108条)。

第三,有配偶者收养子女,应当夫妻共同收养(《民法典》第1101条)。

第四,收养8周岁以上未成年人的,应当征得被收养人的同意(《民法典》第1104条)。

第五,监护人送养未成年孤儿的,应当征得有抚养义务的人同意。有抚养义务的人不同意送养、监护人不愿意继续履行监护职责的,应当依照《民法典》第一编的规定另行确定监护人(《民法典》第1096条)。

## 二、收养成立的程序

《民法典》第1105条明确了收养成立的程序,该条规定:“收养应当向县级以上人民政府民政部门登记。收养关系自登记之日起成立。收养查找不到生父母的未成年人的,办理登记的民政部门应当在登记前予以公告。收养关系当事人愿意签订收养协议的,可以签订收养协议。收养关系当事人各方或者一方要求办理收养公证的,应当办理收养公证。县级以上人民政府民政部门应当依法进行收养评估。”据此,收养登记是成立收养关系的唯一法定程序,而收养协议与收养公证则只是一种补充性程序,不直接对收养的成立产生影响。当然,即使没有签订收养协议,收养也应当双方自愿(《民法典》第1104条)。结合2023年《中国公民收养子女登记办法》和《民法典》第1105条,收养成立的程序如下:

（一）办理收养登记的机关

办理收养登记的法定机关，是县级以上人民政府的民政部门。根据被收养人的不同情况，《中国公民收养子女登记办法》第 4 条规定了不同的办理登记的机关。（1）收养社会福利机构抚养的查找不到生父母的弃婴、儿童和孤儿的，在社会福利机构所在地的收养登记机关办理登记；（2）收养非社会福利机构抚养的查找不到生父母的弃婴和儿童的，在弃婴和儿童发现地的收养登记机关办理登记；（3）收养生父母有特殊困难无力抚养的子女或者由监护人监护的孤儿的，在被收养人生父母或者监护人户籍所在地（组织作监护人的，在该组织住所地）的收养登记机关办理登记；（4）收养三代以内旁系同辈血亲的子女，以及继父或者继母收养继子女的，在被收养人生父或者生母户口所在地的收养登记机关办理登记。

（二）收养登记的具体程序

1. 申请

办理收养登记时当事人应当亲自到场，这是为了保证收养当事人意思表示真实。申请收养登记时，收养人应当向收养登记机关提交收养申请书以及相关证件和证明材料（《中国公民收养子女登记办法》第 6 条）。申请办理收养登记时，送养人也应当向收养登记机关提交相关证件和证明材料（《中国公民收养子女登记办法》第 7 条）

2. 收养评估

收养评估，是指民政部门对收养申请人是否具备抚养、教育和保护被收养人的能力进行调查、评估，并出具评估报告的专业服务行为。根据 2021 年《收养评估办法（试行）》，除收养继子女之外，中国内地居民在中国境内收养子女的，都应进行收养评估。收养评估的原则是：遵循最有利于被收养人的原则，独立、客观、公正地对收养申请人进行评估，依法保护个人信息和隐私。收养评估的内容包括收养申请人的收养动机、道德品行、受教育程度、健康状况、经济及住房条件、婚姻家庭关系、共同生活家庭成员意见、抚育计划、邻里关系、社区环境、与被收养人融合情况（收养申请人与被收养人融合的时间不少于 30 日）等。最终形成的收养评估报告是民政部门办理收养登记的参考依据。

收养评估可以由民政部门自行组织实施，也可以委托第三方机构开展，但均应符合《收养评估办法（试行）》所要求的人员或机构条件。收养评估流程包括：书面告知、评估准备、实施评估、出具评估报告。收养评估期间，收养评估小组或者受委托的第三方机构发现有如下情况的，应当向民政部门报告：收养申请人及其共同生活家庭成员有弄虚作假，伪造、变造相关材料或者隐瞒相关事实的；参加非法组织、邪教组织的；买卖、性侵、虐待或者遗弃、非法送养未成年人，及其他侵犯未成年人身心健康的；有持续性、经常性的家庭暴力的；有故意犯罪行为，判处或者可能判处有期徒刑以上刑罚的；患有精神类疾病、传染性疾病、重度残疾或者智力残疾、重大疾病的；存在吸毒、酗酒、赌博、嫖娼等恶习的；故意或者过失导致正与其进行融合的未成年人受到侵害或者面临其他危险情形的；有其他不利于未成年人身心健康行为的。如果存在故意或者过失导致正与其进行融合的未成年人受到侵害或者面临其他危险情形的，民政部门应当立即向公安机关报案。

3. 审查

收养登记机关收到收养登记申请书及有关材料后进行审查，审查期限为30日。审查的主要内容包括：(1)收养申请人是否符合法律所规定的收养人条件以及其收养的目的是否正当；(2)被收养人是否符合法律所规定的被收养人条件；(3)送养人是否符合法律所规定的送养人条件；(4)当事人申请收养的意思表示是否真实；(5)是否通过县级以上人民政府民政部门依法进行的收养评估。

根据《民法典》第1105条第2款和《中国公民收养子女登记办法》第8条的规定，申请收养查找不到生父母的未成年人的，办理登记的民政部门应当在登记前予以公告。《收养登记工作规范》要求公告应当刊登在收养登记机关所在地设区的市(地区)级以上地方报纸上，并附有查找不到生父母的未成年人的照片。公告之日起60日内，未成年人的生父母或者其他监护人未认领的，视为查找不到生父母的未成年人。

4. 登记

经审查，收养登记机关认为申请人符合《民法典》规定的收养条件的，应为其办理收养登记，发给收养证。收养关系自登记之日起成立。对不符合《民法典》规定条件的，不予登记，并对当事人说明理由。

收养关系成立后，公安机关应当按照国家有关规定为被收养人办理户口登记(《民法典》第1106条)。

## (三)外国人在中华人民共和国收养子女的程序

外国人依法可以在中华人民共和国收养子女，并应按照《民法典》《外国人在中华人民共和国收养子女登记办法》的规定办理收养登记。

外国人在中华人民共和国收养子女,应遵守我国法律,法定程序如下:

第一,应当经其所在国主管机关依照该国法律审查同意。

第二,收养人应当提供由其所在国有权机构出具的有关其年龄、婚姻、职业、财产、健康、有无受过刑事处罚等状况的证明材料。上述证明材料应当经收养人所在国外交机关或者外交机关授权的机构认证,并经中华人民共和国驻该国使领馆认证,但是国家另有规定的除外。

第三,与送养人签订书面收养协议。

第四,亲自向省、自治区、直辖市人民政府民政部门登记。办理收养登记后,当事人各方或者一方要求办理收养公证的,应当到收养登记地的具有办理涉外公证资格的公证机构办理收养公证。

## 第三节　收养的效力

### 一、收养的拟制效力与消除效力

收养的法律效力就是收养关系依法成立后在当事人及其近亲属之间引起的身份关系变动的法律后果。我国的收养制度是完全收养制度,即被收养人与收养人之间建立亲子关系,与收养人的近亲属之间建立近亲属关系;被收养人与生父母以及其近亲属之间的亲属身份关系消灭。据此,收养的效力分为拟制效力和消除效力。

#### (一)收养的拟制效力

收养的拟制效力使无亲子血缘关系的当事人之间产生了父母子女关系,收养的拟制效力还及于养父母的近亲属。根据《民法典》第1111条的规定,收养的拟制效力有二:

第一,收养人与被收养人之间产生法律拟制的父母子女关系。养子女可以随养父或者养母的姓氏,经当事人协商一致,也可以保留原姓氏(《民法典》第1112条)。

第二,被收养人与收养人的近亲属间产生拟制的近亲属关系。养子女与收养人的父母形成养祖孙关系；养子女与收养人的其他子女（包括婚生子女、非婚生子女、养子女）形成养兄弟姐妹关系；除此之外，养子女与养父母的其他近亲属包括祖父母、外祖父母、孙子女、外孙子女以及兄弟姐妹也产生相应的亲属关系。

收养的效力是否包括被收养人的后代与收养人及其近亲属间产生法律拟制的亲属身份关系？由于《民法典》不再允许收养成年人，所以被收养人的后代的确会与收养人及其近亲属产生相应的身份关系，但是这不属于收养所产生法律效力，而是自然人基于出生而与其父母的亲属所产生的身份关系。

（二）收养的消除效力

《民法典》明确了收养的消除效力，第1111条第2款规定："养子女与生父母以及其他近亲属间的权利义务关系，因收养关系的成立而消除。"在被收养人与收养人及其近亲属产生拟制血亲关系的同时，被收养人与其生父母及其近亲属间的权利义务同时消除。但被收养人与生父母及其他近亲属之间自然的血缘联系不会因收养而消除，因此被收养人与原自然血亲仍受直系血亲和三代以内旁系血亲禁止结婚的限制。

## 二、无效的收养行为

（一）收养无效的原因

《民法典》第1113条第1款规定，"有本法第一编关于民事法律行为无效规定情形或者违反本编规定的收养行为无效"。据此，收养无效的原因包括：

1. 有《民法典》第一编关于民事法律行为无效规定情形的收养行为无效

《民法典》第一编关于民事法律行为无效规定情形具体包括以下情况：(1)当事人不具有民事行为能力（《民法典》第144条）。(2)违反法律、行政法规的强制性规定（《民法典》第153条第1款）。例如，违反法律禁止买卖未成年人的规定，借收养名义买卖子女。(3)违背公序良俗（《民法典》第153条第2款）。例如，收养同辈份亲属为养子女，造成亲属称谓、权利义务关系混乱的，属于违背善良风俗的收养。

2. 违反《民法典》婚姻家庭编之规定的收养行为无效

这种情况主要是指不具备《民法典》婚姻家庭编所规定之收养要件，骗取收养登记的行为。例如，收养成年人，生母谎称生父不明而单独将子女送养等。

(二)收养无效的法律后果

根据《民法典》第1113条第2款的规定,无效的收养行为自始无效,即从行为开始时起就没有法律效力。

## 第四节 收养解除的条件和后果

收养关系的解除,是指收养有效成立后,基于当事人的合意,或者因为收养关系当事人关系恶化难以维系收养关系,基于一方当事人的请求,依法终止收养关系。收养关系的解除会引起身份关系的变化,影响被收养人的权益,不少国家或地区都明确规定收养关系一经形成不得解除。《民法典》考虑到收养关系当事人如果关系恶化而无法共同生活,或者一方严重侵害一方合法权益,不允许解除并不能解决问题,所以规定收养关系可以依法解除,同时对收养关系的解除规定了较为严格的条件,并直接规定赡养义务及经济补偿,避免不公平的法律后果。

### 一、收养关系的协议解除

(一)收养关系协议解除的条件

第一,被收养人尚未成年的,为保障被收养人的权益,一般不得解除收养关系。但经收养人和送养人协议解除的除外。收养人、送养人协议解除收养关系的,还应征得8周岁以上养子女本人的同意(《民法典》第1114条第1款)。

第二,被收养人已经成年的,如养父母和养子女之间关系恶化、无法共同生活,收养关系也可以由收养人和被收养人协议解除(《民法典》第1115条)。

(二)收养关系协议解除的程序

根据《民法典》第1116条的规定:"当事人协议解除收养关系的,应当到民政部门办理解除收养关系登记。"要求解除收养关系的当事人应持居民户口簿、居民身份证、收养登记证和解除收养关系的书面协议共同到被收养人常住户口所在地的收养登记机关办理解除收养关系登记。收养登记机关在收到解除收养关系登记申请书及有关材料后,应当自次日起30日内进行审查,对符合《民法典》相关规定的,为当事人办理解除收养关系的登记,收回收养登记证,发给解除收养关系证明(《中国公民收养子女登记办法》第10条、第11条)。

## 二、收养关系的诉讼解除

### (一)收养关系诉讼解除的条件

第一,被收养人尚未成年的,如收养人不履行抚养义务,有虐待、遗弃等侵害未成年养子女合法权益行为的,送养人有权要求解除养父母与养子女间的收养关系。送养人、收养人不能达成解除收养关系协议的,送养人可以向人民法院起诉解除收养关系(《民法典》第1114条第2款)。

第二,被收养人已经成年的,如养父母与成年养子女关系恶化、无法共同生活,且双方无法就收养关系的解除达成协议的,当事人双方均可以向人民法院起诉要求解除(《民法典》第1115条)。人民法院处理此类案件,应根据案件具体情况,审理查明双方是否关系恶化无法共同生活,并注意保护老年养父母的合法权益。同时应区分提出解除收养关系的是哪一方:如果是成年养子女提出,养父母不同意的,那么人民法院应注重保护老年养父母的合法权益,在不解除收养关系更有利于收养人时,应判决不予解除。如果提出解除收养关系的是养父母,态度坚决,人民法院无法调和双方关系,继续维持收养关系对养父母的晚年生活确无益处,解除收养并不损害成年养子女的利益的,可以判决解除收养关系。

### (二)收养关系诉讼解除的程序

第一,要求解除收养关系的当事人依照《民事诉讼法》的规定向有管辖权的人民法院提起诉讼。

第二,人民法院受理案件后,应当进行调解,调解无效的应根据案件实际情况判决是否准予解除收养关系。经审理查明收养人有不履行抚养义务或有虐待、遗弃未成年养子女合法权益行为的,应判决解除该收养关系。如果系因送养人反悔要求解除的,人民法院应维护合法的收养关系,对其诉讼请求不予支持。经审理查明养父母与成年养子女关系恶化、无法共同生活的,调解无效可判决解除收养关系。

## 三、收养关系解除的法律后果

根据《民法典》的规定,收养关系解除后,产生下列法律后果:

### (一)拟制血亲关系的解除

《民法典》第1117条规定,收养关系解除后,养子女与养父母及其他近亲属间的权利义务关系即行消除。解除收养关系的直接后果是收养人和被收养人之间法律拟制亲子关系终止,双方不再具有父母子女间的权利义务关系。因收养而产生的其他近亲属关系也随收养的解除而消灭。

### (二)自然血亲关系的恢复

《民法典》第1117条同时规定,收养关系解除后,养子女与生父母及其他近亲属间的权利义务关系自行恢复。这是保障未成年养子女权益的必然要求,当拟制的亲子关系和近亲属关系消灭,自然的亲子关系和近亲属关系必须自行恢复,这样才能确保未成年子女被监护、抚养、教育和保护。但成年养子女与生父母及其他近亲属间的权利义务关系是否恢复,可以由双方协商确定。

### (三)解除收养的其他法律后果

《民法典》第1118条对解除收养关系后,成年养子女对养父母的生活费给付义务,养父母的向成年养子女或送养人的抚养费补偿请求权作了明确的规定。

1. 对养父母的生活费给付

收养关系解除后,经养父母抚养的成年养子女,对缺乏劳动能力又缺乏生活来源的养父母,应当给付生活费。虽然双方的身份关系解除,但是养父母抚养教育养子女的事实不会随之消除,基于权利义务相一致的原则,养子女仍应负担需要赡养的养父母的生活费。至于生活费的数额,可依据养父母抚养养子女的事实、养父母的实际需要、成年养子女的负担能力等综合确定。

2. 养父母对成年养子女的补偿请求权

因养子女成年后虐待、遗弃养父母而解除收养关系的,养父母可以要求养子女补偿收养期间支出的抚养费。

3. 养父母对生父母的补偿请求权

因生父母要求解除收养关系的,养父母可以要求生父母适当补偿收养期间支出的抚养费;但是收养关系是因养父母虐待、遗弃养子女而解除的,养父母不得要求生父母补偿抚养费。

# 下篇

# 婚姻家庭法实务

# 第六章　婚姻家庭纠纷司法裁判案例解析

## 第一节　婚约财产纠纷

婚约财产纠纷是指约定结婚的当事人因婚约的缔结与履行而产生的财产纠纷。最常见的婚约财产纠纷是彩礼返还纠纷。处理此类纠纷的主要依据包括：《民法典》第1042条，“禁止包办、买卖婚姻和其他干涉婚姻自由的行为。禁止借婚姻索取财物”；《民法典婚姻家庭编解释（一）》第5条，“当事人请求返还按照习俗给付的彩礼的，如果查明属于以下情形，人民法院应当予以支持：（一）双方未办理结婚登记手续；（二）双方办理结婚登记手续但确未共同生活；（三）婚前给付并导致给付人生活困难。适用前款第二项、第三项的规定，应当以双方离婚为条件”。此类纠纷司法裁判的常见疑难问题为：彩礼的认定标准和范围，共同生活的认定，婚约当事人之外的家庭成员是否有返还彩礼的义务，判决酌情返还应考虑的因素等。2024年《涉彩礼纠纷解释》第1条至第7条针对上述疑难问题作出了明确规定，审理中应据此妥善处理。

### 典型案例一　李某、侯某等婚约财产纠纷案[1]

（一）法院查明的事实

李某、侯某系母女关系。马某、李某经人介绍认识，双方于2022年2月6日订婚，马某给李某大礼168000元、见面礼10000元、端茶钱4000元、烟酒折款4000元、压箱礼1200元、手机3189元、钻戒5082元。2022年5月双方终止恋爱关系，

〔1〕　参见河南省商丘市中级人民法院民事判决书，（2022）豫14民终5779号。

经协调李某、侯某返还马某彩礼款共计150000元。马某向法院起诉请求依法判令李某、侯某返还马某彩礼款49471元。

(二)焦点问题

1. 彩礼是否应该返还?

2. 彩礼包含哪些财产?

3. 李某的母亲侯某是否负有返还彩礼的义务?

(三)法院判决

1.《民法典婚姻家庭编解释(一)》第5条规定:“当事人请求返还按照习俗给付的彩礼的,如果查明属于以下情形的,人民法院应当予以支持:(一)双方未办理结婚登记手续……”本案中,马某与李某未举行结婚仪式,亦未办理结婚登记手续。马某要求李某返还彩礼,法院依法应当予以支持。

2. 法院认定定亲彩礼168000元、见面礼10000元、端茶钱4000元、烟酒折款4000元、手机3189元、钻戒5082元均属于法律规定的彩礼返还范畴。

3. 基于婚约关系所送的彩礼,表现为家庭财产的给付和家庭成员的共同支配,不仅局限于准备缔结婚姻关系的男女本人,还包括男女双方的父母,故侯某作为李某之母,同样对其子女李某收受的礼金负有返还的义务。

## 典型案例二 王某某与李某某离婚纠纷案[1]

(一)法院查明的事实

2020年9月,王某某与李某某(女)登记结婚。王某某家在当地属于低收入家庭。为与对方顺利结婚,王某某给付李某某彩礼18.8万元。李某某于2021年4月终止妊娠。因双方家庭矛盾加深,王某某于2022年2月起诉离婚,并请求李某某返还彩礼18.8万元。

(二)焦点问题

已经结婚并同居生活,彩礼能否返还?

[1] 参见《最高人民法院、民政部、全国妇联联合发布四起涉彩礼纠纷典型案例》的案例一,载最高人民法院官网2023年12月12日,https://www.court.gov.cn/zixun/xiangqing/419922.html。

（三）法院判决

本案中，双方共同生活仅一年多时间，给付彩礼的目的尚未全部实现，给付方不存在明显过错，相对于其家庭收入来讲，彩礼数额过高，给付彩礼已造成较重的家庭负担，同时，考虑到终止妊娠对女方身体健康亦造成一定程度的损害等事实，判决酌情返还部分彩礼，能够较好地平衡双方当事人间的利益，引导树立正确的婚恋观，倡导形成文明节俭的婚礼习俗，让婚姻始于爱，让彩礼归于“礼”。法院认为，双方当事人由于婚前缺乏了解，婚后亦未建立起深厚感情，婚姻已无存续可能，准予离婚。结合当地经济生活水平及王某某家庭经济情况，王某某所给付的彩礼款18.8万元属于数额过高，事实上造成较重的家庭负担。综合考虑双方共同生活时间较短，女方曾有终止妊娠等事实，为妥善平衡双方当事人利益，化解矛盾纠纷，酌定李某某返还彩礼款56400元。

## 典型案例三　苏某、卿某婚约财产纠纷案[1]

（一）法院查明的事实

原告苏某、被告卿某于2022年年初相识，2月13日按当地习俗订婚后同居生活。原告因订婚向被告给付彩礼129932元（其中，购买首饰15540元，订婚礼金108888元，给被告亲戚红包八个计5504元）。原告与被告恋爱同居期间，被告为原告购买过一部华为手机（4499元），给原告转过520元的微信红包。原、被告因感情不和于2022年6月底终止同居关系，现均不愿意与对方登记结婚。原告在与被告恋爱同居期间，同时与其前女友来往密切且共同生活，以致被告身心受到伤害，双方感情不和，不能结为夫妻。原告苏某向法院提出诉讼请求，请求判令被告返还因订婚所赠送的彩礼140000元。

（二）焦点问题

1. 彩礼是否应该返还？

2. 彩礼应如何返还？

（三）法院判决

原告在与被告订婚时按照习俗给付的彩礼，因双方当事人未办理结婚登记手

[1] 参见湖南省隆回县人民法院民事判决书，（2022）湘0524民初4358号。

续，依法有权请求返还。婚约（亦称订婚或定婚）虽然并无法律上的约束力，但其仍然是一种重要的民事习惯，对人们的社会生活产生重要的影响。原告在与被告订婚后的恋爱同居期间，亦与其前女友保持密切交往和共同生活，严重伤害了原、被告之间的感情，其行为与诚信、友善的社会主义核心价值观相悖，违背社会公序良俗，应当受到社会的否定评价。综合考虑原、被告较长时期同居，在同居过程中被告对原告有过经济上的付出，原告感情不专一对被告造成的伤害，以及原告不同意与被告结婚等因素，法院酌情判决被告返还原告彩礼70000元，对原告提出的超出上述彩礼数额的诉讼请求不予支持。

## 第二节 婚内夫妻财产分割纠纷

婚内夫妻财产分割纠纷是2020年年底最高人民法院第二次修改《民事案件案由规定》时，在第二级案由"婚姻家庭纠纷"项下新增的第三级案由。[1] 婚内财产分割纠纷通常发生在夫妻关系比较紧张时，提起离婚诉讼之后也常发生此类纠纷。处理此类纠纷的主要依据为：《民法典》第1066条，"婚姻关系存续期间，有下列情形之一的，夫妻一方可以向人民法院请求分割共同财产：（一）一方有隐藏、转移、变卖、毁损、挥霍夫妻共同财产或者伪造夫妻共同债务等严重损害夫妻共同财产利益的行为；（二）一方负有法定扶养义务的人患重大疾病需要医治，另一方不同意支付相关医疗费用"；《民法典婚姻家庭编解释（一）》第38条，"婚姻关系存续期间，除民法典第一千零六十六条规定情形以外，夫妻一方请求分割共同财产的，人民法院不予支持"。此类纠纷司法裁判的常见疑难问题为：如何判断一方的行为是否符合婚内分割共同财产的法定条件。

---

〔1〕 最高人民法院《关于修改〈民事案件案由规定〉的决定》（法〔2020〕346号）。

## 典型案例一 唐某、李某婚姻家庭纠纷,夫妻财产约定纠纷案[1]

(一)法院查明的事实

原告唐某、被告李某系夫妻关系。双方于2010年1月15日登记结婚。2019年2月,被告在原告不知情的情况下与弟弟李某及二人的母亲商定共同出资购买案外人张某的楼房,其中被告支付订金10000元、房款27900元、房贷14835.75元。后因原、被告因此发生矛盾,经被告与弟弟李某及二人的母亲再次商议,将被告出资的52735.75元全额退还,同时被告不再享有房屋所有权的份额。2020年3月21日,被告将夫妻共同存款33217.5元取出。被告不能合理解释上述款项去向。原告请求法院依法分割婚内夫妻共同财产。

(二)焦点问题

被告私自处分夫妻共同财产的行为是否严重损害夫妻共同财产利益?

(三)法院判决

婚姻关系存续期间,一方有隐藏、转移、变卖、毁损、挥霍夫妻共同财产等严重损害夫妻共同财产利益的行为,另一方可以向人民法院请求分割共同财产。本案中,被告与原告婚姻关系存续期间,被告在原告不知情的情况下私自处分夫妻共同财产,且被告对85953.25元的夫妻共同财产(退还的购房款52735.75元、存单33217.5元)的去向不能作出合理解释,结合当地实际生活水平可知,85953.25元并非小数目,应认定其存在隐藏、转移夫妻共同财产等严重损害夫妻共同财产利益的行为,故对于原告要求在婚姻关系存续期间分割夫妻共同财产的请求,法院予以支持。

## 典型案例二 吕某与田某甲夫妻财产约定纠纷案[2]

(一)法院查明的事实

原告吕某、被告田某甲系夫妻,双方居住的房屋2011年1月被拆迁。根据

---

[1] 参见辽宁省喀喇沁左翼蒙古族自治县人民法院民事判决书,(2021)辽1324民初1188号。

[2] 参见江苏省扬州市广陵区人民法院民事判决书,(2014)扬广民初字第2053号。本案审理时《民事案件案由规定》尚未第二次修改,故没有婚内夫妻财产分割纠纷的案由,判案依据为《婚姻法解释(三)》第4条,该条规定:“婚姻关系存续期间,夫妻一方请求分割共同财产的,人民法院不予支持,但有下列重大理由且不损害债权人利益的除外:(一)一方有隐藏、转移、变卖、毁损、挥霍夫妻共同财产或者伪造夫妻共同债务等严重损害夫妻共同财产利益行为的;(二)一方负有法定扶养义务的人患重大疾病需要医治,另一方不同意支付相关医疗费用的。”

《扬州市房屋拆迁补偿安置协议书》第6条，腾仓过渡期的腾仓补助费按实际腾仓期结算，2013年10月发放腾仓费105742.8元，2014年应发放2015年1月至2016年1月的腾仓费105742.8元。另查明，2014年5月6日，原告因多发性子宫平滑肌瘤在扬州市第一人民医院住院治疗并进行了子宫切除手术。原告曾诉至法院要求离婚，法院2014年6月11日作出（2014）扬广民初字第1033号民事判决书，判决“不准原告吕某与被告田某甲离婚”，原、被告现仍处于婚姻关系存续期间。现原告要求分割2014年10月即将发放的腾仓费105742.8元。

（二）焦点问题

本案是否存在《婚姻法解释（三）》规定的可以分割共同财产的例外情形？[1]

（三）法院判决

本案原、被告尚处于夫妻关系存续期间，原告要求分割腾仓费，被告有异议。原、被告提交的证据，只能证明2014年应发放的腾仓费及原、被告夫妻感情状况。原告在庭审中陈述因病住院治疗期间医疗费不够时被告支付3000多元，且提出双方对2013年10月发放的腾仓费（105742.8元）一人一半进行分割，故法院综合本案证据及庭审情况，认为被告不存在《婚姻法解释（三）》规定的可以分割共同财产的情形。法院判决驳回原告的诉讼请求。

## 第三节　离婚纠纷

离婚纠纷是婚姻家庭纠纷中最常见的纠纷类型，夫妻一方向法院起诉离婚，请求处理财产、债务、子女抚养以及经济帮助、经济补偿和离婚损害赔偿等问题的，适用离婚纠纷的案由。处理此类纠纷的主要依据包括：《民法典》第五编第四章“离婚”第1076～1092条，《民法典婚姻家庭编解释（一）》第44～54、62～90条。此类纠纷司法裁判的常见疑难问题为：是否应判决准予离婚、如何确定夫妻共同

[1] 此案审判时《民法典》尚未实施。《婚姻法解释（三）》规定的可以分割共同财产的例外情形是指第4条规定的“（一）一方有隐藏、转移、变卖、毁损、挥霍夫妻共同财产或者伪造夫妻共同债务等严重损害夫妻共同财产利益行为的；（二）一方负有法定扶养义务的人患重大疾病需要医治，另一方不同意支付相关医疗费用的”。与《民法典》第1066条规定的情形相同。

财产的范围及分割、如何确定夫妻共同债务以及债务如何清偿、如何计算家务劳动经济补偿金额以及未成年子女由父亲还是母亲直接抚养等重要法律问题。

## 典型案例一　田某1诉杜某离婚纠纷案[1]

（一）法院查明的事实

田某1、杜某于2008年经人介绍相识恋爱，2009年2月16日双方在康县长坝镇人民政府登记结婚。2009年11月12日，长女田某2出生；2012年7月9日，次女田某3出生。双方婚后感情较好，能够为了生活共同努力，后因生活压力较大，加之双方缺乏有效沟通，夫妻感情失和。田某1遂诉至法院，要求与杜某离婚。田某1在诉状中称"杜某生性脾气大，爱喝酒，而且多次饮酒后与我发生争吵，用各种污言秽语对我进行辱骂，而且多次对我进行家暴，杜某的上述行为彻底摧毁了两人的夫妻感情"。杜某答辩称"田某1所述，我脾气大，爱喝酒，酒后经常动手打人也不是事实，我只是偶尔喝酒，反而是田某1经常喝酒给我找事"。双方都没有对杜某是否实施家庭暴力提供证据。

（二）焦点问题

夫妻间家庭暴力是否构成判决离婚的法定事由？不能证明对方实施家庭暴力如何处理？

（三）法院判决

人民法院审理离婚案件应以夫妻感情是否破裂为基础，婚姻生活中夫妻双方应互相扶持、互相理解，婚姻是一种责任，是双方对家庭无尽的付出及对另一半的体贴、爱护，是对另一半家人的包容与理解，田某1与杜某系自由恋爱成婚，有深厚的感情基础。生活中难免磕磕碰碰，双方都要正确理解婚姻的责任，应本着夫妻之间互相帮扶的义务，平和自己的心态，互敬互爱，互相扶持，只要双方能加强沟通夫妻感情是可以和好的。综上所述，依照《民法典》第1079条之规定，法院判决如下：不准田某1与杜某离婚。

本案的焦点问题是田某1与杜某之间是否存在家庭暴力。田某1称杜某对其实施家庭暴力，杜某予以否认，双方都未提供相关证据。离婚诉讼中，当事人提

[1] 参见甘肃省康县人民法院民事判决书，(2023)甘1224民初114号。

出对方实施家庭暴力的情况是比较普遍的，但是通常不能提供证据予以证明，人民法院对于没有证据证明的家庭暴力通常不予认可。如果当事人能够证明家庭暴力存在，根据《民法典》第1079条第2款第2项的规定，是符合判决离婚的法定条件的。

## 典型案例二　朱某、于某某离婚纠纷案[1]

（一）法院查明的事实

原告朱某、被告于某某于2005年2月登记结婚，2003年6月生育女儿于某熙，2012年11月生育儿子于某轩。自2015年原告离家外出打工后，原、被告双方已分居多年。2021年10月，原告朱某以感情破裂为由将被告于某某起诉至潼关县人民法院，后于2021年11月撤诉。2022年10月，原告再次起诉至潼关县人民法院要求与被告于某某离婚，并要求女儿（虽已成年但未独立生活）由自己抚养，儿子由被告抚养，孩子抚养费各自承担。被告同意离婚，但不同意抚养子女，并提出原告应对其进行补偿。另查明，被告于某某身患尿毒症。

（二）焦点问题

1. 父母一方患病，能否拒绝抚养子女？

2. 离婚时一方患尿毒症，另一方是否必须予以补偿？

（三）法院判决

法院认为，原、被告婚后初期夫妻感情很好，2015年原告朱某与被告于某某发生争吵后离家多年，原告要求离婚，被告表示同意，法院予以准许。原告要求请求判令婚生女于某熙由原告抚养，次子于某轩由被告抚养，孩子抚养费各自承担，但被告考虑到自身的身体状况，要求两个婚生子女均由原告抚养，抚养费由原告自行承担，原告亦表示同意，故法院判令婚生女于某熙及婚生子于某轩均由原告抚养，抚养费由原告自行承担。考虑到被告患病后的实际情况，原告作为妻子应当给予适当的经济帮助，在本案调解时，原、被告双方均表示3万元补偿金即可，故法院亦予以认可。法院判决：准许原告朱某与被告于某某离婚；婚生女于某熙、婚生子于某轩均由原告朱某抚养至孩子能够独立生活时止，抚养费由原告自行承

[1] 参见陕西省潼关县人民法院民事判决书，(2022)陕0522民初903号。

担；原告朱某于判决生效之日起30日内给付被告于某某人民币3万元。

本案的两个焦点问题，最终是通过调解解决的，即原告一方同意自己抚养两名子女，以及同意支付3万元经济补偿费用。本案法官通过调解解决离婚案件中的焦点问题，顺利处理了纠纷，案结事了。

## 第四节　离婚后财产纠纷

离婚后财产纠纷是当事人离婚之后，因财产分割补偿、离婚协议的履行等问题产生的纠纷，但不包括当事人在离婚之后因民事损害赔偿而引发的纠纷。离婚后财产纠纷案件常见的有两类：一类是离婚时有夫妻共同财产未处理引起的纠纷。离婚时财产未处理主要是指：离婚时有夫妻共同财产未分割；一方隐瞒或转移夫妻共同财产，离婚后另一方发现；离婚时约定共有的财产，离婚后要求分割；另一类是离婚协议引起的纠纷。如一方不履行离婚协议，或离婚后对离婚协议中财产分割反悔等。处理此类纠纷的主要依据包括：《民法典》第1092条，《民法典婚姻家庭编解释（一）》第35条第2款、第69条第2款、第70条、第77条、第83条、第84条等。此类纠纷司法裁判的常见疑难问题为：起诉请求分割的财产是否属于离婚时确未处理的共同财产；处理被隐藏、转移的夫妻共同财产，其法律后果与处理离婚时未处理的共同财产有何区别；离婚财产分割协议是否予以撤销，特别是当事人协商一致“假离婚”时。

### 典型案例一　樊某、韩某离婚后财产纠纷案[1]

（一）法院查明的事实

2011年11月6日，原告樊某与陕西××公司签订商品房买卖合同，购买位于西安市碑林区××路××号的商品房一套，约定付款方式为按揭付款，于2011年11月6日前支付商品房总价款的31%作为首付款，即人民币168378元，余款

〔1〕参见西安市碑林区人民法院民事判决书，（2022）陕0103民初27909号。

370000 元办理银行按揭。2011 年 11 月 10 日，原告樊某与中国建设银行有限公司陕西省分行签订个人住房（商业用房）借款合同，约定借款本金为 370000 元，借款期限为 300 个月，自 2011 年 11 月 10 日起至 2036 年 11 月 10 日止，还款方法为等额本息。原告樊某、被告韩某于 2012 年 1 月 12 日登记结婚，2019 年 11 月 25 日经西安市中级人民法院判决离婚。案涉房屋因在原、被告离婚诉讼一审时尚未取得产权证书，故未予分割。2019 年 2 月 14 日，案涉房屋办理了陕(2019)西安市不动产权第×××××号不动产权证书。截至 2023 年 2 月 3 日，案涉房屋已还本金 102462.88 元，已还利息 223765.64 元，贷款余额为 267537.12 元。2022 年 12 月，因被告拒不搬出案涉房屋，原告起诉至人民法院请求确认案涉房屋归自己所有，并要求被告腾房。经法院计算，原、被告双方在婚姻存续期间（2012 年 1 月至 2019 年 11 月），共计还款 236821.12 元。庭审中，原、被告双方均同意将案涉房屋目前价值估算为 100 万元。被告韩某虽主张其与原告自 2006 年交往后便开始共同生活，但其提交的证据不足以证明相关事实。另查，截至 2023 年 1 月 11 日法庭辩论终止之日，案涉房屋仍由被告韩某居住。

（二）焦点问题

一方婚前购买不动产，婚后双方共同归还贷款，房屋归属如何确定，如何补偿？

（三）法院判决

离婚后，一方以尚有夫妻共同财产未处理为由向人民法院起诉请求分割的，经审查该财产确属离婚时未涉及的夫妻共同财产，人民法院应当依法予以分割。结合案涉房屋的贷款、还款情况及登记情况，房屋所有权归原告所有为宜，故对原告要求确认案涉房屋归其所有，并要求被告腾房的诉讼请求，法院予以支持。因原、被告双方均同意将房屋现价确定为 1000000 元，故原告应向被告支付补偿款 155365 元。法院判决：案涉房屋归原告所有，原告于判决生效之日起 30 日内向被告支付补偿款 155365 元，被告于原告向其支付完毕补偿款 5 日内搬离案涉房屋。

### 典型案例二　汤某、唐某离婚后财产纠纷案[1]

(一)法院查明的事实

原告汤某、被告唐某原系夫妻关系。2013年10月30日,双方在垫江县民政局登记离婚,共同签订离婚协议书1份,该协议书载明:"……五、婚后共同财产的处理:……离婚后唐某经济补偿汤某叁万元人民币(在2014年12月30日之前付清),离婚后唐某每月补偿汤某伍佰元生活费,从2013年11月1日起,直到2044年为止……"双方登记离婚后,被告未按约向原告支付款项。原告经催收无果,遂诉至法院,要求被告支付经济补偿款及截至2022年10月的生活费。

(二)焦点问题

原告请求支付经济补偿款及生活费是否超过诉讼时效?

(三)法院判决

法院认为,离婚协议中关于财产以及债务处理的条款,对男女双方均具有法律约束力。本案中,原、被告于2013年10月30日签订离婚协议书,其中关于经济补偿、经济帮助的约定是建立在双方夫妻身份关系解除的基础之上的;均系双方真实意思表示,未违反法律、行政法规的效力性强制性规定,应属合法有效,双方均应按约履行。同时,被告未到庭参加诉讼,法院无法查明双方经济往来的具体情况,但根据2013年10月30日离婚协议书,原告有权诉请被告支付讼争款项。法院判决被告在判决生效后10日内支付原告补偿款30000元,生活费54000元。

关于请求支付经济补偿款是否超过诉讼时效的焦点问题,严格说来的确已经超出3年诉讼时效。但诉讼时效属于抗辩事由,应由被告提出,人民法院不主动适用。本案被告未到庭应诉,应视为放弃答辩、举证、质证等诉讼权利,并承担相应的法律后果。故人民法院依法支持了原告的诉讼请求。

## 第五节　离婚后损害责任纠纷

离婚后损害责任纠纷,是指当事人在离婚之后向人民法院起诉要求另一方承

[1] 参见重庆市垫江县人民法院民事判决书,(2022)渝0231民初4498号。

担损害赔偿责任的纠纷。常见的离婚损害责任纠纷包括离婚后一方要求对方承担《民法典》第1091条规定的离婚损害赔偿责任，以及离婚后一方提出亲子关系否认并请求损害赔偿。处理此类纠纷的主要依据包括：《民法典》第1091条，《民法典婚姻家庭编解释（一）》第86～90条。此类纠纷司法裁判的常见疑难问题为：如何确定离婚损害赔偿的金额，以及在否认亲子关系后如何确定损害赔偿责任。

## 典型案例一　肖某1、单某离婚后损害责任纠纷案[1]

（一）法院查明的事实

原告肖某1与被告单某于××××年××月××日登记结婚，婚后生育一子肖某2，2018年10月双方开始分居生活，2019年12月31日原、被告在玉田县民政局婚姻登记处登记离婚，离婚协议书载明："子女协议：婚后生一男孩，姓名肖某2，现年10岁，归男方抚养，女方每月出抚养费500元整，直至孩子独立生活为止，孩子如遇重大疾病或接受高等教育所需费用由双方承担，女方有探视权。财产协议：1、房产，广西省防城港市×××广场二期×××单元506号房归男方所有，女方同意配合办理房产手续。2、汽车，雪佛兰汽车车号冀B×××××归男方所有。3、存款，夫妻双方婚后存款10万元，归女方所有。4、婚姻存续期间为肖某2购买人寿保险一份，离婚后投保人不得退保、动用，受益人为肖某2。"被告于2019年10月与他人发生婚外性行为怀孕，××××年××月××日生一子，孩子的亲生父亲为郑某。2021年6月，原告以"被告单某在与原告婚姻关系存续期间，与他人有不正当男女关系，并在刚离婚5个月后生育一子，在婚姻关系存在期间存在过错，导致离婚"为由，向法院提起诉讼，请求判令被告一次性给付原告精神损害赔偿金30000元。

（二）焦点问题

婚姻关系存续期间，女方婚外受孕，是否属于请求离婚损害赔偿的法定事由？

（三）法院判决

法院认为，《民法典》第1091条规定："有下列情形之一，导致离婚的，无过错方有权请求损害赔偿：（一）重婚；（二）与他人同居；（三）实施家庭暴力；（四）虐

[1] 参见河北省玉田县人民法院民事判决书，(2021)冀0229民初2530号。

待、遗弃家庭成员；（五）有其他重大过错。”原、被告自2018年开始分居生活，原告主张双方分居生活期间被告与他人同居生活，未向法院提供证据，且被告予以否认，虽然被告婚内与他人怀孕，存在婚外性行为，但原告未提供证据证实被告与他人非法同居，原告要求被告给付精神损害赔偿金30000元，理据不足，法院不予支持。

## 典型案例二　徐某与霍某离婚后损害责任纠纷案[1]

（一）法院查明的事实

霍某与徐某原系夫妻关系，二人于2004年登记结婚，婚后生育两名子女。2019年11月21日，霍某与徐某协议离婚。婚后霍某与徐某购买了一套昌平区房屋（建筑面积115.1平方米）和一套固安县房屋（建筑面积122.57平方米），分别登记在徐某和霍某名下，其中固安县房屋购买时向银行按揭贷款120万元，截至2019年11月21日二人协议离婚时，固安县房屋尚有银行按揭贷款本金110万余元未偿还。

在与徐某的婚姻关系存续期间，霍某与案外人梁某存在不正当男女关系，二人于2014年8月生育一子霍某3。为解决非婚生子霍某3的户口问题，2016年，霍某以同居关系子女抚养纠纷为由将梁某起诉至山东省济南市槐荫区人民法院，要求霍某3由其抚养，经法院主持调解，霍某与梁某达成调解协议，约定霍某3随梁某生活，霍某每月给付孩子抚养费，2016年11月25日，济南市槐荫区人民法院作出（2016）鲁0104民初4857号民事调解书予以确认。2017年3月，霍某、梁某向公安户籍部门申请，并提供了上述民事调解书和其他有效证件，为霍某3办理了落户登记。在上述（2016）鲁0104民初4857号案件的民事起诉书中，霍某自述自2013年8月开始与梁某共同生活，后因感情不和，双方于2015年解除同居关系。徐某据此主张霍某与梁某同居生活；霍某对此不认可，并陈述根据济南市公安部门的要求，非婚生子女落户必须提供关于孩子抚养权处理的法院法律文书，自己是为了给孩子落户，不得已才到法院走调解程序，但实际上与梁某并不存在事实上的同居关系。

---

[1]　参见北京市昌平区人民法院民事判决书，（2020）京0114民初15136号。

徐某在起诉书中自述2006年前后就发现了霍某与梁某的关系。霍某与徐某的微信聊天记录显示，至少自2015年10月中旬开始，徐某对霍某与梁某非婚生育一子之事知情。2019年5月，霍某与徐某曾协商离婚事宜。2019年11月21日，霍某与徐某到民政部门办理离婚登记手续，二人签订离婚协议书，约定双方婚生的两个子女，霍某1（出生于2005年5月24日）和霍某2（出生于2009年2月25日）归男方抚养和监护，女方不支付抚养费，女方有探视权。关于财产分割，双方约定：双方婚姻关系存续期间女方名下有住宅一套（京×××昌不动产权第×××号，权利人徐某，单独所有，位于昌平区某号，房屋建筑面积115.1平方米）归女方所有；男方名下位于固安县住宅一套（×××号房，建筑面积共122.570平方米）归男方所有；女方名下车辆归女方所有；男方名下车辆归男方所有；离婚后男方于2年内支付给女方人民币10万元整。关于债权债务，双方约定：双方婚姻关系存续期间住宅楼房贷款由男方偿还。同时，双方均注明自愿离婚，完全同意该协议书的各项安排，亦无其他不同意见。

（二）焦点问题

1. 本案适用2001年《婚姻法》及其司法解释的规定还是适用《民法典》及《民法典婚姻家庭编解释（一）》的相关规定？

2. 被告是否应该支付原告精神损害抚慰金？

（三）法院判决

对焦点问题1，人民法院认为：最高人民法院《关于适用〈中华人民共和国民法典〉时间效力的若干规定》第1条第2款规定：《民法典》施行前的法律事实引起的民事纠纷案件，适用当时的法律、司法解释的规定，但是法律、司法解释另有规定的除外。原、被告协议离婚及原告提起本案离婚后损害责任之诉均发生在《民法典》施行前，因此应该适用2001年《婚姻法》及其司法解释的相关规定。原告辩称根据最高人民法院《关于适用〈中华人民共和国民法典〉时间效力的若干规定》第2条的规定，应该适用《民法典》，但“法不溯及既往”，且本案的实际情况并不符合上述时间效力若干规定第2条有利溯及中的“三个更有利于标准”，[1] 故法院

[1] 关于“三个更有利于标准”，可参见2020年最高人民法院《关于适用〈中华人民共和国民法典〉时间效力的若干规定》第2条规定：“民法典施行前的法律事实引起的民事纠纷案件，当时的法律、司法解释有规定，适用当时的法律、司法解释的规定，但是适用民法典的规定更有利于保护民事主体合法权益，更有利于维护社会和经济秩序，更有利于弘扬社会主义核心价值观的除外。”

不予采信。

对焦点问题2,人民法院认为:一方面,根据2001年《婚姻法》第46条的规定,有下列情形之一,导致离婚的,无过错方有权请求损害赔偿:(1)重婚的;(2)有配偶者与他人同居的;(3)实施家庭暴力的;(4)虐待、遗弃家庭成员的。《婚姻法解释(一)》第2条规定,2001年《婚姻法》第46条规定的"有配偶者与他人同居"的情形,是指有配偶者与婚外异性,不以夫妻名义,持续、稳定地共同居住。当事人对自己提出的诉讼请求所依据的事实或者反驳对方诉讼请求所依据的事实有责任提供证据加以证明。没有证据或者证据不足以证明当事人的事实主张的,由负有举证责任的当事人承担不利后果。原告虽提交了法院的民事调解书,载明被告自述与案外第三人有短暂的同居关系,但并未提供充足证据证明被告与第三人持续、稳定地共同居住,因此不符合要求离婚损害赔偿的条件。另一方面,被告在与原告婚姻关系存续期间,与婚外异性生育一子,确实违反了夫妻忠实义务,亦有违道德,对于原、被告夫妻感情破裂最终离婚,负有不可推卸的责任。在原、被告办理协议离婚,并签订离婚协议书时,原告对被告与梁某存在不正当关系及非婚生子的情况均知情,且离婚时,基于此,原、被告签订的离婚协议书中约定将昌平区的房屋给原告,位于固安县的房屋及该房屋尚未偿还的按揭贷款由被告所有和承担,孩子均由被告自行抚养,原告不需要承担抚养费用。离婚协议书是双方对于婚姻生活中的共同财产、共同债务、孩子抚养、抚养费等事项达成的"一揽子"协议,被告基于自己的过错,在分割夫妻共同财产、共同债务时作出了巨大的让步,实际上原告也获得了充足的补偿。故原告在协议离婚后再提起本次诉讼,要求被告支付其精神损害抚慰金20万元,依据不足,法院不予支持。

综上,法院判决驳回原告的诉讼请求。

## 典型案例三　钟某溢与代某离婚后损害责任纠纷案[1]

（一）法院查明的事实

原告钟某溢、被告代某于2012年2月2日办理结婚登记,婚后未生育子女。2019年11月1日,原、被告在重庆市大渡口区民政局婚姻登记处办理协议离婚。

[1] 参见重庆市大渡口区人民法院民事判决书,(2020)渝0104民初4185号。

双方签订的《离婚协议书》中载明:甲(原告)乙(被告)双方因性格不合无法共同生活,现双方就自愿离婚一事达成协议。《离婚协议书》第2条共同财产处理第1款明确双方无共同存款;第2款约定对于位于重庆市大渡口区顺祥壹街区×-×-×住房1套,双方协商将该房屋出售,并约定双方均有义务配合办理房屋出售相关手续,售房款用于归还该套房屋按揭贷款,剩余金额双方各分得50%;第3款约定车牌号为渝××××××的宝马X1家用车归乙方所有。第3条债务处理第1款约定乙方于2016年5月12日向中国民生银行申请的抵押贷款500000元,截至2019年10月28日贷款本金为421340.39元,该笔债务由甲方承担,甲方承诺于2020年12月31日结清剩余贷款本息;第2款约定甲、乙双方其他对外债务,均由负债方自行负担。原、被告离婚后,原告得知被告在双方婚姻关系存续期间已经怀孕,但所孕胎儿并非原、被告共同孕育。被告对此无异议。2020年2月26日,原告钟某溢以被告在隐瞒婚内出轨事实的情况下与其达成离婚及财产分割协议为由向重庆市大渡口区人民法院提起离婚后财产分割诉讼。重庆市大渡口区人民法院经审理后,作出(2020)渝0104民初523号民事判决书,判决:(1)撤销钟某溢与代某于2019年11月1日签订的《离婚协议书》第2条第3款、第3条第1款;(2)渝××××××的车辆所有权归代某,代某于本判决生效之日起5日内补偿钟某溢70000元;夫妻共同债务421340.39元,由钟某溢与代某各自承担50%。2020年9月,原告以"由于原、被告曾在同一单位工作,被告怀孕的事实在单位已经传开,加之原告的家人、朋友的询问给原告造成了极大的精神压力和痛苦。原告发现被告婚内出轨并怀孕的事实后多次与被告协商,被告不但没有歉意还表现出冷漠、强势。被告严重违反夫妻间的忠实等义务"为由,诉至法院,要求被告向原告一次性支付精神损害抚慰金100000元。

（二）焦点问题

离婚后一方发现对方婚内出轨怀孕,并给自己造成精神痛苦,能否提出一般侵权责任之诉(非离婚损害赔偿之诉)?

（三）法院判决

法院认为,根据我国2001年《婚姻法》的规定,夫妻应当互相忠实,互相尊重。然而被告在与原告的婚姻关系存续期间,与他人发生不正当关系后怀孕,并隐瞒该事实。被告的行为已经违反了夫妻相互忠实之义务,存在重大过错。该事实的出现给原告造成了精神上的痛苦即损害,该损害的发生系被告的过错所致,依法应由被告予以赔偿。原告主张判令被告一次性支付精神损害赔偿金100000元，法院结合本案实际情况酌定支持40000元。

关于本案的焦点问题，法院认为原告可提出一般侵权责任诉讼。

## 第六节　婚姻无效纠纷

婚姻无效纠纷是指当事人请求确认婚姻关系因违反法律规定而不具有婚姻效力的纠纷类型，最常见的婚姻无效纠纷是禁止结婚的近亲属关系导致的婚姻无效纠纷。处理此类纠纷的主要依据包括：《民法典》第1051条、第1054条，《民法典婚姻家庭编解释（一）》第9～17条、第20～22条等。此类纠纷司法裁判的常见疑难问题为：不属于《民法典》第1051条所列情形的婚姻关系当事人请求确认婚姻不具有法律效力该如何处理，冒名结婚的案件应如何保护被冒名者的权益，以及婚姻被确认无效后的法律后果。

### 典型案例一　李某1、李某2婚姻无效纠纷案[1]

（一）法院查明的事实

××××年××月××日，原告李某1与卢某在宜丰县民政局登记结婚，现尚在婚姻存续期间。××××年××月××日，被告李某2与李小某结婚，因当时李小某未到法定结婚年龄，便冒用原告李某1的身份信息在上高县民政局办理了结婚登记。现原告李某1因结婚证遗失须补办，遂诉至法院，请求判决原、被告的婚姻无效。

（二）焦点问题

被他人冒用身份信息登记结婚应如何处理？

（三）法院判决

法院认为，原告李某1被他人冒用身份信息与被告李某2办理结婚登记，该

〔1〕参见江西省上高县人民法院民事判决书，(2021)赣0923民初3150号。

行为不是原告本人真实意思表示，双方的婚姻关系不受法律保护。本案中，原告已于之前与卢某依法登记为合法夫妻，其与李某2的结婚登记，在形式上已经构成法律意义上的重婚，故对原告请求确认原、被告的婚姻无效的诉讼请求，法院依法予以支持。

冒名结婚是指当事人冒用他人身份信息结婚的行为，被冒名人因此在法律上"被结婚""被重婚"。冒名结婚行为严重侵害被冒名人的合法权益。2021年11月18日最高人民法院、最高人民检察院、公安部、民政部联合发布《关于妥善处理以冒名顶替或者弄虚作假的方式办理婚姻登记问题的指导意见》，指出"人民法院办理当事人冒名顶替或者弄虚作假婚姻登记类行政案件，应当根据案情实际，以促进问题解决、维护当事人合法权益为目的，依法立案、审理并作出裁判"。本案中，人民法院将冒名结婚案件转化为请求确认法律上的重婚无效的案件，依法确认其无效，维护了当事人的合法权益。

## 典型案例二　刘某、施某1婚姻无效纠纷案[1]

（一）法院查明的事实

2011年，刘某与施某1相识，××××年××月××日双方在澧县民政局登记结婚。××××年××月××日生育一子施某2。婚后，双方由于性格不合，常为家庭琐事争吵。双方在澧县民政局协议离婚时，刘某被告知施某1在××××年已与案外人刘某某登记结婚，施某1系重婚。刘某向法院提出诉讼，请求确认刘某与施某1的婚姻无效，非婚生子施某2由刘某抚养至成年，抚养费依法判决，以及分割共同财产。

（二）焦点问题

婚姻被确认无效的，同居期间所得财产如何处理？

（三）法院判决

法院认为，施某1在与案外人刘某某的婚姻关系存续期间，在未与刘某某办理离婚登记的情形下，又与刘某登记结婚，其行为已构成重婚，属于法律规定的重婚的情形，符合《民法典》规定的婚姻无效情形。故法院对刘某要求确认与施某1

---

〔1〕 参见湖南省澧县人民法院民事判决书，(2021)湘0723民初3356号。

婚姻关系无效的诉讼请求予以支持。对于刘某要求非婚生子施某2由刘某抚养至成年的诉讼请求，考虑到施某2一直跟随刘某及其父母生活，且自身愿意随刘某生活，故施某2由刘某抚养更有利于其成长。结合本地生活水平及实际，法院判决施某1每月承担抚养费500元，即每年6000元。

对于本案焦点问题，即刘某要求分割共同财产的诉讼请求，《民法典》第1054条规定，"同居期间所得的财产，由当事人协议处理；协议不成的，由人民法院根据照顾无过错方的原则判决。对重婚导致的无效婚姻的财产处理，不得侵害合法婚姻当事人的财产权益"。《民法典婚姻家庭编解释（一）》第22条规定，"被确认无效或者被撤销的婚姻，当事人同居期间所得的财产，除有证据证明为当事人一方所有的以外，按共同共有处理"。但在本案中，因刘某未向法院提交证据证明存在共同财产，故法院对该诉讼请求不予支持。

## 典型案例三　秦某荣诉秦某容、秦某金婚姻无效纠纷案[1]

（一）法院查明的事实

原告秦某荣与被告秦某容系父女关系，被告秦某金的母亲苟某英与被告秦某容的母亲苟某霞系同胞姐妹。被告秦某金与秦某容于2018年9月3日登记结婚。原告秦某荣2021年11月18日向法院提出诉讼，请求确认秦某容与秦某金婚姻无效。被告秦某容与秦某金经法院合法传唤未到庭参加诉讼，也未提交任何书面答辩意见。

（二）焦点问题

婚姻关系当事人之外的第三人能否作为原告起诉请求确认婚姻关系无效？

（三）法院判决

法院认为，《民法典》第1048条规定，直系血亲或者三代以内的旁系血亲禁止结婚。《民法典》第1051条规定，"有下列情形之一的，婚姻无效：（一）重婚；（二）有禁止结婚的亲属关系；（三）未到法定婚龄"。被告秦某金的母亲与秦某容的母亲系亲姐妹，被告秦某容与秦某金系三代以内旁系血亲，两人结婚，违反了法律的禁止性规定，该婚姻自始无效，依法应当予以解除，故原告秦某荣起诉请求确

---

〔1〕　参见贵州省沿河土家族自治县人民法院民事判决书，（2021）黔0627民初2790号。

认二被告婚姻无效的诉讼请求，有事实和法律依据，法院予以支持。

本案焦点问题是，被告秦某容的父亲秦某荣能否作为原告起诉请求确认秦某容与秦某金的婚姻关系无效？答案是可以的。根据《民法典婚姻家庭编解释（一）》第9条和第15条的规定，以有禁止结婚的亲属关系为由请求确认婚姻无效的，当事人的近亲属可以作为利害关系人提出诉讼，利害关系人为原告，婚姻关系当事人双方为被告。

## 第七节　撤销婚姻纠纷

撤销婚姻纠纷是当事人请求撤销婚姻关系的纠纷类型，与请求撤销婚姻登记的行政诉讼不同。最常见的撤销婚姻纠纷是未在结婚前如实告知对方自己的重大疾病导致的撤销婚姻纠纷。处理此类纠纷的主要依据包括：《民法典》第1052～1054条，《民法典婚姻家庭编解释（一）》第18～22条等。此类纠纷司法裁判的常见疑难问题为：《民法典》第1053条所指的重大疾病包括哪些疾病，以及如何认定胁迫行为等。

### 典型案例一　周某诉付某撤销婚姻纠纷案[1]

（一）法院查明的事实

女孩周某在其母亲安排下与付某相亲。因付某家庭条件较好，两家又系远房亲戚，周某母亲非常希望周某与付某缔结婚姻。在周某明确拒绝与付某交往后，周某母亲强行将在外地工作的周某接回家，并以死相逼，表示如果周某不同意该婚事就将其赶出家门。周某害怕家庭关系破裂，又担心母亲寻短见，不得不与付某登记结婚并举办婚礼。婚后近1年时间里，双方并未建立夫妻感情，也从未有过夫妻生活。但周某母亲仍不准许周某提出离婚，母女俩多次争吵并发生肢体冲

〔1〕参见最高人民法院：《第三批人民法院大力弘扬社会主义核心价值观典型民事案例》，载最高人民法院官网2023年3月1日，https://www.court.gov.cn/zixun－xiangqing－390531.html。

突。周某诉至人民法院，请求撤销其与付某之间的婚姻关系。

(二)焦点问题

子女受自己父母的胁迫而结婚能否请求撤销婚姻?

(三)法院判决

法院认为，《民法典》第1052条第1款规定："因胁迫结婚的，受胁迫的一方可以向人民法院请求撤销婚姻。"结婚应当是男女双方完全自愿的行为，禁止任何一方对另一方加以胁迫，禁止任何组织或者个人加以干涉。在周某多次明确提出不愿意和付某恋爱、结婚的情况下，周某母亲仍以将周某赶出家门、"死给周某看"等作为要挟，导致周某在违背自由意志的情况下与付某结婚。周某母亲的行为严重干涉了周某的婚姻自由，其行为构成胁迫。现周某要求撤销其与付某之间的婚姻符合法律规定，为维护当事人的合法权益，判决撤销周某与付某之间的婚姻关系。

本案的焦点问题主要由《民法典婚姻家庭编解释(一)》第18条[1]的规定引发，该条确定的胁迫人是胁迫"另一方当事人或者其近亲属"的行为人。故有意见认为父母胁迫自己子女结婚的，子女以此作为撤销婚姻的理由可能会对没有过错的对方当事人不公平。但本案审理法院判决撤销婚姻更符合《民法典》立法本意，在保护周某个人合法权益的同时，也向整个社会传达了婚姻自由的理念，有利于倡导独立、自主的婚姻观和自由、法治的社会主义核心价值观。

## 典型案例二　吴某1与陈某撤销婚姻纠纷案[2]

(一)法院查明的事实

原告吴某1、被告陈某于2020年11月18日经人介绍相识恋爱，婚前原告询问被告基本情况，被告告知原告：其有过精神分裂症病史，并在医院住院治疗1个多月才出院，但至今未发。但未将其持有精神病残疾证、特病证的事实告知原告。双方继续交往，后因被告怀孕，双方于2021年1月27日到民政局登记结婚，并于2021年9月13日生育女儿吴某2(现由原告在抚养)。

---

〔1〕《民法典婚姻家庭编解释(一)》第18条第1款规定："行为人以给另一方当事人或者其近亲属的生命、身体、健康、名誉、财产等方面造成损害为要挟，迫使另一方当事人违背真实意愿结婚的，可以认定为民法典第一千零五十二条所称的'胁迫'。"

〔2〕参见重庆市长寿区人民法院民事判决书，(2021)渝0115民初8378号。

原告曾向法院申请对被告的民事行为进行能力认定,鉴定意见书载明:被告陈某于2017年12月6日因孤僻、生活懒散、疑人害、行为紊乱到重庆市精神卫生中心治疗29天,经电休克、利培酮等治疗好转出院,诊断为“精神分裂症”。2021年10月8日,重庆医科大学附属第一医院司法鉴定意见:陈某处于精神分裂症缓解期,具有完全民事行为能力。2021年11月9日,原告吴某1向法院提出诉讼,请求撤销原告与被告陈某的婚姻关系,原、被告生育的女儿吴某2由原告抚养,抚养费由法院依法判决,判决被告赔偿原告及家人精神损失费50000元。

(二)焦点问题

被告陈某婚前告知原告自己有过精神分裂症病史,并在医院住院治疗1个多月才出院,但未将其持有精神病残疾证、特病证的事实告知原告,是否属于《民法典》第1053条的如实告知?

(三)法院判决

法院认为,《民法典》第1053条规定,“一方患有重大疾病的,应当在结婚登记前如实告知另一方;不如实告知的,另一方可以向人民法院请求撤销婚姻”。《母婴保健法》第8条第1款规定:“婚前医学检查包括对下列疾病的检查:(一)严重遗传性疾病;(二)指定传染病;(三)有关精神病。”该法第38条规定:“有关精神病,是指精神分裂症、躁狂抑郁型精神病以及其他重型精神病。”法律特别规定了前述婚前重点检查的疾病。由此可知,“精神分裂症”是精神病中的重大疾病。法院认为,引起婚姻撤销须有两个要件:(1)重大疾病;(2)如实告知。根据原、被告在庭审中的陈述,原告认可被告在结婚前已将其患过“精神分裂症”的病史告知。原告在与被告结婚前应持谨慎态度,例如进行婚检等,深入了解被告的病情,不盲目草率结婚。对原告称被告未将持有精神病残疾证、特病证的事实告知原告,属于未如实告知重大精神疾病程度,误导原告结婚,法院认为,“精神分裂症”本属于重大疾病,被告是否将持有精神病残疾证、特病证的事实告知原告,并不影响其已如实告知重大疾病的事实。现原告请求撤销婚姻不符合法律规定,法院不予支持。

## 第八节　夫妻财产约定纠纷

夫妻财产约定纠纷是指夫妻双方因财产约定而产生的纠纷。常见的夫妻财产约定纠纷包括夫妻间的借贷纠纷,夫妻财产赠与的履行纠纷等。处理此类纠纷的主要依据包括:《民法典》第 1065 条,《民法典婚姻家庭编解释(一)》第 32 条、第 82 条、第 85 条。此类纠纷司法裁判的常见疑难问题为如何认定夫妻间借贷关系的真实性,名为赠与实为补偿的财产约定的定性问题等。

### 典型案例一　金某、张某夫妻财产约定纠纷案[1]

(一)法院查明的事实

张某与金某于 2016 年 4 月 22 日登记结婚。2021 年 2 月,金某移情别恋,在手机网络上结识一位抖音女主播并疯狂打赏。金某的所作所为被张某发现后,金某于 2021 年 7 月 13 日向张某出具欠条一份,确认欠张某 52000 元。2021 年 12 月,金某提出离婚,双方在法院主持下协议离婚,由金某向张某给付经济帮助款 6 万元,但对前述 52000 元欠款未予处理。现张某以金某未向其支付 52000 元欠款为由诉至法院。金某辩称案涉欠条是在张某以死相逼的情况下出具的,而且离婚时已经支付张某 6 万元,不应支持张某诉讼请求。

(二)焦点问题

1. 金某称欠条是在张某胁迫下出具的,应如何认定欠条的效力?

2. 离婚时金某支付的 6 万元与案涉欠条的关系?

(三)法院判决

法院认为,金某认可其于夫妻关系存续期间使用了张某名下存款,后自愿向张某出具欠条,确认了张某财产的独立性和后续债权。金某辩称案涉欠条是在张某以死相逼的情况下出具的,但未能提供证据证明,依法不予采纳。金某作为完

---

〔1〕 参见安徽省宣城市中级人民法院民事判决书,(2022)皖 18 民终 2323 号。

全民事行为能力人，应当知晓向他人出具欠条的法律后果，现双方已解除婚姻关系，金某对出具欠条认可的债务应当依法承担责任。金某主张双方离婚调解时已就案涉债务处理完毕，但未能提供证据证明，且案涉欠条原件仍由张某实际持有，故对金某的该项意见不予采纳。据此，法院判决支持张某的诉讼请求。

## 典型案例二 姚某、王某等夫妻财产约定纠纷案[1]

（一）法院查明的事实

姚某与王某系夫妻。2020年10月9日，王某向一审法院提起离婚诉讼，诉求为与姚某离婚，一审法院对案件审理后作出（2020）鲁0321民初3570号民事判决书，判决不准王某与姚某离婚。2021年6月24日，王某再次向一审法院提起离婚诉讼，诉求为与姚某离婚，一审法院对案件审理后作出（2021）鲁0321民初2415号民事判决书，并于2021年7月5日宣判，判决不准王某与姚某离婚。上述两份法律文书均已生效。2021年8月3日，王某（甲方）与姚某（乙方）签订婚内财产协议一份，就双方之间的财产关系达成协议。就房产、车辆、股权、存款、债权、其他财产、债务进行了约定并约定协议自双方签署之日起生效。其中第5条约定如下："五、关于债权内容约定如下：1、以甲方名义对孙某波、山东天业建设工程有限公司、山东高青农村商业银行股份有限公司、山东高青农村商业银行股份有限公司中心路分理处等所享有的债权，现为甲、乙双方共有财产权；2、本协议签订后，上述债权归乙方单独所有，债权实现后，甲方应当将所获得资金全部支付给乙方。"

金某与王某作为共同原告在山东省东营市中级人民法院起诉山东天业建设工程有限公司、中石化胜利建设工程有限公司、中国石化集团胜利石油管理局有限公司供水分公司，案件审理后，东营市中级人民法院作出（2019）鲁05民初123号民事判决书，判决山东天业建设工程有限公司支付王某、金某工程款2203261.76元及利息。金某与王某向东营市中级人民法院申请执行。双方当事人认可已经执行到位的款项约为200万元。姚某曾针对该笔债权的执行向东营市中级人民法院提起案外人执行异议，但被驳回。

姚某向人民法院提起诉讼要求确认经东营市中级人民法院（2019）鲁05民初

[1] 参见山东省淄博市中级人民法院民事判决书，（2022）鲁03民终2701号。

123 号民事判决认定的以王某、金某名义对山东天业建设工程有限公司享有的债权归其所有。

(二)焦点问题

在夫妻没有解除婚姻关系的情况下,一方能否依据婚内财产约定请求人民法院对财产约定中的权利予以确认?

(三)法院判决

该案经过两审终审,一、二审法院认定的事实一致。一审法院认为,姚某与王某所签订的婚内财产协议,系双方当事人针对婚内财产所作的约定。但在婚姻关系存续的期间,不宜通过诉讼方式确定协议的效力或财产的归属。本案中,姚某要求确认案涉债权归其所有的诉求,既包含对其与王某签订的婚内财产协议效力确认的请求,又包含对夫妻共有财产分割的请求。姚某主张案涉债权归其所有,但其未提交充分证据证明存在符合法定婚内财产分割的情形,故法院对姚某的诉讼请求不予支持。

二审法院认为,双方的婚内财产协议体现双方真实意思表示,不违反法律、行政法规强制性规定,对双方均具有约束力。案涉债权为双方婚内财产约定的债权之一,且金某出具承诺书承诺该案的权益全部由王某一人享有。根据约定,应当依法确认案涉债权为姚某单独所有。需要指出的是,案涉婚内财产协议对王某和姚某具有拘束力,并不能当然产生对王某和姚某以外的第三人的拘束力,对王某和姚某以外的第三人是否具有拘束力,仍应根据具体情况,根据《民法典》第 1065 条第 3 款的规定,另行作出判断认定。二审法院判决:撤销一审判决,确认案涉债权归姚某单独所有。

## 第九节　同居关系纠纷

同居关系纠纷是指当事人同居生活引发的财产和子女抚养纠纷,该三级案由下设同居关系析产纠纷和同居关系子女抚养纠纷两个四级案由。处理此类纠纷的主要依据包括:《民法典》第 1071 条,《民法典婚姻家庭编解释(一)》第 3 条。此类纠纷司法裁判的常见疑难问题为同居期间双方取得财产的归属及处理。

## 典型案例一 冷某、卢某同居关系析产纠纷案[1]

（一）法院查明的事实

2015年2月冷某与卢某经人介绍认识，之后建立恋爱关系。××××年××月冷某与卢某在老家办理结婚酒宴后以夫妻名义同居。2016年10月14日，二人以按揭方式购买了位于长沙市××路××号的房屋，房屋总价为447708元，首付89708元，贷款358000元。当日冷某支付了首付款63070元，剩余首付款26638元和4400元税费由卢某支付。之后，该房屋主要由冷某承担还贷责任，涉案房屋登记于冷某名下。2018年1月16日，冷某与卢某签订《离婚协议书》，约定："一、男女双方均自愿离婚；二、双方无子女，固定房屋一处现属于女方名下（买房时男方也付了3万的首付），现在女方冷某愿意放弃房子所有权，并同意等卢某不限购了能接受过户时过户到卢某名下（现因房产证没有下来，并且卢某处于限购还不能接受过户），贷款由卢某还。不涉及任何财产纠纷。三、离婚后，双方生活互不相干，不得干涉对方今后的生活。四、其他财产婚前双方各自的财产归各自所有，男女双方各自的私人生活用品及首饰归各自所有。本协议一式两份……"该协议由卢某起草并交由冷某签字。签订协议后，卢某、冷某并未实际分手，2018年2月两人一起在卢某家中共同生活，2018年3月30日冷某在湖南省人民医院经超声检查怀孕5周，后因故流产。协议签订后，卢某向冷某还贷账户转入68000元，冷某后要求卢某不再履行协议约定的还贷义务，协议作废，被卢某拒绝。后因冷某拒绝给付涉案房屋，双方诉至法院。

（二）焦点问题

双方是否应依据《离婚协议书》分割同居期间取得的财产，涉案房屋份额应如何确定？

（三）法院判决

法院认为，卢某、冷某二人虽然在家乡办理了婚宴，但并未依法办理结婚登记。按照最高人民法院《关于人民法院审理未办理结婚登记而以夫妻名义同居生活案件的若干意见》第3条的规定，冷某与卢某不属于法律规定的婚姻关系，而是同居关系。冷某与卢某在同居期间签订《离婚协议书》拟解除双方之间的同居关

---

[1] 参见湖南省高级人民法院民事判决书，(2020)湘民再361号。

系，但协议签订后，双方并未解除同居关系，仍在一起共同生活，冷某还曾怀有身孕，双方不符合协议约定中的“离婚后，双方生活互不相干”的真实情况，双方以实际行为否决了《离婚协议书》的效力，故对于双方同居期间取得的财产不能再依照《离婚协议书》进行分割。最高人民法院《关于人民法院审理未办理结婚登记而以夫妻名义同居生活案件的若干意见》第10条规定：“解除非法同居关系时，同居生活期间双方共同所得的收入和购置的财产，按一般共有财产处理。”《物权法》第103条规定：“共有人对共有的不动产或者动产没有约定为按份共有或者共同共有，或者约定不明确的，除共有人具有家庭关系等外，视为按份共有。”第104条规定：“按份共有人对共有的不动产或者动产享有的份额，没有约定或者约定不明确的，按照出资额确定；不能确定出资额的，视为等额享有。”根据上述规定，卢某、冷某在同居期间购置的房屋应该按照一般共有财产处理，所占份额则应按各自对房屋的出资额确定。涉案房屋购买时总价款447708元，首付款89708元，按揭贷款358000元。冷某支付了首付款63070元，剩余首付款26638元和契税等税费4400元由卢某支付，卢某向冷某还贷账户转入68000元，剩余贷款由冷某负责偿还。按照双方出资额计算，卢某对涉案房屋所占份额为22%［（26638元＋4400元＋68000元）÷447708元］，冷某所占份额为78%。冷某诉讼期间书面承诺愿意支付卢某现金25万元以取得案涉房屋完整所有权。法院认为，该承诺系冷某对自身权利的处分，不违反法律规定，且其支付金额高于折价后卢某可获得的房屋份额价值，法院对此予以确认。法院判决冷某支付卢某房屋份额折价款25万元，案涉房屋归冷某所有。

## 典型案例二　李某、鲁某星同居关系子女抚养纠纷案[1]

（一）法院查明的事实

李某与鲁某星于2017年在浙江省象山县××镇打工时相识，后双方同居生活，李某与鲁某星于××××年××月举行婚礼，但未办理结婚登记手续。2019年9月13日，李某与鲁某星的非婚生女鲁某出生于葫芦岛市。女儿出生后，李某与鲁某星一直分居。2019年10月16日，鲁某星通过微信转账给李某抚养费3000

[1] 参见辽宁省鞍山市中级人民法院民事判决书，(2022)辽03民终4095号。

元,2019年10月24日,鲁某星通过微信转账给李某抚养费2000元,2019年11月11日,鲁某星通过微信转账给李某抚养费3000元。李某起诉至人民法院请求判令解除双方同居关系,女儿鲁某归李某抚养,鲁某星每月给付抚养费3000元,自2019年9月13日起给付至鲁某18岁。其中,2019年9月13日起至2022年9月12日期间抚养费共计108000元,李某请求鲁某星一次性给付。一审法院认为,李某与鲁某星同居期间生下女孩鲁某的事实,有李某与鲁某星的当庭自认及出生证明等证据予以证明,一审法院予以确认。女儿出生后李某与鲁某星分居且女儿一直随李某生活,故李某要求解除与鲁某星同居关系、女儿鲁某归李某抚养的诉讼请求,一审法院予以支持。关于李某要求鲁某星每月给付抚养费3000元,自2019年9月13日起给付至鲁某18岁一节,结合李某与鲁某星收入水平及女儿鲁某现阶段生活状况,一审法院酌定抚养费为每月1200元。关于李某要求2019年9月13日起至2022年9月12日期间抚养费共计108000元,鲁某星应一次性给付一节,因鲁某星已给付抚养费8000元,故一审法院支持鲁某星一次性给付2019年9月13日起至2022年9月12日止的抚养费合计35200元(1200元/月×36月-8000元)。鲁某星不服一审判决,上诉请求将子女扶养费改为500元每月。

(二)焦点问题

一审法院判决鲁某星每月支付子女抚养费1200元是否合理?

(三)法院判决

二审法院认为,依据《民法典婚姻家庭编解释(一)》第49条"抚养费的数额,可以根据子女的实际需要、父母双方的负担能力和当地的实际生活水平确定。有固定收入的,抚养费一般可以按其月总收入的百分之二十至三十的比例给付。负担两个以上子女抚养费的,比例可以适当提高,但一般不得超过月总收入的50%。无固定收入的,抚养费的数额可以依据当年总收入或者同行业平均收入,参照上述比例确定。有特殊情况的,可以适当提高或者降低上述比例"的规定,一审法院在没有证据证明鲁某星具有稳定收入的情况下,酌定鲁某星每月支付鲁某抚养费1200元法律依据不足,二审法院予以纠正。因双方当事人提供的现有证据无法证明鲁某星是否具有稳定收入及具体的收入情况,故本案子女抚养费的计算标准应依据2022年辽宁省城镇居民人均可支配收入43051元为宜。依据相关法律规定,因鲁某星抚养两名子女,故每名子女抚养费的数额应为:[(43051元÷12月)×50%]÷2=896元/月。综上,二审法院酌定鲁某星从2022年9月12日起每月支付鲁某抚养费900元至鲁某18周岁时止，此前2019年9月13日至2022年9月12日的抚养费为24400元(900元×36月－8000元)。法院据此形成判决。

## 第十节　亲子关系纠纷

亲子关系纠纷是2020年年底最高人民法院第二次修改《民事案件案由规定》时，在第二级案由“婚姻家庭纠纷”项下新增的第三级案由。亲子关系纠纷下设两个四级案由：确认亲子关系纠纷和否认亲子关系纠纷。处理此类纠纷的主要依据为：《民法典》第1073条、《民法典婚姻家庭编解释(一)》第39～40条等。此类纠纷司法裁判的常见疑难问题为如何适用《民法典》第1073条规定的“正当理由”。

### 典型案例一　卢某1、王某确认亲子关系纠纷案[1]

(一)法院查明的事实

原告卢某1、被告王某于2017年6月确立了恋爱关系，双方间断性同居，后又分手。2018年3月，原告告知被告其已怀孕，于2018年11月22日生育一女卢某2。被告否认与卢某2有亲子关系，并拒绝支付抚养费。原告起诉至法院，请求确认卢某2与被告存在亲子关系。法院在审理过程中，原告申请对卢某2与被告是否存在亲生父女关系进行司法鉴定。法院委托大连血液中心司法鉴定所对卢某2与被告是否存在亲生父女关系进行司法鉴定，鉴定意见为：在排除同卵多胎、近亲等情况下，认可王某和卢某1是卢某2的生物学父母。

(二)焦点问题

《民法典》规定父或者母以及成年子女有权请求确认亲子关系，未成年人卢某2是否有权请求确认亲子关系？

---

〔1〕 参见大连市金州区人民法院民事判决书，(2021)辽0213民初4391号。

（三）法院判决

法院认为，父或者母以及成年子女起诉请求确认亲子关系，并提供必要证据予以证明的，人民法院可以认定确认亲子关系一方的主张成立。原告作为卢某2的母亲，请求确认卢某2与被告存在亲子关系，并向法院提供了出生医学证明及司法鉴定意见书等相关证据，足以证明被告是卢某2的生物学父亲，被告未向法院提供足以推翻原告主张的证据，法院认定原告的卢某2与被告存在亲子关系之主张成立，判决确认卢某2（身份证号2102112018××××××××）与被告王某（身份证号2102131987××××××××）之间存在亲子关系，被告王某是卢某2的生物学父亲。

## 典型案例二　李某否认亲子关系纠纷案[1]

（一）法院查明的事实

李某与李小某之母王某于2003年登记结婚，2007年10月4日，生一女，即本案李小某。2013年6月8日，李某与王某经法院调解离婚。案件审理过程中，李某否认其与李小某存在亲子关系，李某向法院提交了华医大DNA鉴定意见书，鉴定结论为："依据现有资料和DNA分析结果，排除李某为李小某的生物学父亲。"该鉴定系李某在诉前单方委托，鉴定的样本系李某自行采集的其所称为李小某咀嚼过的口香糖并由李某送至鉴定机构。李某向法院提交了一份北京市可持续发展促进会出具的工作情况证明，该证明载明："兹证明：2005年10月至2015年12月李某是我单位员工，其在2006年12月4日至2007年2月2日受我单位委派，前往河北省唐山市常驻出差。特此证明。"李某以此证明李小某并非其亲生女儿。另外，李某向法院提交了一份其在起诉后委托北京旌正科技有限公司出具的咨询报告，报告结论为："依据现有资料和DNA分析结果，排除李某是'李小某'的生物学父亲。"李某称其在李小某放学时采集李小某的毛发并送至北京旌正科技有限公司，后该公司出具了上述报告。庭审中，李小某对上述鉴定意见书、证明以及咨询报告的真实性、合法性、关联性均不予认可。庭审过程中，李某申请与李小某进行亲子关系鉴定，李小某表示拒绝。

[1]　参见北京市第三中级人民法院民事判决书，（2021）京03民终16579号。

(二)焦点问题

未成年子女拒绝鉴定,是否须承担不利后果?

(三)法院判决

亲子关系的确认和否认,对于子女来说,不仅涉及一系列权利义务的产生、消灭,更是人身关系的重大转变,直接影响家庭和社会的稳定,法院在审查此类案件证据时,应当严格依据证据规则对当事人提交的证据进行审核和认定。现李某主张其与李小某并无亲子关系,应当提供充分证据予以证明。关于李某提出的王某受孕期间李某一直在外地出差,无受孕机会的主张,经查,自2007年李小某出生后李某并未就其与李小某的亲子关系提出过异议,在2013年法院调解离婚的调解书中李某对李小某婚生女的身份是认可的,并就其抚养问题与王某作出约定。从上述事实来看,李某主要是在双方离婚后对孩子与其的亲子关系产生质疑,现其主张2007年常驻外地出差没有受孕机会,与其此前对李小某的态度显然矛盾,其以此作为理由否认双方之间的亲子关系,缺乏事实依据。关于李某提交的鉴定材料,均是其自行委托,检材来源、送检环节等缺乏合法的程序保障,亦无其他有力证据予以佐证,法院不予采信。关于李某提出亲子鉴定申请,在庭审中,经法院询问,王某主张李小某目前处于叛逆期,不愿意做亲子鉴定。法院认为,亲子鉴定在采集检材时需要当事人配合,如一方不配合,不宜强制进行鉴定,且根据未成年人利益最大化原则,考虑到李小某目前的成长状况,法院对李某的亲子鉴定申请不予准许。故李某在无必要证据的情况下,要求否认其与王某在婚姻关系存续期间所生之女,即李小某与其不存在亲子关系的诉讼请求,没有事实和法律依据,法院不予支持。一审法院判决驳回李某的诉讼请求。

## 第十一节　抚 养 纠 纷

抚养纠纷是指当事人在长辈亲属对晚辈亲属是否负有抚养义务,以及抚养顺位、比例等问题上发生的纠纷,抚养纠纷下设两个四级案由:抚养费纠纷和变更抚养关系纠纷。处理此类纠纷的主要依据包括:《民法典》第26条、第37条、第1058条、第1067条、第1071~1072条、第1074条、第1084~1085条等,《民法典婚姻家庭编解释(一)》第41～61条等。此类纠纷司法裁判的常见疑难问题为如何合理确定扶养费的数额,以及如何把握变更抚养关系的法定条件。

## 典型案例一　李某、李某1抚养费纠纷案[1]

(一)法院查明的事实

李某1系李某的婚生子,于2018年4月12日出生。李某与官某于2020年8月12日协议离婚,约定婚生子李某1由官某抚养,李某每月支付抚养费2000元,每年1月1日前支付12000元,6月30日前支付12000元,教育费双方各承担50%。因李某拖欠扶养费,李某1向一审法院起诉请求判令李某支付拖欠抚养费18000元(2021年11月至2022年7月共9个月,按每月2000元计算)、教育费3750元,合计21750元;判令李某自2022年8月起按月向李某1支付抚养费2000元至李某1年满18周岁。李某称李某1自父母离婚后一直随其母在抚松县露水河镇生活,当地经济水平较低,生活支出相对较低且自己当前欠付巨额网贷、信用卡及房贷,还要支付房租,负担能力有限,确实无法按照2000元/月的标准支付抚养费,要求按照1000元/月标准予以调整。另查明,李某自2022年6月起至延吉市酒舟酒类专销中心从事销售工作,月平均工资4092元/月。官某自2020年10月9日起至公主岭市荣超实验中学任教师,月平均工资2637.31元/月。

(二)焦点问题

抚养义务人称当前经济现状窘迫,要求减少离婚协议里约定的抚养费,能否予以支持?

(三)法院判决

一审法院认为,父母与子女间的关系,不因父母离婚而消除。离婚后,父母对于子女仍有抚养的义务,不直接抚养子女的一方应当承担部分抚养费。李某与官某离婚协议约定,李某每月支付李某1抚养费2000元。李某对于其自2021年11月起未支付李某1抚养费的事实予以认可,故李某未如期支付的抚养费共计24000元(2021年11月至2022年10月),扣除李某于2022年9月支付的2000元,剩余未支付22000元,李某予以确认。关于李某1主张的教育费3750元。首

[1] 参见吉林省长春市中级人民法院民事判决书,(2023)吉01民终757号。

先,李某1举证的收款收据非正规票据,收费名称及金额均系手写体,且李某1未能举证证明已经实际支出该笔费用。其次,父母对子女的抚养费应当包括生活费、教育费及医疗费等。故对于李某1主张的教育费3750元,法院不予支持。李某与宫某离婚时约定抚养费为2000元/月,综合考虑李某1今后学习、生活需要及本地经济水平等因素,李某1对抚养费的需求没有明显变化,故关于李某对抚养费月标准予以调整的主张,法院不予采纳,并据此形成判决。

## 典型案例二　梁某、郭某变更抚养关系纠纷案〔1〕

(一)法院查明的事实

原告梁某、被告郭某于2021年7月16日在民政部门协议离婚,协议约定:婚生子梁某豪于2020年3月25日出生,归女方抚养,男方每月支付抚养费500元,直至孩子年满18周岁,男方可每月行使4次探望权,女方有义务配合。梁某向法院起诉,请求判令婚生子梁某豪由其抚养,抚养费由其负担。原告向法庭陈述理由是:郭某没有经济收入,没法给孩子更好的物质生活,郭某的父母也无法帮助其带孩子;郭某脾气暴躁,在婚姻存续期间就多次与其发生争吵,并对其殴打,也曾经多次殴打孩子。原告有固定的职业和稳定的收入,原告父母也有时间帮助照看,原告在市区拥有属于自己的房产。被告不同意变更抚养关系。

(二)焦点问题

梁某关于变更子女抚养关系的诉讼请求应否予以支持?

(三)法院判决

法院认为:梁某豪出生于2020年3月25日,至案件审理时尚不足3岁,随母亲生活对其成长更为方便;在双方当事人于2021年7月16日协议离婚后,梁某豪一直由其母亲郭某抚养,继续维持稳定的生活习惯对其健康成长更为有利;双方当事人在离婚协议中对孩子抚养问题进行约定,至案件审理时仅有一年半时间,而梁某也未提供梁某豪继续随郭某生活会对健康成长不利的相关证据。鉴于此,法院判决对于梁某的诉讼请求不予支持。

---

〔1〕参见山东省淄博市中级人民法院民事判决书,(2022)鲁03民终4427号。

## 典型案例三 李某诉朱某甲变更抚养关系纠纷案[1]

（一）法院查明的事实

朱某甲与李某协议离婚，双方同城居住，约定未成年儿子朱某乙由朱某甲抚养，李某每月给付抚养费，每周末接走探望并送回，时间有变动另行商定。2020年年初，朱某甲因工作调动在未征得李某同意的情况下携朱某乙迁居至外埠生活，双方就孩子抚养问题产生争议。李某担心环境变化、两地分隔导致自己无法及时探望陪伴朱某乙，向人民法院起诉请求判决变更抚养关系。

（二）焦点问题

直接抚养子女的一方携带子女迁居外地生活，另一方请求变更子女抚养关系，是否应予支持？

（三）法院判决

审理法院认为，朱某乙已年满8周岁，依照《民法典》第1084条的规定，审理法院征询了朱某乙意见，其明确表示愿同朱某甲在外埠生活。考虑到孩子在父母离婚后的抚养争议中将再度面临亲情的割裂，带来新的情感和心理创伤，在充分了解当事人情感需求及孩子心理状态基础上，审理法院坚持柔性司法，通过诚挚沟通，科学规划，最终促成双方达成最有利于未成年人的协商意见。该意见明确：双方分段利用时间、异地共同抚养，双方共尽义务，共担探视成本、抚养费用。本案“一揽子”解决异地抚养等一系列问题，法官还寄语孩子努力奋进、自强不息。婚姻破裂，受伤害最大的通常是未成年子女。父母争夺抚养权的“战争”则可能再次将未成年子女拖入“斗争泥潭”，不利于其身心健康。本案以调解实现对未成年子女的最优保护，以柔性司法巧妙化解离异夫妻对孩子的异地抚养之争，为当前人口跨地域迁徙流动增多情况下解决离异夫妻异地抚养未成年子女问题探索出成功范例。通过异地共同抚养创新方案化解纠纷，让孩子在父母双方关爱和教育下健康成长，从而得到双重关爱和全面监护，有利于促进家庭和谐和社会稳定，有利于实现未成年人利益最大化的目标，有利于弘扬和谐、文明、法治的社会主义核心价值观。

---

[1] 参见《第三批人民法院大力弘扬社会主义核心价值观典型民事案例》案例六，载最高人民法院官网2023年3月1日，https://www.court.gov.cn/zixun-xiangqing-390531.html。

## 第十二节　扶养纠纷

扶养[1]纠纷是指当事人因同辈亲属之间特别是夫妻之间是否存在扶养义务,以及扶养顺位、比例等问题发生的纠纷,扶养纠纷下设两个四级案由:(1)扶养费纠纷;(2)变更扶养关系纠纷。处理此类纠纷的主要依据包括:《民法典》第1059条、第1075条等。此类纠纷司法裁判的常见疑难问题为:夫妻之间的扶养与夫妻对共同财产的平等处理权的关系。

### 典型案例一　梁某1与邱某1扶养费纠纷案[2]

(一)法院查明的事实

梁某1与邱某1于1987年12月5日登记结婚。婚后生有一子邱某2,现已成年且结婚生子,与梁某1、邱某1共同生活。梁某1、邱某1在共同生活中,因家庭琐事等产生矛盾,梁某1曾于2019年向法院起诉要求与邱某1离婚,后梁某1撤诉。梁某1每月有退休收入1000元;邱某1务农,承包土地种植桃树。梁某1于2018年7月21日因脑梗塞生病住院,出院后因身体不便身患残疾,无法从事承包地的体力劳动,称每月药费300余元。梁某1以邱某1不给付生活费、药费为由,向法院提出诉讼,请求判令邱某1自2022年5月起每月给付梁某1扶养费(含医疗费及生活费)2000元;如梁某1因大病住院,请求判令邱某1负担梁某1因大病住院的医疗费、护理费。邱某1主张自己没有稳定的收入,基本上就靠种桃树赚点钱,地里没有活的时候,打点小零工赚点钱,基本上也就够一家人的生活开支,没有能力给梁某1扶养费。

---

〔1〕“扶养”一词有广义和狭义的理解,广义的扶养包括长辈亲属对晚辈亲属的抚养,同辈亲属之间的扶养和晚辈亲属对长辈亲属的赡养,狭义的扶养仅指同辈亲属的扶养。此处的扶养为狭义的扶养。

〔2〕参见北京市第三中级人民法院民事判决书,(2022)京03民终12738号。

（二）焦点问题

夫妻之间扶养义务的履行是不是无条件的？

（三）法院判决

法院认为，夫妻之间有相互扶养的义务，但夫妻之间的扶养是有条件的，它以一方有能力扶养，另一方需要扶养为限，还应结合双方的实际条件和负担能力进行考量。结合案件事实，邱某1无稳定收入，且家里的生活开支基本上均由邱某1负担。根据案件查明的情况和在案证据，邱某1并不具有给付梁某1扶养费的能力。双方有一成年子女，梁某1可以通过其他法律途径主张自己的权利。故梁某1要求邱某1支付扶养费的诉讼请求，法院不予支持。

## 典型案例二 施某与钱某1等扶养费纠纷案[1]

（一）法院查明的事实

两被告钱某1、钱某3与原告施某系同母异父的兄弟、姐弟关系。被告钱某1系原告哥哥，被告钱某3系原告姐姐。2021年9月，原告书写《协议内容》一份，主要内容为：(1)施某1(原告父亲)在世时因原告撬窃、纵火等赔付损失及施某1病故丧葬等费用，均由钱某1支付，施某放弃平阳房屋的权益，钱某1追讨施某应承担以上费用的权益同时也放弃；(2)因施某领取病假工资，钱某1、钱某3每月帮助补贴500元，两人共1000元；(3)施某无理由不得探扰钱某1、钱某3；(4)施某进住养老院相关事宜：由于未满60周岁，无法享受国家有关政策的补贴，故待施某年满60周岁，正式退休后，安排住院事宜。养老院相关费用备注：养老费用3900元、护理费500元、外区户籍增加1200元，钱某1、钱某3每人各支付500元。其中(2)(4)两种方案由施某任选。落款处仅有施某签字。诉讼中，原告陈述其选择了方案(2)。诉讼中，两被告一致确认，《协议内容》书写之后，两被告一直向原告支付每月500元补助，直至2022年7月。两被告自述，现钱某1退休工资每月约4200元，被告钱某3退休工资每月约4600元。庭审中，被告钱某1表示，之前支付款项时因为可怜原告，现自己年事已高，也生病住院，无力再支付款项。

---

〔1〕 参见上海市闵行区人民法院民事判决书，(2022)沪0112民初38364号。

(二)焦点问题

没有法定扶养义务的兄弟姐妹间约定扶养的效力?

(三)法院判决

法院认为,有负担能力的兄、姐,对于父母已经死亡或者父母无力抚养的未成年弟、妹,有扶养的义务。由兄、姐扶养长大的有负担能力的弟、妹,对于缺乏劳动能力又缺乏生活来源的兄、姐,有扶养的义务。本案中,两被告与原告系兄弟、姐弟关系,原告有病假工资,双方之间并不符合上述法律规定的具有抚养或扶养义务的情形,原告提供的《协议内容》亦未有两被告签字确认,故原告以此要求两被告履行扶养义务,无事实和法律依据,法院难以支持。

关于本案焦点问题,二被告已经在协议上签字并实际履行,但因缺乏法定义务和需要扶养的基本事实,二被告单方受损,原告单纯收益的法律关系只可按照赠与合同处理。在二被告不再愿意支付时,应驳回原告的诉讼请求。

## 第十三节　赡养纠纷

赡养纠纷是指当事人因晚辈亲属对长辈亲属是否负有赡养义务,以及赡养顺位、比例等问题发生的纠纷,赡养纠纷下设两个四级案由:(1)赡养费纠纷;(2)变更赡养关系纠纷。处理此类纠纷的主要依据包括:《民法典》第26条、第1067条、第1069条、第1074条等,《老年人权益保障法》。此类纠纷司法裁判的常见疑难问题为履行赡养义务的具体形式,以及赡养协议的效力问题。

### 典型案例一　李某1、李某2等与李某4、李某5赡养费纠纷案[1]

(一)法院查明的事实

原告李某4有4名子女,分别为长女李某2、长子李某1、次女李某3、三女李某5。被告均达到退休年龄,享受养老保险待遇。被告李某1自认每月实领养老金

〔1〕 参见辽宁省大连市中级人民法院民事判决书,(2023)辽02民终1811号。

4800余元，被告李某2自认每月实领养老金2800元，被告李某3自认每月实领养老金3200余元，被告李某5自认每月实领养老金3120元。另查，原告李某4目前每月享受养老保险待遇3486.48元，高龄补贴款每月200元；医疗保险费每月约200元，慢病补助款每年3500元。再查，原告李某4目前居住在被告李某5家，原告每月支付3000元雇用一名住家保姆照顾其日常生活起居。原告李某4每月常规医药费支出1000余元。李某4向法院起诉，请求判令四被告向原告履行赡养义务，每个子女每月支付1000元赡养费，要求永久性居住在被告李某5家，日常由被告李某5照顾。

（二）焦点问题

被告李某1、李某2、李某3表示，自己可以照顾老人，请老人来自己家里住，但不同意出钱雇请保姆。老人的养老意愿和义务人主张的养老方式不一致应如何处理？

（三）法院判决

法院认为，孝敬老人是中华民族的传统美德，也是社会主义核心价值观的要求。原告是94岁的高龄老人，生活上和精神上都需要得到儿女们更好的照料和慰藉。原告的精神状态正常，能正确表达自己的养老意愿，明确要求在被告李某5家安度晚年，被告李某5亦愿意接受原告在其家中居住，其他被告应尊重原告的选择，让原告按自己的心愿选择居住场所。原告主张在被告李某5家居住的要求法院予以支持。

虽然原告每月有稳定的养老金收入，但并不因此排除被告对原告的赡养、扶助和保护义务。《民法典》第26条第2款规定，成年子女对父母负有赡养、扶助和保护的义务。《老年人权益保障法》第14条第1款规定，赡养人应当履行对老年人经济上供养、生活上照料和精神上慰藉的义务，照顾老年人的特殊需要。由此可见，赡养老人是法定义务，该义务不因被赡养人财产、收入和身体状况而被免除。原告有养老金收入，其子女的经济负担只是相应可以减轻一些，并非不再承担相应的扶助义务。原告是90多岁高龄老人，自己有意愿雇用保姆专门照顾其生活起居，解决日常生活中存在的诸多不便，雇用专人照顾原告的生活可以有效保证原告的生活需求，提升生活质量，是合情合理的养老方式，未超越常规的养老消费范畴。被告作为原告的子女，应承担赡养扶助原告的义务。法院以被赡养人即原告的实际需要为核心，结合原告实际收入，原告所需伙食费、营养费、医药费、保姆劳务费等必要生活支出，综合本案被告作为赡养人的负担能力和原告居住地的实际生活水平等因素衡量，认为本案四名被告应向原告给付一定数额的赡养费作为原告养老所需费用的补充。原告要求被告每月支付赡养费，是原告的实际生活需求，亦于法有据，法院予以支持。但原告主张每月每个子女负担1000元的赡养费，数额过高，法院酌定四名被告每月分别向原告支付赡养费300元。

被告作为原告的儿女，不仅要在经济上保障原告的需求，积极履行经济上赡养原告的义务，也要令原告在精神上获得满足。被告要经常与原告聊天交流，注意和高龄老人相处的方式和交谈的语气，不要指责、埋怨、呵斥。被告作为原告的儿女，应遵从朴素的伦理道德，做到尊重老人、关爱老人，让老人尽享天伦之乐，幸福地安度晚年。

## 典型案例二　胡某与周某玉、周某发、周某友变更赡养关系纠纷案[1]

（一）法院查明的事实

胡某与周某婚后共生育3个子女，长女周某玉、长子周某发、次子周某友，均已成年。2020年8月18日，各方签订了《分家协议》，协议第1条规定："父母赡养：周某、胡某夫妇跟次子周某友住，一切赡养、照顾、生养死葬归次子周某友负责，长子周某发协助照顾。"协议签订后，各方按照协议履行。周某于2021年4月13日病故后，胡某认为在与周某友共同居住过程中，经常吵架，在周某友家已不能居住下去了，2021年5月，胡某不愿意继续在周某友家生活，搬到周某发家居住，为此胡某向法院提起诉讼，请求判令各方于2020年8月18日签订的《分家协议》中第1条，父母赡养：周某、胡某夫妇跟次子周某友住，一切赡养、照顾、生养死葬归次子周某友负责，长子周某发协助照顾，变更为母亲胡某跟长子周某发住，一切赡养、照顾、生养死葬归长子周某发负责，长女周某玉、次子周某友协助照顾。周某玉、周某发对胡某的请求均表示同意。周某友坚持要求按照《分家协议》来履行各自的义务。

（二）焦点问题

老人请求变更《分家协议》中的赡养条款，子女不同意的，应如何处理？

（三）法院判决

法院认为，赡养父母是中华民族传统美德，百善孝为先，子女对父母有赡养的

---

〔1〕参见云南省砚山县人民法院民事判决书，（2022）云2622民初201号。

义务,子女应当履行对父母在生活上的照料和在精神上的慰藉义务。胡某系高龄老人,无劳动能力,无法独立生活,需要有人照顾。本案胡某认为在其老伴病故后,在其与周某友共同居住生活期间,经常发生吵架等不愉快的事情,使其晚年生活很郁闷,精神上得不到慰藉,故请求变更与周某发共同居住生活,对此周某发也表示同意,是双方的真实意思表示,且胡某请求变更《分家协议》中关于"父母赡养"部分的内容,并未涉及《分家协议》的其他内容,对胡某的诉讼请求,法院予以支持,但周某玉、周某友仍有协助照顾的义务。

## 第十四节 收养关系纠纷

收养关系纠纷是指当事人因收养关系是否存在以及解除收养关系发生的诉讼纠纷,收养关系纠纷下设两个四级案由:(1)确认收养关系纠纷;(2)解除收养关系纠纷。处理此类纠纷的主要依据包括:《民法典》第五编第五章,《中国公民收养子女登记办法》《收养评估办法(试行)》等。此类纠纷司法裁判的常见疑难问题为收养行为是否有效以及解除收养关系的法律后果。

### 典型案例一 刘某与黎某确认收养关系纠纷案[1]

(一)法院查明的事实

2020年2月14日,对于刘某起诉傅某1、傅某2侵权责任纠纷一案,一审法院追加黎某为第三人参加诉讼。2021年8月13日,一审法院作出(2020)京0106民初7272号民事判决书,该判决认定刘某与叶某、黎某之间形成了事实上的养父母子女关系,从而认定刘某在该案中具备主体资格。一审判决认定,"刘某主张其于1973年即与叶某、黎某形成了收养关系,考虑到当时我国法律并未对收养行为有明确规定,从刘某提交的户籍档案信息、人事档案信息及证人证言等举证情况综合判断,因叶某、黎某夫妇无子嗣,刘某于1973年从叶某的妹妹叶某某家过继给

[1] 参见北京市丰台区人民法院民事判决书,(2022)京0106民初3559号。

叶某、黎某,双方于同年办理了相应的户籍变更登记,刘某便开始与叶某、黎某长期共同生活,在相处的过程中实际履行了父母子女之间的抚养、照顾、教育等权利义务,且得到了周边亲属、同事、朋友的普遍认可,故法院认定刘某与叶某、黎某之间形成了事实上的养父母子女关系。虽傅某1、傅某2提交1998年变更后的户籍登记信息予以反驳,认为双方之间并未形成养父母子女关系或者养父母子女关系在该时间已经根据叶某、黎某的意愿予以解除,但此户籍登记信息在没有其他证据相佐证的情况下不足以构成对上述养父母子女关系事实认定的推翻,故法院对傅某1、傅某2有关刘某非叶某养女、非适格原告的答辩意见不予采纳"。该案判决后,原审被告傅某1、傅某2提出上诉。北京市第二中级人民法院出具(2021)京02民终14109号民事判决书,经询,傅某1、傅某2称1996年前刘某与叶某、黎某是法律上的养父母子女关系,1996年后刘某不是叶某、黎某的养女。二审法院查明的事实与一审法院查明的事实无异。二审法院认为一审法院在侵权责任纠纷案件中一并解决确认收养关系不妥,刘某可另行主张。刘某到原一审法院起诉,要求确认其与黎某之间的收养关系,请求确认其为黎某与叶某的养女。在案件审理中,刘某表示本案中提交的证据与(2020)京0106民初7272号案件提交的证据完全一致。

(二)焦点问题

户口信息变更能否作为解除收养关系的依据?

(三)法院判决

法院认为,依据现有证据可以认定刘某与叶某、黎某形成了事实上的养父母子女关系,户籍登记信息在没有其他证据相佐证的情况下不足以构成对上述养父母子女关系事实认定的推翻,且无新证据证明双方之间的收养关系已经解除,故对刘某的诉讼请求,法院予以支持。

## 典型案例二　蒋某花、蒋某高解除收养关系纠纷案[1]

(一)法院查明的事实

原告蒋某花与丈夫徐某(已故)于1985年前后收养了被告蒋某高。徐某于

---

〔1〕参见江苏省淮安市淮安区人民法院民事判决书,(2022)苏0803民初2215号。

2022 年 2 月去世。原告蒋某花与被告蒋某高收养关系存续期间,双方关系不和,双方之间的经济、拆迁问题均由村干部介入才得以解决,原告蒋某花与被告蒋某高的妻子及儿媳亦关系恶劣。原告未与被告蒋某高共同生活有 10 多年,也未与被告蒋某高的儿子共同居住生活。2022 年 3 月 17 日,原告以收养关系名存实亡为由起诉要求解除与被告蒋某高的收养关系。被告蒋某高认为自己已经尽到赡养义务,不同意解除收养关系。

(二)焦点问题

判决解除收养关系的条件是什么?

(三)法院判决

法院认为,养父母与成年养子女关系恶化、无法共同生活的,可以协议解除收养关系。不能达成协议的,可以向人民法院提起诉讼。本案中,被告作为被收养人,现已成年,与原告关系不睦,已分开居住生活 10 多年,沟通不畅。原告与被告妻子及儿媳也关系不和,未共同生活,应认定原、被告关系恶化,无法共同生活。被告不同意解除收养关系,原告向法院诉求解除收养关系,符合法律规定,法院予以支持。

## 第十五节 监护权纠纷

监护权纠纷是指当事人因行使监护权引发的纠纷。应注意监护权特别程序案件另有案由:申请确定监护人、申请指定监护人、申请变更监护人、申请撤销监护人资格、申请恢复监护人资格。处理此类纠纷的主要依据包括:《民法典》第 30 条、第 34 条、第 35 条等。

### 典型案例一 武某甲与王某甲、郑某某监护权纠纷案[1]

(一)法院查明的事实

原告武某甲与二被告之女王某乙系夫妻关系,原告与王某乙于 2019 年 9 月

〔1〕 参见陕西省汉中市中级人民法院民事判决书,(2022)陕 07 民终 2049 号。

25日生育一子,取名武某乙。原告在宁强县法院工作,王某乙在勉县住建局工作。武某乙出生后,王某乙带孩子在宁强县二被告家中生活半年时间,产假期满后王某乙回勉县上班,由原告武某甲母亲帮忙照顾孩子,其间王某乙及二被告与原告及原告的母亲因孩子的照顾问题、孩子对二被告称谓等家庭琐事产生矛盾,后王某乙将武某乙带回宁强县,委托二被告在王某乙上班期间对武某乙进行照顾。2021年2月及2021年10月原告武某甲发朋友圈及微信消息指责二被告及王某乙,致使双方矛盾激化。2021年4月7日,王某乙向宁强县人民法院提起离婚诉讼,汉中市中级人民法院指定南郑区人民法院管辖,南郑区人民法院于2021年11月4日作出(2021)陕0703民初3256号民事判决书判决驳回王某乙的离婚诉讼请求。原告在收到上述判决书后于2021年11月10日、2021年11月11日分别给被告王某甲、郑某某发短信并打电话要求将武某乙交还,二被告均未回复短信及接电话。2021年11月18日,原告在武某乙放学的托育园门口打算带走武某乙遭到二被告阻止后,原、被告双方发生争执,经警察接处警后双方争执才得以平息。2021年11月19日、11月25日原告两次去早教班看望武某乙,皆因武某乙请假未见到。2021年12月6日,原告向宁强县××委举报控告被告王某甲和郑某某践踏公序良俗、破坏儿女婚姻、抢夺监护人,对原告的举报宁强县××委并未作出相关处理结果。另查明,二被告照顾武某乙居住在宁强县城,武某乙在宁强县××园就读。武某乙就读期间上下学大多数为被告王某甲、郑某某接送,王某乙偶尔接送,原、被告发生矛盾后,原告曾到托育园看望过武某乙几次,二被告并未让老师进行阻止,仅告知老师如果原告武某甲要将孩子带走,需要告知二被告。原告认为二被告侵犯其监护权,遂向法院提起诉讼。

(二)焦点问题

二被告的行为是否侵犯原告的监护权?

(三)法院判决

法院认为,《民法典》第27条第1款规定:"父母是未成年子女的监护人。"本案中原告武某甲与二被告之女王某乙作为未成年人武某乙的父母,均是其监护人。现武某甲与王某乙尚未离婚,对武某乙均有监护的职责。原告武某甲与王某乙均在国家机关事业单位工作,工作时间稳定,且都为异地工作,双方行使监护权的能力及客观条件相当。王某乙委托其父母帮助自己照顾武某乙并不违反法律规定,也是当今较为常见的一种社会现象。从庭审查明的事实来看,被告王某甲、郑某某带着武某乙生活在原告的工作地,原告掌握武某乙的生活情况,且二被告并未阻止原告看望孩子,二被告照顾孩子是帮助王某乙,并未侵犯原告的监护权,原告诉称二被告藏匿孩子无事实依据。故原告提出的要求二被告停止侵犯原告的监护权并给原告交回孩子的诉讼主张没有事实依据,法院不予支持。本案原告武某甲与王某乙属于因婚姻关系恶化长期分居的情形,双方对未成年子女应随哪一方生活产生争议,根据有利于未成年子女健康成长的原则,武某乙的监护问题维持现状为宜,若武某甲与王某乙夫妻关系未能缓和,关于武某乙由谁直接监护的问题,可在处理离婚纠纷时一并解决。关于原告武某甲向法院提出的亲子鉴定申请,《民法典》第1073条规定:"对亲子关系有异议且有正当理由的,父或者母可以向人民法院提起诉讼,请求确认或者否认亲子关系。"原告武某甲仅以自己怀疑为由申请亲子鉴定,其理由不正当,不予准许。综上,法院判决:驳回原告武某甲的诉讼请求。

## 典型案例二　杜某与孙某监护权纠纷案[1]

(一)法院查明的事实

杜某系马某2之母,孙某系马某2之女。2021年,孙某以申请认定马某2为限制民事行为能力人并为其指定监护人为由诉至法院,杜某作为马某2代理人参与该案诉讼,法院于2021年6月15日作出(2021)京0108民特104号民事判决书,判决:马某2为限制民事行为能力人;指定孙某和杜某为马某2的监护人。该判决已生效。

2021年2月21日,孙某与北京市老年公寓(以下简称公寓)签订《养老机构服务合同》,约定马某2在北京市1号院接受养老服务,服务费为每月7280元,包括床位费2880元每月,护理费3600元每月,餐费800元每月,其他收费项目包括:能源费120元每月,供暖费300元每月(冬季),配药费100元每月,药盒20元每月。经询问,双方认可马某2在公寓的费用系孙某支出。

杜某表示中国人民解放军总医院第六医学中心于2021年1月8日对马某2出具门诊病历及诊断证明书,诊断结论为胶质瘤术,处理意见为3个月后复查头颅增强MRI,但公寓一直拒绝杜某将马某2接出,故其主张将马某2从公寓接出给予检查治疗。孙某对门诊病历及诊断证明书真实性认可,但不同意杜某主张。

---

[1] 参见北京市第一中级人民法院民事判决书,(2022)京01民终2300号。

孙某在庭审中表示马某2系其送去公寓的，故公寓需经过其同意才能将马某2接出，现其按照医嘱对马某2进行保守治疗，考虑多次核磁对马某2身体的损害及马某2身体情况尚未出现恶化，故此前未按照医嘱上的3个月时间将马某2带去复查，其目前已经联系好医院准备进行复查。

杜某另表示自孙某将马某2送入公寓后，马某2在公寓内未得到良好照顾，身体、精神状况逐渐变差，且被限制活动，其提交马某2被送公寓前的照片及现在的照片、视频为证。杜某主张应给马某2更换养老处所，理由有二：第一，杜某现于北京市西城区居住，距离公寓太远，不方便探视，孙某拒绝更换养老处所系妨碍其行使监护权；第二，公寓的护工1人护理8～9人，护理不到位，马某2病情不断恶化，而且被绑在床上，故应更换一个护理条件更好的养老院。孙某对照片、视频真实性认可，但对证明目的不予认可，孙某称照片属于某一特定时间的图像记录形式，马某2在照片中的形象不能证明其病情，判断马某2的病情应该根据医院诊断，且杜某故意选择马某2衣着不整的现状照片与此前穿戴整齐的照片进行对比，亦无法反映马某2的真实情况。关于杜某主张更换养老处所，孙某表示不同意，其称选择的公寓是一个规模较大、功能齐全的养老院，公寓在其爱人贾某工作单位附近，方便照顾，且离马某2做脑胶质瘤手术的天坛医院较近，方便紧急救治。孙某另表示公寓资质、环境、服务、医疗等各方面条件较好，符合最有利于被监护人原则，并提交北京市民政局关于发布2019年度北京市星级养老机构名单的公告，公寓环境照片，公寓医务室医疗执业机构许可证、食品经营许可证，公寓生活照料服务记录表3张及护工照顾老人生活的照片为证。杜某表示认可公寓经营资质，但马某2在其中病情一直恶化，需要获得更好的陪护，且公寓距离自己住所较远，不方便自己履行监护职责。

（二）焦点问题

杜某诉请孙某接出马某2进行检查治疗、更换养老处所能否得到支持？

（三）法院判决

法院认为，监护人应当按照最有利于被监护人的原则履行监护职责。成年人的监护人履行监护职责，应当最大限度地尊重被监护人的真实意愿，保障并协助被监护人实施与其智力、精神健康状况相适应的民事法律行为。根据查明的事实，孙某与杜某共同被指定为马某2的监护人，二人均应依法履行监护职责。现杜某作为监护人之一，诉请另一监护人孙某接出马某2进行检查治疗、更换养老处所，但未请求撤销孙某的监护资格，故本案实质问题为监护人之间就监护职责的妥当履行发生矛盾。

监护人的职责是代理被监护人实施民事法律行为，保护被监护人的人身权利、财产权利以及其他合法权益等。本案中，作为马某2的监护人，杜某已年近90岁，孙某尚年富力强。自然，孙某需承担更多甚至绝大部分的监护职责。孙某依据自己对于相关养老机构的调研，结合马某2的身体、精神状况以及自身负担能力，确定的一家有经营资质的养老服务机构并无不当。关于杜某主张马某2在公寓未能得到妥善照顾：一方面，关于该机构是否妥当履行服务承诺等问题，杜某、孙某可与养老机构协商解决，与本案并非同一法律关系；另一方面，杜某诉请更换至离其住所近的养老机构，情理上法院可理解，但其诉请不明、未明确具体机构，亦无法比较是否更有利于被监护人的合法权益，法院无法支持。其诉请接出马某2进行检查治疗的依据为马某2于2021年1月8日在中国人民解放军总医院第六医学中心门诊治疗的病历及诊断证明书。法院认为，孙某作为监护人应当依照相关诊疗说明妥当履行对于马某2的监护职责，保护其身心健康，但孙某亦有权按照最有利于被监护人的原则，灵活安排就医、检查等事宜。综上所述，法院对于杜某的诉讼请求不予支持。

法院特别说明：首先，杜某在庭审中向法院陈述一些情况、提供一些材料显示马某2确有身体、精神状态欠佳状况，应当引起孙某的重视，并予妥善解决。其次，双方作为马某2的监护人，应加强彼此沟通与信任，本着相互尊重、理解的态度，协商解决处理马某2的监护事宜，充分履行监护职责，最大限度维护被监护人的合法权益。

## 第十六节　探望权纠纷

探望权纠纷是指当事人就探望权的享有、行使、中止及恢复等发生的纠纷，最常见的探望权纠纷是要求明确探望权行使的具体时间、方式的纠纷。处理此类纠纷的主要依据包括：《民法典》第1086条、《民法典婚姻家庭编解释(一)》第65～68条。此类纠纷司法裁判的常见疑难问题为父母之外的其他近亲属主张探望权的应如何处理。

## 典型案例一　曹某、孙某探望权纠纷案[1]

(一)法院查明的事实

2019年6月10日孙某与曹某协议离婚。双方就子女抚养约定如下:婚生子曹某某(××××年××月××日出生),归男方(曹某)抚养,暂时由女方(孙某)带,在带期间男方每月付抚养费3000元,付到2020年2月19日孩子被接走为止。在2020年2月19日前,孩子医疗支出由男女双方各承担一半。现曹某某已随曹某在杭州市定居生活。

孙某向一审法院起诉请求:(1)依法判令被告按约协助原告行使探望权,每月探望时间为1周,每月的第1周周六上午10点原告至被告处接曹某某回原告处,次周周日上午10点将曹某某送回被告处;(2)依法判令每2年中的1个中秋节、春节原告可与曹某某在原告处共同度过,陪同期限以国家法定放假期限为准;(3)依法判令每年暑假原告可与曹某某连续共同生活30天,每年寒假与原告连续共同生活10天;(4)依法判令每年国庆节原告可与曹某某连续共同生活3天;(5)依法判令如遇原告特殊原因未能在上述时间段探望曹某某,原、被告双方另行协商探望时间;(6)本案诉讼费由被告承担。

一审法院认为,曹某、孙某离婚后,作为不直接抚养儿子的孙某,有探望儿子的权利,曹某有协助的义务。行使探望权利的方式、时间由当事人协议;协议不成的,由人民法院判决。虽然孙某主张2019年6月7日离婚协议书中约定可以随时探望曹某某,但探望权的行使应有利于孩子的身心健康,有利于孩子的健康成长,不应影响另一方的家庭生活。为了孩子的身心健康,营造相对稳定的生活环境,孙某向法院提出探望次数不宜过于频繁,不宜改变孩子的生活规律,为此确定为非寒暑假期间每月1次;寒暑假期间探望时间可适当增加。孙某在探望期间,曹某应提供必要的方便,使孙某与儿子有单独相处的机会和良好的相处环境。对于孙某要求国庆假期、春节假期的额外探望,由于已超出一般的探望范畴,一审法院不予支持。判决:(1)孙某自判决生效之日起,非寒暑假期间可于每月第一周周六

---

[1] 参见辽宁省辽阳市中级人民法院民事判决书,(2022)辽10民终1506号。

接儿子曹某某单独相处，时间为上午9时至下午16时，接送均由孙某负责。曹某应协助孙某行使该探望权。(2)孙某可在每年的寒假期间接儿子曹某某单独相处5天、暑假期间单独相处10天（具体日期由双方协定），接送均由孙某负责。曹某应协助孙某行使该探望权。(3)驳回孙某其他诉讼请求。

曹某上诉请求：(1)撤销一审判决；(2)判令被上诉人每年探视曹某某不得超过2次，且不得带走进行探视；(3)判令探望时间由上诉人与被上诉人协商后确定；(4)诉讼费由被上诉人承担。孙某辩称，原判决认定事实清楚，适用法律正确，曹某就每年探望的次数不能超过2次且不得带走曹某某进行连续探望的请求无事实及法律依据。

二审查明的事实与一审一致。

（二）焦点问题

未成年子女的住所（浙江省杭州市）与享有探望权的母亲住所（辽宁省辽阳市）相距遥远，母亲主张每月带走探望是否应该支持？

（三）法院判决

二审法院认为，夫妻离婚后，父或母探望未成年子女的方式及时间，应从有利于子女身心健康的角度加以考量。孙某与曹某离婚后，婚生子曹某某随曹某在浙江省杭州市共同生活，非寒暑假期间孙某每月对子女进行探望不但增加探视成本，也可能会打乱曹某某稳定的生活规律，对其学习与身心健康无益。综合争议双方的现实状况，孙某可在每年寒暑假开始后的前10天将曹某某接走探望，并于接走后第12日的17时前将曹某某送回曹某处。如遇特殊情况，争议双方应本着有利于子女成长的角度出发，协商解决。二审法院判决撤销一审判决，明确孙某可在每年寒暑假开始后的前10天将曹某某接走探望，并于接走后第12日的17时前将曹某某送回曹某处，曹某应当协助孙某行使探望权。

## 典型案例二 冉某与黎某探望权纠纷案[1]

（一）法院查明的事实

原告冉某、被告黎某二人原系夫妻关系，双方于2014年1月28日生育长女黎

〔1〕 参见重庆市石柱土家族自治县人民法院民事判决书，(2022)渝0240民初4386号。

某1,于2016年9月30日生育次子黎某2。2019年2月14日,原、被告二人在石柱县民政局办理离婚登记,同时签署了《离婚申请协议书》。协议书载明:子女抚养:黎某1、黎某2,由男方抚养;生活费、学费、医疗费由女方一次性给男方20000元。女方有探视权。现原告以被告将孩子带到浙江省金华市生活,自己从重庆市前往金华市多次未能见到子女为由,起诉到法院要求对二子女行使探望权。

(二)焦点问题

离婚后一方带走未成年子女到异地生活,未直接抚养的一方如何行使探望权?

(三)法院判决

法院认为,《民法典》第1086条规定,“离婚后,不直接抚养子女的父或者母,有探望子女的权利,另一方有协助的义务。行使探望权利的方式、时间由当事人协议;协议不成的,由人民法院判决。”本案中,原告冉某系黎某1、黎某2之母,母亲与子女之间具有割舍不断的血缘关系,合理行使探望权,有助于母亲与子女之间建立良好的互动关系并增强彼此之间的感情。故,原告要求行使探望权的诉讼请求符合法律规定,法院予以支持,被告应当予以协助。但是探望的时间和方式,应不影响子女的正常生活和学习。鉴于两个子女于二人离婚后一直随被告在外生活,其生活、学习环境已经相对稳定,结合原、被告二人的关系现状,从不影响子女正常生活、减轻子女因父母离婚而带来的家庭破碎感等角度出发,若完全支持原告的诉讼请求可能反而会影响孩子学习生活及身心健康。为此,法院酌定原告行使探望权的方式为:每月(不含寒、暑假)第2周、第4周的星期六上午9时原告冉某到被告黎某处接黎某1、黎某2一起生活2天并于星期日的下午18时前将黎某1、黎某2送回被告黎某处;放暑假后的第4天上午9时原告冉某到被告黎某处接黎某1、黎某2一起生活15天,并于第15天的18时前将黎某1、黎某2送回被告黎某处;放寒假后的第四天上午9时原告冉某到被告黎某处接黎某1、黎某2一起生活7天,并于第7天的18时前将黎某1、黎某2送回被告黎某处。被告黎某未到庭参加诉讼,视为放弃应诉答辩的权利,其不利后果,由其自行承担。法院据此形成判决。

**典型案例三　沙某某诉袁某某探望权纠纷案**〔1〕

(一)法院查明的事实

沙某某之子丁某甲与袁某某系夫妻关系,丁某甲与袁某某于2018年1月3日生育双胞胎男孩丁某乙、丁某丙。同年7月28日,丁某甲去世。丁某乙、丁某丙一直与袁某某共同生活。沙某某多次联系袁某某想见孙子,均被袁某某拒绝。沙某某向人民法院起诉请求每月探望孙子2次。

(二)焦点问题

父母一方死亡,其父母对未与其共同生活的孙子女、外孙子女是否享有探望权?

(三)法院判决

审理法院认为,《民法典》第1086条规定了不直接抚养子女的父亲或者母亲享有探望权,对祖父母或者外祖父母等其他近亲属是否享有探望权未作出规定。祖父母与孙子女的近亲属身份关系,不因子女离婚或者去世而消灭。本案中,沙某某老年丧子,其探望孙子是寄托个人情感的需要,是保障未成年孙子健康成长的需要,是祖孙之间亲情连接和延续的重要方式,袁某某应予配合。鉴于沙某某长时间不能探望孙子,审理法院从有利于未成年人成长、不影响未成年人正常生活、促进家庭和谐的原则出发,判决沙某某每月第一个星期探望丁某乙、丁某丙1次,每次不超过2小时,双方探望前做好沟通,袁某某应予配合。

## 第十七节　分家析产纠纷

分家析产纠纷是指家庭成员在终止共同生活后就分割共同财产等形成的纠纷。处理此类纠纷的主要依据包括:《民法典》第二编第二分编第八章“共有”,以及第六编继承。此类纠纷司法裁判的常见疑难问题是分家析产关系通常与继承、共有物分割混在一起,增加了案件处理的复杂程度。

---

〔1〕参见《第三批人民法院大力弘扬社会主义核心价值观典型民事案例》案例四,载最高人民法院官网2023年3月1日,https://www.court.gov.cn/zixun-xiangqing-390531.html。

## 典型案例一　潘某1与潘某2等分家析产纠纷案[1]

（一）法院查明的事实

被继承人潘某楼(2020年1月8日去世)与被告郑某华系夫妻关系，原告潘某1、被告潘某2系二人之子，被告潘某2与被告金某芳系夫妻关系，被告潘某冬系二人之子。被继承人潘某楼的父母均先于潘某楼去世。原告潘某1 18岁左右患上精神疾病，2003年至2016年长期住院治疗，在病情可以控制后出院，出院后服药可以控制病情。

1990年4月，被继承人潘某楼获批，建造了案涉被拆迁的上海市金山区亭林镇红阳村某组某号农村宅基地房，立基人除潘某楼外，还有原告潘某1、被告郑某华、潘某2。该房主要由被继承人潘某楼、被告郑某华出资出力建造，原告潘某1未出资，出力较少，被告潘某2未出资，出力最少。2014年5月28日，被继承人潘某楼、原告潘某1、被告郑某华(由被告潘某2代签)与金山区亭林镇动迁安置办公室就上述农村宅基地房签署了上海市征用集体所有土地房屋拆迁补偿安置协议。拆迁中，分两户进行安置。其中，被继承人潘某楼为一户，安置对象为被继承人潘某楼、被告郑某华、原告潘某1，安置面积为210平方米。具体份额为：被继承人潘某楼享有30平方米、被告郑某华享有30平方米、原告潘某1享有120平方米，同时三人共同享有30平方米。被告潘某2为一户，安置对象为被告潘某2、金某芳、潘某冬，安置面积为180平方米。具体份额为：被告潘某2享有30平方米、金某芳享有30平方米、潘某冬享有60平方米，同时三人共同享有60平方米。另查明，潘某楼(户)在案涉拆迁中，共获得拆迁补偿款629800元，其中土地使用补偿款210064元、地上建筑物补偿款172455元、棚舍和其他附属物补偿款187328元、搬家补助费5418元、设备迁移费80元、奖励费6000元、速迁费6000元、临时安置费42455元。

2017年1月17日，原、被告达成一致协议，将被继承人潘某楼(户)所选的坐落于上海市金山区某处1401室(126.67平方米)、1402室(92.56平方米)与被告潘某2(户)所选的上海市金山区某处802室(95.97平方米)、上海市金山区某处1401室(92.05平方米)对调。同日，在“新产权人确认承诺书”上，上海市金山区

[1] 参见上海市金山区人民法院民事判决书，(2022)沪0116民初8378号。

某处1401室、1402室的产权人确认为被告潘某2、金某芳、潘某冬，且在被告潘某2结算安置房款时，该2套房产按潘某2(户)享有安置面积210平方米结算至潘某2名下。2020年8月3日，这2套房产办理了产权证，权利人为被告潘某2、金某芳。同日，在另一份“新产权人确认承诺书”上，上海市金山区某处802室、上海市金山区某处1401室的产权人被确认为被继承人潘某楼、原告潘某1、被告郑某华。2017年3月14日，被告潘某2代被继承人潘某楼(户)结算安置房款，该2套房按潘某楼(户)享有安置面积180平方米结算，且在签署“上海市商品房预售合同”时，乙方(买方)为被继承人潘某楼、原告潘某1、被告郑某华，至2022年7月15日，尚未办理产权证。其中上海市金山区某处802室由原告潘某1、被告郑某华共同居住，上海市金山区某处1401室出租于他人。同时查明，上海市金山区某处802室购房款为285947元，上海市金山区某处1401室购房款为283942元，合计569889元，均由被告潘某2代为从629800元补偿款中支付，余款59911元由被告潘某2领取。诉讼中，被告郑某华确认，上海市金山区某处1401室从交付起，即由其出租，所收租金用于原告潘某1与其的日常生活开销。被告潘某2确认，案涉拆迁事宜，因被继承人潘某楼年纪较大、原告潘某1身体有恙，基本由其操办。

2022年7月，原告诉至法院，要求分家析产。

(二)焦点问题

潘某楼(户)与潘某2(户)在拆迁过程中对调房产的行为是否合法有效？是否损害了原告的利益？

(三)法院判决

法院认为，根据原告的当庭陈述，原告在选择具体的安置房，签署新产权人确认承诺书、四套房产的购房合同时均在场，而原告却未对两户所得房产对调提出异议。同时，结合在拆迁中，由户主作为代表签字，已成惯例(虽该惯例不严谨)，协议书上虽没有原告的签名，但盖有原告印章，以及原告处于可控的精神状态等因素，法院确认涉案两户房产的对调成立。关于对调后，产生的30平方米安置面积的差额问题，法院认为：(1)协议书上未对此约定；(2)原告潘某1长期患病，由父母及弟弟照顾；(3)办理拆迁事宜时，原告潘某1单身，被告潘某2已结婚生子，对房产面积的实际需求较大；(4)被继承人潘某楼、被告郑某华享有的安置面积较少，原告潘某1享有的安置面积较多。由以上几点可推断出，原告将属其所享有的30平方米安置面积赠与被告潘某2的行为具有高度盖然性，且合乎常理，故法院对此予以确认。至此,法院认为,本案中被继承人潘某楼、原告潘某1、被告郑某华享有180平方米安置面积,共有金山区某处802室、1401室。

从案涉被拆迁宅基地房的立基人,建造的出资、出力情况分析,法院酌定,被继承人潘某楼、原告潘某1、被告郑某华各得土地使用补偿款210064元、搬家补助费5418元、设备迁移费80元、奖励费6000元、速迁费6000元、临时安置费42455元,合计270017元的1/3即90005.67元。被继承人潘某楼、被告郑某华另可各得地上建筑物补偿款172455元、棚舍和其他附属物补偿款187328元,合计359783元的40%即143913.20元,原告潘某1可得20%即71956.60元。在629800元拆迁补偿款中,被继承人潘某楼、被告郑某华各应得233918.86元(90005.66元+143913.20元),原告潘某1应得161962.26元(90005.66元+71956.60元)。上述629800元拆迁补偿款中,569889元(285947元+283942元)已作为案涉房屋购房款支付,按被继承人潘某楼、被告郑某华、原告潘某1各自应得补偿款在总拆迁补偿款629800元中所占的比例[潘某楼、郑某华所占比例各为37.14%(233918.86元÷629800元),潘某1所占比例为25.72%(161962.26元÷629800元)]法院推断确认,在已支付的购房款569889元中,211656.78元(569889元×37.14%)属潘某楼的已付购房款、211656.78元(569889元×37.14%)属郑某华的已付购房款、146575.45元属潘某1的已付购房款(569889元×25.72%)。同理,在629800元拆迁补偿款中,尚余补偿款59911元(629800元-569889元),其中22250.95元(59911元×37.14%)属被继承人潘某楼的应得补偿款、22250.95元(59911元×37.14%)属被告郑某华的应得补偿款、15409.11元(59911元×25.72%)属原告潘某1的应得补偿款。

至此,结合被继承人潘某楼、被告郑某华各享有40平方米安置面积(含照顾的10平方米)、原告潘某1享有100平方米安置面积(含照顾的10平方米,已扣除赠予被告潘某2的30平方米)以及各人所得款项的多少、在已付购房款中的所占金额、房产现价及现状、实际生活所需等,法院酌定,被继承人潘某楼、被告郑某华各得802室50%的份额,各应支付194729.79元,其中142973.50应支付给开发商,另需支付51756.29元安置面积折价款给原告潘某1,此应付款以潘某楼、郑某华各自已付购房款抵付后,在已付购房款中,二人尚可各得16926.99元(211656.78元-194729.79元)。同时,原告潘某1得1401室,应付房款283942元,此应付款以原告潘某1在已付购房款中属其所有的146575.45元抵付后,再以潘某楼、郑某华应支付给原告的103512.58元(51756.29×2)安置面积折价款抵付,原告实际需付购房款33853.97元。至于原告要求被告交付所得房产的主张,法院结合被告潘某2在案涉拆迁中的主导地位、被告郑某华自认1401室由其出租的情况,确认原告潘某1应得的1401室由被告潘某2、郑某华负责交付原告潘某1。需说明,此处的购房款结算中,含有30平方米的安置面积属照顾所得,单价上浮800元,考虑到原告潘某1已赠与被告潘某230平方米,故原告潘某1的购房面积单价均未上浮。

被继承人潘某楼在802室的50%份额及在尚余补偿款中的22250.95元、已付购房款中的16926.99元,属被继承人潘某楼的遗产。本案中被继承人潘某楼无遗嘱,应按法定继承进行继承。现被继承人潘某楼的第一顺位继承人有原告潘某1(儿子)、被告潘某2(儿子)、被告郑某华(配偶),结合原告潘某1的身体状况、各自居住需求、支付能力等因素,法院酌定,802室中属被继承人潘某楼的50%份额,由原告潘某1、被告潘某2、郑某华按份共有,三人各得40%、30%、30%。三人在该房产中实际各占20%、15%、65%的份额。同时,尚余补偿款中属被继承人潘某楼遗产的22250.95元,由原告潘某1、被告潘某2、郑某华各得40%(8900.38元)、30%(6675.29元)、30%(6675.29元);已付购房款中属被继承人潘某楼遗产的16926.99元,由原告潘某1、被告潘某2、郑某华各得40%(6770.80元)、30%(5078.10元)、30%(5078.10元)。

综上,法院形成判决。法院特别说明:"和谐""友善"是社会主义核心价值观的基本内容,本案当事人系父母兄弟的至亲关系,更应相互团结、相互照顾,营造兄友弟恭、和谐相处的家庭氛围。

## 典型案例二 许某1与许某2分家析产纠纷案〔1〕

(一)法院查明的事实

许某(1935年5月×日出生)与杨某某(1933年8月×日出生)系夫妻关系,生育二子许某1、许某2。杨某某于2000年12月2日死亡,许某于2011年2月5日死亡。2003年9月5日,许某、许某1、许某2在亲属杨某英、杨某兴、许某荣的

〔1〕 参见江苏省无锡市滨湖区人民法院民事判决书,(2022)苏0211民初6960号。

见证下签订协议，协议约定：(1)许某2与许某从即日起自愿脱离关系。(2)许某2从即日起放弃继承机床新村房屋及室内一切财产。(3)许某2从即日起放弃机床新村房屋的居住权。(4)许某2的户口不再迁入机床新村。(5)许某2从即日起不再进入机床新村房屋。(6)从即日起双方生老病死由各自自行负责。(7)许某1、许某2从即日起脱离关系。(8)许某1支付许某2补偿款10000元，机床新村房屋产权和室内家具等一切全部归许某1所有。(9)今后许某治疗糖尿病及并发症的费用、料理、其他后事由许某1负责。当日，许某1支付许某2补偿款10000元。2003年10月26日，许某在江苏省无锡市公证处立下遗嘱并办理公证，将机床新村自己的房产份额和继承自妻子杨某某的房产份额均留给许某1继承。机床新村房屋为房改售房，售房单位为无锡某股份有限公司。房屋所有权人登记为许某，登记时间为2001年5月22日，建筑面积为43.45平方米，设计用途为住宅。原告许某1以许某2不配合办理登记手续为由，向法院提出诉讼，请求确认由许某1继承机床新村房屋产权。

(二)焦点问题

约定不再赡养父亲也不继承遗产的协议是否有效？

(三)法院判决

法院认为，当事人在亲属的见证下于2003年9月5日对机床新村房屋产权及其他家庭财产的归属等作出了约定，该部分内容系当事人真实意思的表示，不违反法律规定，合法有效，当事人均应当按照协议相应的条款履行；许某还立下公证遗嘱，将自己拥有的份额及继承妻子遗产所得份额留给许某1继承，故许某1的诉讼请求有事实与法律依据，法院予以支持。

关于本案焦点问题，案涉协议中约定脱离父子关系、兄弟关系，约定不赡养也不继承的内容不产生法律效力，但对财产归属等的约定是合法有效的。

# 第七章　婚姻家庭纠纷多元化解机制

## 第一节　婚姻家庭纠纷多元化解机制概述

### 一、纠纷多元化解机制

2014年中共中央《关于全面推进依法治国若干重大问题的决定》明确，要“健全社会矛盾纠纷预防化解机制，完善调解、仲裁、行政裁决、行政复议、诉讼等有机衔接、相互协调的多元化纠纷解决机制。加强行业性、专业性人民调解组织建设，完善人民调解、行政调解、司法调解联动工作体系”。2015年中共中央办公厅、国务院办公厅联合印发《关于完善矛盾纠纷多元化解机制的意见》，2016年最高人民法院发布《关于人民法院进一步深化多元化纠纷解决机制改革的意见》。纠纷多元化解机制，也称多元化纠纷化解机制，是国家治理体系和治理能力现代化的重要内容，指在社会中由各种不同性质、功能和形式的纠纷解决方式，相互协调互补，共同构成的纠纷预防调处化解和社会治理系统。

纠纷解决方式分为诉讼和非诉讼两大类，非诉讼的纠纷解决方式包括调解、信访、仲裁、行政裁决、行政复议等。[1] 调解根据调解主体的不同可分为人民调解、行政调解、司法调解、律师调解等。

---

〔1〕 中共中央印发的《法治中国建设规划（2020－2025年）》提出：积极引导人民群众依法维权和化解矛盾纠纷，坚持和发展新时代“枫桥经验”。充分发挥人民调解的第一道防线作用，完善人民调解、行政调解、司法调解联动工作体系。全面开展律师调解工作。完善调解、信访、仲裁、行政裁决、行政复议、诉讼等社会矛盾纠纷多元预防调处化解综合机制，整合基层矛盾纠纷化解资源和力量，充分发挥非诉纠纷解决机制作用。深化法律援助制度改革，扩大法律援助覆盖面。有序推进行政裁决工作，探索扩大行政裁决适用范围。

## 二、婚姻家庭纠纷的特点

婚姻家庭关系作为一种身份关系，是人类社会最基本的社会关系，是一切社会关系赖以形成的基础。婚姻家庭伦理的本质要求与特性体现为家庭成员之间普遍存在的利他主义现象，它是婚姻家庭伦理强加给家庭成员道德义务的体现，这些又通过立法转化成为夫妻、父母子女等婚姻家庭成员的法定义务。[1] 正是婚姻家庭关系的基础性、普遍性以及特殊的伦理性，家庭成员之间的关系具有长期性，非计算性，全面合作、相互依赖和难以转化性，相比其他民事纠纷，婚姻家庭纠纷具有如下特点：

第一，婚姻家庭纠纷中非根本性冲突较常见。所谓根本性冲突，是指当事人之间诉求完全对立，若不及时解决将产生严重后果的冲突。非根本性冲突则是具有偶发性的冲突，产生于日常生活的摩擦，及时处理通常可以化解。家庭共同生活由许多日常小事组成，在家庭经济、子女教育、生活习惯等方面容易引起争执和冲突，但是不影响身份关系和家庭关系的存续，所以婚姻家庭纠纷中非根本性冲突更为常见。但家庭成员对待纠纷的态度常常表现为忍让而不是对立，解决方式也多半是容忍、包容、回避或争吵等，较少诉讼，即便诉讼，家事纠纷当事人和好的可能性也比较大。

第二，婚姻家庭纠纷受情感等非理性因素影响明显。由于婚姻家庭关系的伦理特征，家庭成员之间具有长期亲密关系、多种权利义务以及复杂的情感，发生冲突时很难以导火索事件来分清是非、确定对错，当事人之间的情感纠葛可能加剧冲突程度，影响对纠纷的理性处理。

第三，婚姻家庭纠纷不仅是当事人之间的私事，也关乎社会公益。婚姻家庭是社会的基本单位，婚姻家庭的稳定和谐关乎社会的稳定和谐，婚姻家庭中非根本性冲突若没有得到及时妥善处理可能向根本性冲突转化，更容易激化为严重的刑事案件，造成家庭悲剧，影响社会稳定秩序。所以，家事无小事。

第四，婚姻家庭纠纷通常涉及当事人甚至第三人隐私。由于婚姻家庭纠纷源自亲密关系和共同生活，婚姻家庭纠纷常涉及当事人以及家庭中第三人的家庭行为、情感、习惯、嗜好、缺陷等个人隐私，相比其他民事纠纷而言，处理婚姻家庭纠

---

〔1〕 参见薛宁兰：《婚姻家庭法定位及其伦理内涵》，载《江淮论坛》2015 年第 6 期。

纷更要注意隐私保护。

## 三、婚姻家庭纠纷多元化解机制

婚姻家庭关系的本质特征及婚姻家庭纠纷的特点，决定了婚姻家庭纠纷可以并适合采用多元化解方式来解决。2017年，全国妇联、中央综治办、最高人民法院等联合发布《关于做好婚姻家庭纠纷预防化解工作的意见》，提出要“以调解为重要渠道，以防范婚姻家庭纠纷激化引发命案为重点，健全完善预防化解婚姻家庭纠纷工作机制”。目前，婚姻家庭纠纷多元化解机制[1]主要包括以下内容：

### （一）基层婚姻家庭纠纷排查化解工作

基层婚姻家庭纠纷排查化解工作遵循以预防为主的原则，排查并及时化解婚姻家庭纠纷。各级综合治理组织负责推进婚姻家庭纠纷排查调处工作，建立针对婚姻家庭纠纷的集中排查调处和经常性排查调处相结合的工作制度，定期召开矛盾纠纷排查调处工作协调会议，采取切实可行的措施予以化解。各级公安机关应及时调解受理婚姻家庭纠纷，预防一般性婚姻家庭纠纷转化为治安案件、刑事案件。各级妇联组织积极开展法治宣传和家庭美德教育，推动预防和制止家庭暴力工作，通过各级妇联信访接待室以及“12338”妇女维权服务热线及时受理婚姻家庭纠纷投诉。

### （二）婚姻家庭纠纷人民调解工作

妇联组织会同司法行政机关等负责婚姻家庭纠纷调解组织的组织建设、队伍建设和经费保障；选聘法律、心理、社会工作等领域的专家、实务工作者和妇联维权干部等担任人民调解员，加强对人民调解员的专业指导，运用政府购买服务的方式，把婚姻家庭纠纷调解工作纳入政府购买服务指导性目录等。

### （三）结婚登记颁证和婚姻家庭辅导工作

民政部门负责结婚登记颁证和婚姻家庭辅导工作。开展多种形式的婚前教育工作，让婚姻当事人在接受教育中慎思明辨，培养成熟理性的婚姻观念，掌握经营婚姻家庭的技巧；加强婚姻家庭辅导室建设，通过政府购买服务等方式，开展心理疏导、纠纷调解、法律咨询等婚姻家庭辅导服务。《妇女权益保障法》第63条规

---

〔1〕 参见2017年全国妇联、中央综治办、最高人民法院、公安部、民政部、司法部《关于做好婚姻家庭纠纷预防化解工作的意见》（妇字〔2017〕13号）。

定,“婚姻登记机关应当提供婚姻家庭辅导服务,引导当事人建立平等、和睦、文明的婚姻家庭关系”。

(四)家事审判方式和工作机制

各级人民法院针对家事审判特点,形成家事案件不同于财产类案件的审判模式。把调解贯穿婚姻家庭诉讼全过程,通过委托调解、委派调解、特邀调解做好婚姻家庭案件调解工作。

## 第二节 婚姻家庭纠纷的调解

### 一、调解的概念和原则

调解是解决婚姻家庭纠纷的重要机制。在我国调解具有悠久的历史,新中国成立后已经形成了以司法调解和人民调解为主,其他多种调解为辅的调解制度。婚姻家庭纠纷的调解主要有人民调解、司法调解、律师调解和行政调解等。

(一)调解的概念

所谓调解,是指在第三方主持下,以国家法律、法规、规章和政策以及社会公德为依据,对纠纷双方进行斡旋、劝说,促使他们互相谅解,进行协商,自愿达成协议,消除纷争的活动。[1]

(二)调解的原则

无论是人民调解、司法调解、律师调解还是行政调解,均以当事人自愿接受调解以及合法调解为原则,不得强制当事人接受调解,也不得违法调解侵害当事人合法权益。人民调解应该在当事人自愿、平等的基础上进行,调解不得违背法律、法规和国家政策,不得阻止当事人依法通过其他途径维权。[2] 对于司法调解,人

---

〔1〕 参见范愉:《非诉讼纠纷解决机制研究》,中国人民大学出版社2000年版,第176页。

〔2〕 《人民调解法》第3条规定:“人民调解委员会调解民间纠纷,应当遵循下列原则:(一)在当事人自愿、平等的基础上进行调解;(二)不违背法律、法规和国家政策;(三)尊重当事人的权利,不得因调解而阻止当事人依法通过仲裁、行政、司法等途径维护自己的权利。”

民法院应按照自愿和合法的原则进行。[1] 律师调解遵循依法调解、自愿调解、调解中立、调解保密等原则。[2] 行政调解没有全国统一法律法规，按照各地方立法，行政调解的原则一般为自愿、平等、合法、高效、便民。[3]

## 二、调解的类型

### （一）人民调解

人民调解，是指人民调解委员会或者其他人民调解组织，通过说服、疏导等方法，促使当事人在平等协商基础上自愿达成调解协议，解决民间纠纷的活动。

1. 调解组织

人民调解组织形式为人民调解委员会。根据现行《人民调解法》，人民调解委员会是依法设立的调解民间纠纷的群众性组织。人民调解委员会委员通过推选产生。[4] 人民调解委员会由委员 3 ~ 9 人组成，设主任 1 人。

2. 人民调解员

人民调解员由人民调解委员会委员和人民调解委员会聘任的人员担任。人民调解委员会可以下设个人调解工作室。[5] 个人调解工作室是以人民调解员姓名或特有名称命名设立的调解组织，既可以由 1 名调解员组成，也可以由多名调解员组成。

3. 调解程序

根据 2020 年《全国人民调解工作规范》（中华人民共和国司法行政行业标准 SF/T 0083 – 2020），调解程序如图 7 – 1 所示。

---

〔1〕《民事诉讼法》第 9 条规定，“人民法院审理民事案件，应当根据自愿和合法的原则进行调解；调解不成的，应当及时判决”。

〔2〕参见 2017 年最高人民法院、司法部《关于开展律师调解试点工作的意见》（司发通〔2017〕105 号）。

〔3〕例如，2023 年《重庆市行政调解办法（试行）》第 4 条规定：“行政调解应当遵循自愿、平等、合法、高效、便民等原则，不得强迫当事人接受行政调解，不得损害国家利益、公共利益和他人合法权益，不得以行政调解代替行政执法。”

〔4〕村民委员会、社区居民委员会的人民调解委员会委员由村民会议或者村民代表会议、居民会议或者居民代表会议推选产生。企业事业单位设立的人民调解委员会委员由职工大会、职工代表大会或者工会组织推选产生。乡镇（街道）人民调解委员会委员由行政区域内村（居）民委员会、有关单位、社会团体、其他组织推选产生。行业性、专业性人民调解委员会委员由有关单位、社会团体或者其他组织推选产生。参见 2018 年中央政法委、最高人民法院、司法部、民政部、财政部、人力资源和社会保障部《关于加强人民调解员队伍建设的意见》。

〔5〕参见 2018 年司法部《关于推进个人调解工作室建设的指导意见》。

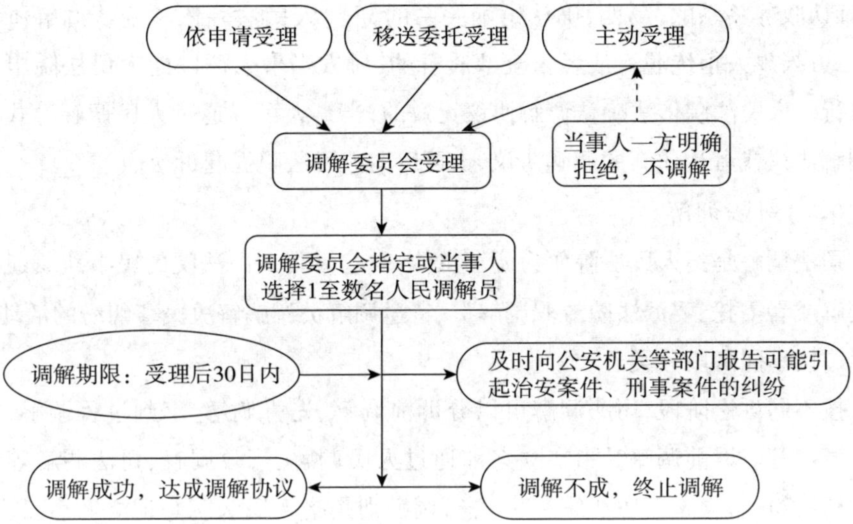


**图7-1 人民调解流程**

4. 调解协议

(1)调解协议的效力

经人民调解委员会调解达成调解协议的,可以制作调解协议书。当事人认为无须制作调解协议书的,可以采取口头协议方式,人民调解员应当记录协议内容。调解协议书可以载明当事人的基本情况,纠纷的主要事实,争议事项,各方当事人的责任,当事人达成调解协议的内容,以及履行的方式、期限。调解协议书自各方当事人签名、盖章或者按指印,人民调解员签名并加盖人民调解委员会印章之日起生效。

(2)调解协议的履行

经人民调解委员会调解达成的调解协议,具有法律约束力,当事人应当按照约定履行。当事人之间就调解协议的履行或者调解协议的内容发生争议的,一方当事人可以向人民法院提起诉讼。

(3)调解协议的司法确认

双方当事人认为有必要的,可以自调解协议生效之日起30日内共同向人民法院申请司法确认,人民法院应当及时对调解协议进行审查,依法确认调解协议的效力。有下列情形之一的,人民法院不予受理:第一,不属于人民法院受理民事案件的范围或者不属于接受申请的人民法院管辖的;第二,确认身份关系的;第三，确认收养关系的；第四，确认婚姻关系的。[1] 人民法院依法确认调解协议有效，一方当事人拒绝履行或者未全部履行的，对方当事人可以向人民法院申请强制执行。人民法院依法确认调解协议无效的，当事人可以通过人民调解方式变更原调解协议或者达成新的调解协议，也可以向人民法院提起诉讼。

（二）司法调解

司法调解是指人民法院作为调解主体，对起诉到人民法院的民事纠纷通过法官调解或者委托、委派法院专职调解员、特邀调解员调解解决民事纠纷的活动。

1. 按不同阶段分类

按不同诉讼阶段，司法调解可以分诉前调解、先行调解、审判过程调解、执行环节调解等。诉前调解是指在立案前通过人民调解、行政调解、司法调解等调解方式解决纷争，化解矛盾纠纷。[2] 先行调解则是指人民法院登记立案后，程序分流员认为适宜调解的，在征求当事人意见后，转入调解程序，先行调解包括人民法院调解和委托第三方调解（见图 7－2）。[3] 审判过程调解则是指案件移送审判业

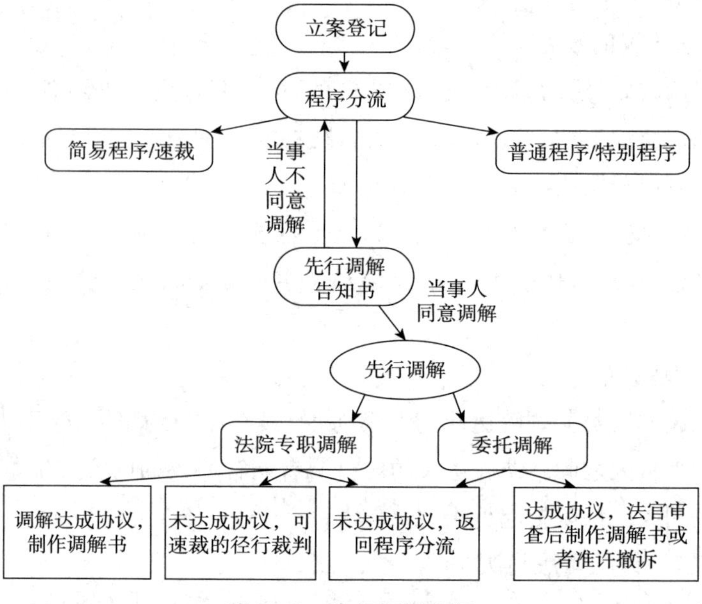


**图 7－2 先行调解流程**

---

〔1〕 参见 2011 年最高人民法院《关于人民调解协议司法确认程序的若干规定》第 4 条。

〔2〕 参见 2010 年最高人民法院《关于进一步贯彻“调解优先、调判结合”工作原则的若干意见》第 8 条。

〔3〕 参见 2017 年最高人民法院《关于民商事案件繁简分流和调解速裁操作规程（试行）》第 1 条、第 3 条。

务庭后,由承办法官主持的在开庭之前的庭前调解,以及开庭审理过程中的调解。执行环节调解是指充分运用调解手段和执行措施,积极促成执行和解,有效化解执行难题,降低强制执行率。

2. 按调解主体产生方式分类

除负责案件的法官主持调解外,对适宜调解的纠纷人民法院还可以委派和委托他人调解。[1] 所谓委派调解,是指登记立案前,人民法院可以经当事人同意委派特邀调解组织或者特邀调解员进行调解。当事人不同意调解的,人民法院应当及时将案件转入诉讼程序。[2] 所谓委托调解,是指登记立案后或者在审理过程中,人民法院可以委托法院专职调解员、特邀调解组织或者特邀调解员进行调解。法院专职调解员是人民法院在诉讼服务中心等部门配备的专职调解员,由擅长调解的法官或者司法辅助人员担任,从事调解指导工作和登记立案后的委托调解工作。[3] 特邀调解是指人民法院吸纳符合条件的人民调解、行政调解、商事调解、行业调解等调解组织或者个人成为特邀调解组织或者特邀调解员,接受人民法院立案前委派或者立案后委托依法进行调解,促使当事人在平等协商基础上达成调解协议、解决纠纷的一种调解活动。[4]

3. 按调解形式分类

按照调解形式,司法调解可以分为线下和在线调解。在线调解是指人民法院、当事人、调解组织或者调解员通过人民法院调解平台开展的在线申请、委派委托、音视频调解、制作调解协议、申请司法确认调解协议、制作调解书等全部或者部分调解活动。人民法院审判人员、专职或者兼职调解员、特邀调解组织和特邀调解员以及人民法院邀请的其他单位或者个人,可以开展在线调解。[5]

(三)律师调解

律师调解是指律师、依法成立的律师调解工作室或者律师调解中心作为中立第三方主持调解,协助纠纷各方当事人通过自愿协商达成协议解决争议的活

---

〔1〕 参见2020年最高人民法院《关于人民法院民事调解工作若干问题的规定》第1条。

〔2〕 参见2020年最高人民法院《关于进一步完善委派调解机制的指导意见》第4条。

〔3〕 参见2016年最高人民法院《关于人民法院进一步深化多元化纠纷解决机制改革的意见》第18条。

〔4〕 参见2016年最高人民法院《关于人民法院特邀调解的规定》第1条。

〔5〕 参见2021年《人民法院在线调解规则》第3条、第5条。

动。[1] 律师调解工作室可以设立在律师事务所、公共法律服务中心（站）、律师协会以及人民法院。律师调解员可以收取调解费用，该费用由当事人支付或者由政府购买律师调解服务。

（四）行政调解

行政调解是指行政机关以及法律、法规授权的具有管理公共事务职能的组织，依据法律和政策，以自愿为原则，通过协调劝解，促使当事人达成协议，解决纠纷的活动。我国目前没有关于行政调解的专门性法规，但不少地方人民政府出台了关于行政调解的地方政府规章。[2] 2020年，中共中央印发的《法治社会建设实施纲要（2020－2025年）》提出要加强行政复议、行政调解、行政裁决工作，发挥行政机关化解纠纷的"分流阀"作用。2021年，中共中央、国务院印发的《法治政府建设实施纲要（2021－2025年）》也指出要加强行政调解工作。[3] 从上述文件以及各地方政府出台的关于行政调解的地方政府规章看，行政调解的范围包括三类纠纷：民事纠纷、行政争议[4]和依法可以由行政机关调解的其他争议纠纷。与婚姻家庭纠纷相关的行政调解主要涉及公安机关有权调解的治安纠纷（如家庭暴力纠纷，家庭成员间虐待、遗弃纠纷等）和民政部门有权调解的婚姻登记纠纷。

## 三、调解的方法

因涉及更多感情、亲情和道德等因素，婚姻家庭纠纷不同于普通的民事纠纷，在调解的方法上也有其独特之处。婚姻家庭纠纷的调解目的在于消除当事人之间的紧张对立情绪，使其理性面对现实，既要充分实现实质正义，又要使其面向将

---

[1] 参见2017年最高人民法院、司法部《关于开展律师调解试点工作的意见》。

[2] 目前地方政府出台的关于行政调解的地方政府规章比较多，例如《天津市行政调解规定》（2021年）、《辽宁省行政调解规定》（2021年）、《四川省行政调解工作暂行办法》（2022年）、《重庆市行政调解办法（试行）》（2023年）、《海南省行政调解规定》（2023年）等。

[3] 2021年中共中央、国务院印发《法治政府建设实施纲要（2021－2025年）》，明确："（二十）加强行政调解工作。依法加强消费者权益保护、交通损害赔偿、治安管理、环境污染、社会保障、房屋土地征收、知识产权等方面的行政调解，及时妥善推进矛盾纠纷化解。各职能部门要规范行政调解范围和程序，组织做好教育培训，提升行政调解工作水平。坚持'三调'联动，推进行政调解与人民调解、司法调解有效衔接。"

[4] 行政争议主要指自然人、法人或者其他组织与行政机关之间因行政赔偿、行政补偿以及行政机关行使法律、法规、规章规定的自由裁量权产生的争议。参见《重庆市行政调解办法（试行）》（2023年）第5条。

来和平相处，既要维护家庭和谐，又要保障弱者权益，因此调解的方法非常重要。调解人应该中立不冷漠，温和有底线，在查清事实的基础上讲法理和情理，既要教育也要疏导，应熟练运用各种调解方法有效化解矛盾纠纷。

### （一）分类调解法

根据婚姻家庭纠纷冲突的程度和类型，调解人可以将冲突分为无争议冲突、一般冲突和严重冲突。以离婚纠纷为例，双方当事人对离婚和离婚的后果有基本相同的认识，可以判定为无争议冲突也称伪争议状态冲突；双方当事人对离婚意见一致，对离婚后果意见不一致的，可以判定为一般冲突；一方当事人要求离婚，另一方根本不同意离婚，可以判定为严重冲突。

区分不同类型的纠纷，是为了以更合适的调解方法去解决纠纷。面对无争议冲突，调解员要避免先入为主，固执己见地试图调和，而应帮助当事人平静且有尊严地结束过去，面向未来。面对一般冲突，调解人要始终以当事人为中心进行工作，重要的不是说服，而是帮助当事人探寻事实，相互让步缩小差距，最终找到中间点解决纠纷。面对严重冲突，当事人之间存在强度明显的对立和冲突，而且当事人可能更容易处于非理性状态，调解人应梳理事实并指明现实状况，使当事人最终共同接受现实而和解。

### （二）借力法

借力法是指调解人在调解中根据婚姻家庭纠纷具体情况，考虑本地风俗习惯，吸收当事人的亲友、同事、领导等参与调解。熟悉双方当事人情况的亲人、朋友参与调解，既便于了解案情，又利于促成调解。在选择借力对象时，要考虑对当事人有影响力的亲朋好友，或者当事人内心尊重、信任的长辈和领导。一方面，他们的意见往往更能得到当事人重视，也更容易被接受；另一方面，通过这些外来力量来教育存在过错的一方，可以形成当事人之间一种新的平衡关系，调解也能事半功倍。

### （三）背靠背与面对面法

背靠背法，即调解人分头引导当事人的调解方式。背靠背法一般用于调解前期，调解前期当事人情绪较激动，此时调解目的是缓和矛盾，确保矛盾不进一步恶化，以免造成难以挽回的后果。调解人可以安抚当事人的情绪、深入掌握案件事实，同时降低当事人对案件的预期（也称“泼冷水”），这样可避免双方发生正面冲突。

面对面法，即调解人与各方当事人同时在场的调解。一般来说，面对面更适合调解后期，经过前期调解当事人都接受了某种客观事实，各方相互让步，意见差距缩小。在面对面调解时调解人可让当事人自己先提出解决方案，当各方分歧较大导致调解陷入僵局，调解人即可根据情况适时提出自己的解决方案（也称"搭梯子"）。

（四）心理疏导法

心理疏导法，是指调解人疏通开导当事人的方法，特别是当事人固执己见或者赌气、钻牛角尖时，调解人员应结合情、理、法，对当事人进行开导，以促成纠纷和平解决。换位法和劝导法都是心理疏导的方法之一。

换位法，是指在调解时引导双方站在对方的立场上换位思考，平衡双方利益分配，找准切入点，促使双方相互理解。例如，在彩礼返还纠纷中，调解人可以请男方家长和女方家长换位思考，如果是自己的女儿或儿子遇到同样的事情，会有什么感受又会怎么处理。劝导法则是在调解中抓住"亲情""爱情""子女"等具有家庭凝聚力的共同点，感化当事人，唤起他们对家庭的责任感和对亲情的重视。使用劝导法的目的是疏导当事人情绪，使当事人逐步消除情绪上的非理性，使调解工作继续下去。例如，在离婚纠纷中，调解人借助当事人的老照片、影像以及具有特别意义的物品等帮助双方回想感情好的时光，回想对方做过的让自己非常感动的事情，帮助双方多想想对方的优点，理性体谅包容对方的缺点或不足。

（五）讲理法

讲理法，即讲道理，"理"是指情理、道理、规律以及自然法则等，例如继承财产男女平等、多劳多得、有借有还、爱幼孝亲等。例如，在追索扶养费案件中，妻子重病入院，丈夫以感情不和早已分居以及工作忙为由不管不问，不支付任何费用，妻子无奈只能选择出院回家，由年迈的父母照顾。妻子的父母找到妇联要求调解。调解人既要强调家庭基本伦理道德，更要讲明法理，夫妻依法互相负有扶养义务，一方重病不给医疗费、不照料就属于不履行扶养义务，轻则承担民事责任，或者治安管理处罚责任，重则构成遗弃罪。调解时以法律为底线，充分借助"情"合理调动"理"，才能将纠纷彻底而又圆满地解决。

（六）举例法

举例法，是指调解人在调解过程中以相同类型案件的生效判决和典型案例进行举例说明，通过对比使当事人对结果产生一定的预判，再辅以必要的说服劝导，促成双方当事人自愿达成调解协议。例如，在调解离婚纠纷时，对于离婚损害赔偿金额，经济帮助金额的确定，调解员可以找出已有类案判决的大概金额范围来说服当事人，既要“搭梯子”，又要“泼冷水”。

## 第三节　婚姻家庭纠纷调解经典案例

本节通过中央电视台播放的三个经典调解案例，以及国家法律服务网[1]司法行政（法律服务）案例库精选的人民调解工作案例，向读者展示婚姻家庭纠纷调解的原则和方法。

### 一、经典调解案例

**视频教学**

**调解案例1**

本案是一起离婚纠纷，审理这起案件的法官是全国模范法官金桂兰。金桂兰法官扎根基层人民法庭，跑遍辖区155个村屯，到当事人家中调解案件1000余次，累计行程5000多公里。她办理的1300多起案件中，无一重审改判、无一差错超限、无一上访缠诉、无一违法违纪，90%以上案件的调解结案，被誉为“心系百姓的好法官”。[2]

扫码观看案件

乡村里的离婚案

**调解案例2**

本案是一起姑姑和侄子的抚恤金纠纷，法官合理运用“情”“理”“法”，梳理两代人之间的恩怨，用血缘联系和当地谚语唤起当事人亲情，在讲明法理和伦理道德的基础上，最终挽回了几近破裂的亲情。

扫码观看案件

走上法庭的亲情

〔1〕 中国法律服务网（又称12348中国法网）是司法部建设的法律服务网站。中国法律服务网整合了38万余家法律服务机构、139万余名法律服务人员数据，提供法律事务咨询、法律服务指引、法律法规与案例查询等多种服务。网址 http://alk.12348.gov.cn。

〔2〕 参见宋铁英：《金桂兰：悉心调解化纷争》，载《人民法院报》2010年5月5日，第4版。

**调解案例 3**

本案是一起父亲死亡后，孩子的母亲与孩子的奶奶发生的抚养权纠纷。法官没有“坐堂办案”，而是多次到当事人家调查疏导，从保护未成年人人身和财产合法权益出发，抓住孩子这个着力点，以自己的诚心和耐心劝导当事人，最终通过细致的调解工作妥善化解了前婆媳之间的矛盾，保护了未成年人的合法权益。

扫码观看案件

抚养权与 200 万元

## 二、经典人民调解案例

**人民调解案例 1**〔1〕

本案是一起包含离婚后妇女财产分割、土地承包经营权的归属以及村民集体决定的适用和效力问题的纠纷。根据传统习俗，妇女出嫁后一般都在婆家生产、生活，承包地也往往在婆家获得，但离婚、丧偶妇女的合法权益易被忽视。调解员在调解该案过程中，多方走访，查阅档案资料，向当事人充分地明理、释法，使该案得到圆满解决。

**人民调解案例 2**〔2〕

本案是一起赡养纠纷案件。82 岁的父亲石甲向某乡人民调解委员会提出申请，认为儿子石乙不赡养自己，希望人民调解委员会能帮助自己。儿子石乙因年幼时未得到来自父亲的关爱，在父亲年迈时拒绝赡养。调解员在了解石家父子多年来矛盾的前因后果后，劝解儿子遵守法律，打开心结，儿子最终也主动把父亲从养老院接回家中赡养，化解了多年来的矛盾。

**人民调解案例 3**〔3〕

本案是一起家庭成员对遗产继承与分割意见不一致而引发的家庭纠纷。调解员从法、理、情入手，分别做双方工作，不但解决了遗产分割和继承问题，还预防

---

〔1〕 资料来源：中国法律服务网，http://alk.12348.gov.cn/LawSelect/Detail? dbID = 49&dbName = RTQT&sysID = 23998。

〔2〕 资料来源：中国法律服务网，http://alk.12348.gov.cn/LawSelect/Detail? dbID = 49&dbName = RTQT&sysID = 15340。

〔3〕 资料来源：中国法律服务网，http://alk.12348.gov.cn/LawSelect/Detail? dbID = 49&dbName = RTQT&sysID = 17192。

了家庭矛盾、纠纷隐患，维护了家庭和睦。

**人民调解案例 4**[1]

本案是一起彩礼返还纠纷案件。双方当事人对彩礼性质的认识不一致，调解员纠正了当事人错把彩礼钱当作定金的认识，向当事人详细介绍了我国法律对彩礼返还问题的明确规定，并且在调解过程中以案释法，用通俗易懂的语言给当事人上了一堂生动的普法课，促使矛盾最终得到化解。

**人民调解案例 5**[2]

本案是一起兄弟姐妹反目引发的赡养纠纷，并且存在民事纠纷转变成刑事案件的可能性。人民调解员采取先易后难的方式，逐一了解各个子女的真实想法，针对不同当事人的心理状态，以亲情为切入点，适时转换调解技巧和调解方向，有效化解了矛盾纠纷，充分发挥了人民调解“第一道防线”的作用。最终，亲情感化了冷漠，老母亲得以安享天伦。

**人民调解案例 6**[3]

本案是一起由家庭矛盾、遗产继承、财产分割等问题引发的老人赡养纠纷，也是一起跨越 10 年且矛盾越来越激化，通过诉讼途径都未能解决的纠纷。人民调解员通过调解老人的赡养问题，一并将背后隐藏的家庭矛盾、遗产继承、财产分割等纠纷予以化解，弥补了诉讼注重解决个案而不能统揽问题的缺点，体现了人民调解的优越性，也体现了构建大调解工作格局的必要性。

**人民调解案例 7**[4]

本案是一起养父与继母遗弃养子（继子）而引发的纠纷。调解员既利用法律的“刚性”强调了养父母的责任，又运用调解的柔性架起双方沟通的桥梁，开展心理疏导工作，使当事人各方认识到自身的错误，促进纠纷的解决。

---

〔1〕 资料来源：中国法律服务网，http://alk.12348.gov.cn/LawSelect/Detail?dbID = 49&dbName = RTQT&sysID = 10527。

〔2〕 资料来源：中国法律服务网，http://alk.12348.gov.cn/LawSelect/Detail?dbID = 49&dbName = RTQT&sysID = 13562。

〔3〕 资料来源：中国法律服务网，http://alk.12348.gov.cn/LawSelect/Detail?dbID = 49&dbName = RTQT&sysID = 9746。

〔4〕 资料来源：中国法律服务网，http://alk.12348.gov.cn/LawSelect/Detail?dbID = 49&dbName = RTQT&sysID = 8836。

## 三、学生模拟离婚调解作业视频精选

### (一)2021～2022学年第二学期婚姻法理论与实践课程离婚调解模拟方案

1. 案情简介

原告:雷鸣,男,1980年出生。

被告:王筱,女,1982年出生。

事实与理由:雷鸣与王筱于2003年2月在上海市打工时认识,于2006年登记结婚,于2006年10月生育一子雷明旗。后双方因感情不和于2020年6月3日协议离婚,并对夫妻关系存续期间的财产等进行了分配。双方于2020年9月15日复婚。雷鸣于2020年10月向人民法院起诉离婚。

雷鸣主张:双方于2020年6月3日登记离婚后就一直分居生活。双方复婚只有短短的二十几天,且复婚后双方并没有生活在一起,没有建立起夫妻感情。

王筱辩称:不同意离婚。双方有夫妻感情,双方离婚后还偶尔居住在一起,雷鸣在重庆市垫江县工作,王筱在重庆市工作,故双方分开居住。双方第一次离婚时王筱患有中度焦虑抑郁症,第一次离婚系冲动离婚,后双方经过沟通交流后才决定复婚。现王筱患有冠心病、高血压等疾病,希望双方共同经营好家庭。

另外,2020年2月5日,王筱在重庆市垫江县医院住院治疗,后于2020年2月9日出院,出院时被诊断为:冠状动脉粥样硬化性心脏病,高血压3级高危、晕厥原因待查、心源性晕厥。2020年5月9日,大坪医院的门诊病历载明,王筱被诊断为:失眠症、焦虑抑郁状态、高血压病、冠心病。建议为:心理测评、甲状腺功能治疗、家属陪护防意外。

人民法院于2021年1月7日立案,法官决定进行庭前调解。

2. 作业要求

每组组长提交10～15分钟视频,要求展现法官调解的过程和结果,不预设调解后果(调离、调合、调解无效)。法官应根据当事人诉求、意愿和案情特点选择调解方式,注意自愿、合法的调解原则。视频不要做成纯粹的调解实录,要注意叙事性,类似纪录片,分为调解准备阶段、调解阶段、调解后小结。当事人要有人物设定的意识,从角色自身利益出发参与调解。视频结尾要有演职人员表。视频大小不超过200M。

3. 分组与分工

全班一共137人，分为14个组。每组包括：组长（总协调）、摄影和视频后期。必选角色：法官、男当事人（原告）、女当事人（被告）、儿子雷明旗。可选角色：法官助理、男方律师、女方律师、证人等。分组后，小组名单中第一位同学担任召集人先召集小组会议，会议中各位同学自主认领任务或角色，小组中的党员及年级或班级干部同学要最后选，应有担当意识。

### （二）西南政法大学婚姻法理论与实务课程学生模拟离婚调解作品精选及评析

模拟离婚调解作业视频是选课学生的期末作业。分组后，名单里每组第一位同学在群里召集组员建群，召开小组会议，选出组长开始分工工作。其间，教师通过微信指导答疑。20天后，各小组组长提交了视频和组长总结，每一位同学提交了项目总结。教师汇总意见并审阅所有视频后评分。为方便师生查看，部分班级作品上传到了西南政法大学外国家庭法及妇女理论研究中心网站的作业展示栏目。[1]

第一组的模拟离婚调解视频在视频制作中运用了电影常见的隐喻和转场效果，感染力较强。视频有字幕，演员说普通话，角色出现时有人物介绍，观感清晰明确。法官主持调解运用了背对背、面对面、借力法、劝导法和换位法等多种调解方法，调解效果好。

第一组

第八组的模拟离婚调解视频时间线清晰，逻辑性好。其主要特点在于展示了良好的沟通调解能力。法官和法官助理在送达和通知环节就抓住机会向当事人了解情况并制订调解方案。一开始选择面对面调解，以法官倾听为主，让当事人有机会发泄怒气，舒缓情绪。然后背对背，法官通过举例子、情理的方式让丈夫直面婚姻责任。待双方冷静下来、回归理性之后回到面对面，播放女方母亲与双方子女的对话视频，抓住亲子关系这个共同点感化双方当事人，最终促成当事人达成谅解，撤回起诉。

第八组

---

〔1〕 西南政法大学外国家庭法及妇女理论研究中心网站的作业展示栏目网址：https://hyjtf.swupl.edu.cn/jpkc/bksxmzyzs/index.htm。

第十一组的模拟离婚调解是庭审中的诉讼调解，法官先用“四问”调查了解双方当事人的婚姻感情情况，然后单独向子女了解情况和意愿。次日再次开庭调解，向男方指出女方病情严重需要照顾以及子女即将面临中考的客观事实，用责任约束男女双方，最终促成和解。不过，这个视频中男方态度的转变略显生硬，如果能补充既“泼冷水”又“搭梯子”的背对背调解内容会更好。

第十一组

# 第八章　婚姻登记和收养登记操作指南

## 第一节　结婚登记操作指南

### 一、结婚登记流程

根据办理结婚登记的当事人均为内地(大陆)居民,或一方当事人是内地(大陆)居民,另一方当事人是我国港澳台地区居民,华侨或外国人,《婚姻登记条例》规定了不同的结婚登记流程。

(一)双方均为内地居民办理结婚登记

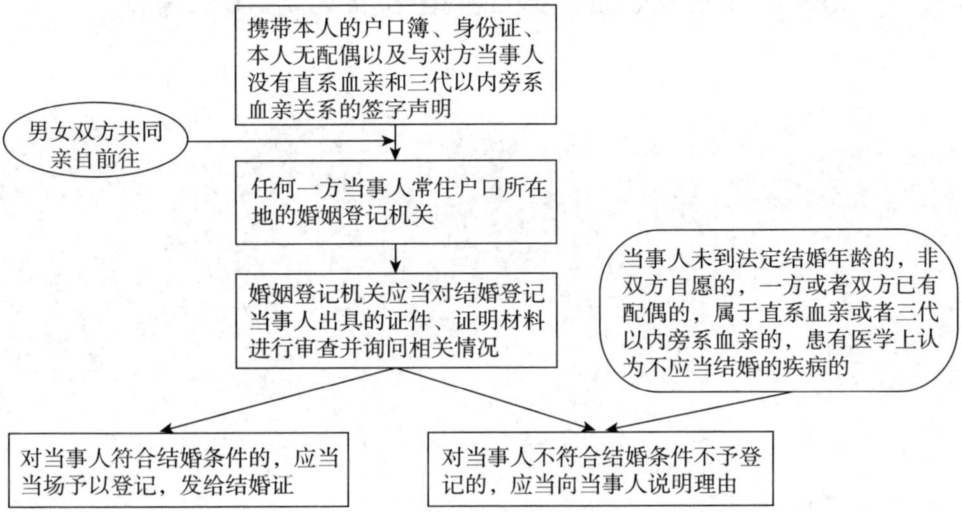


**图 8－1　双方均为内地居民办理结婚登记流程**

### （二）内地（大陆）居民与我国港澳台地区居民办理结婚登记

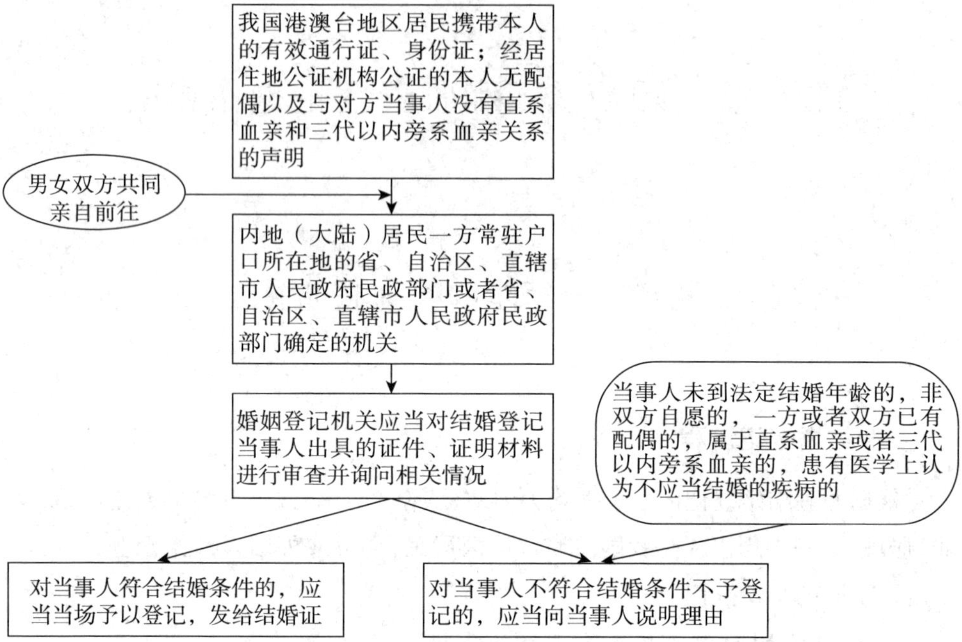


**图8-2　内地（大陆）居民与我国港澳台地区居民办理结婚登记流程**

## （三）内地居民与华侨办理结婚登记

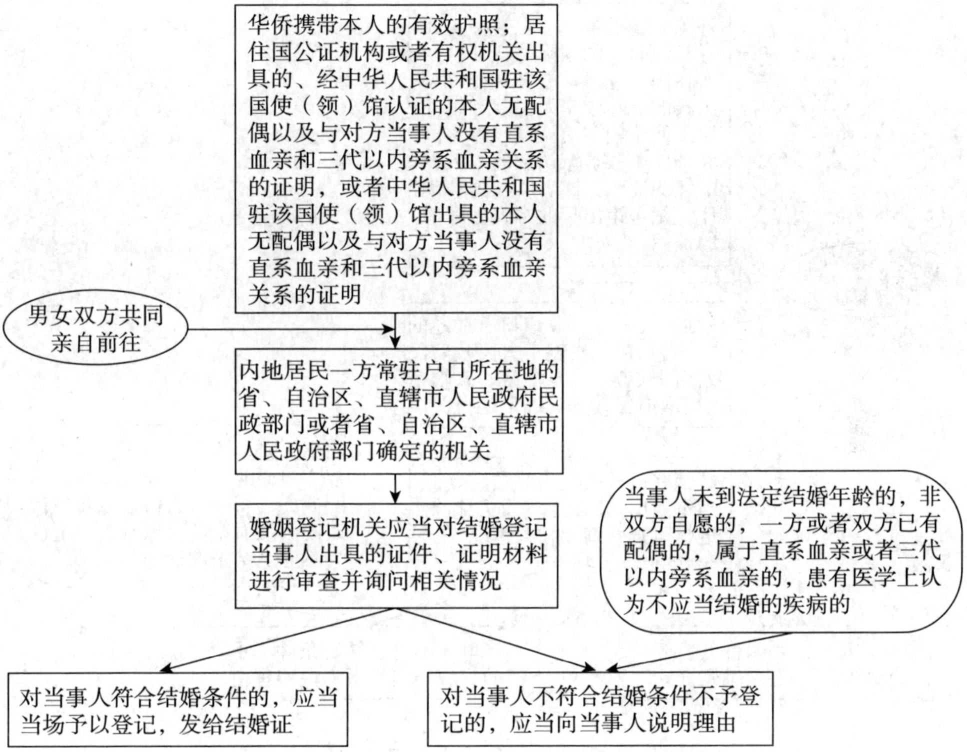


**图8－3　内地居民与华侨办理结婚登记流程**

## （四）中国公民与外国人办理结婚登记

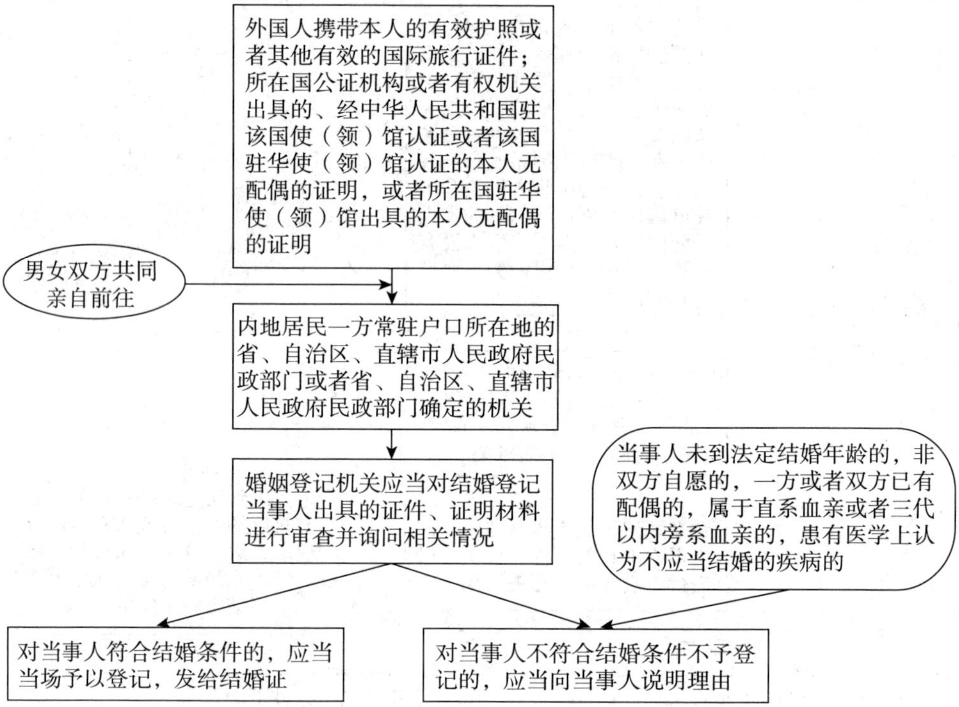


**图8-4　中国公民与外国人办理结婚登记流程**

## 二、补办结婚登记流程

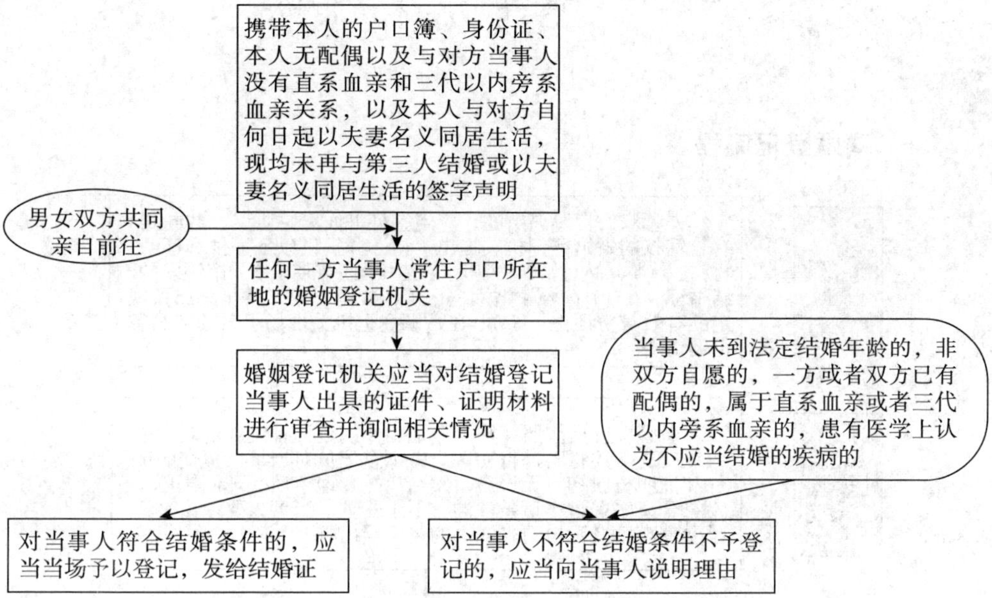


**图 8－5　补办结婚登记流程**

# 第二节　离婚登记操作指南

## 一、离婚登记流程

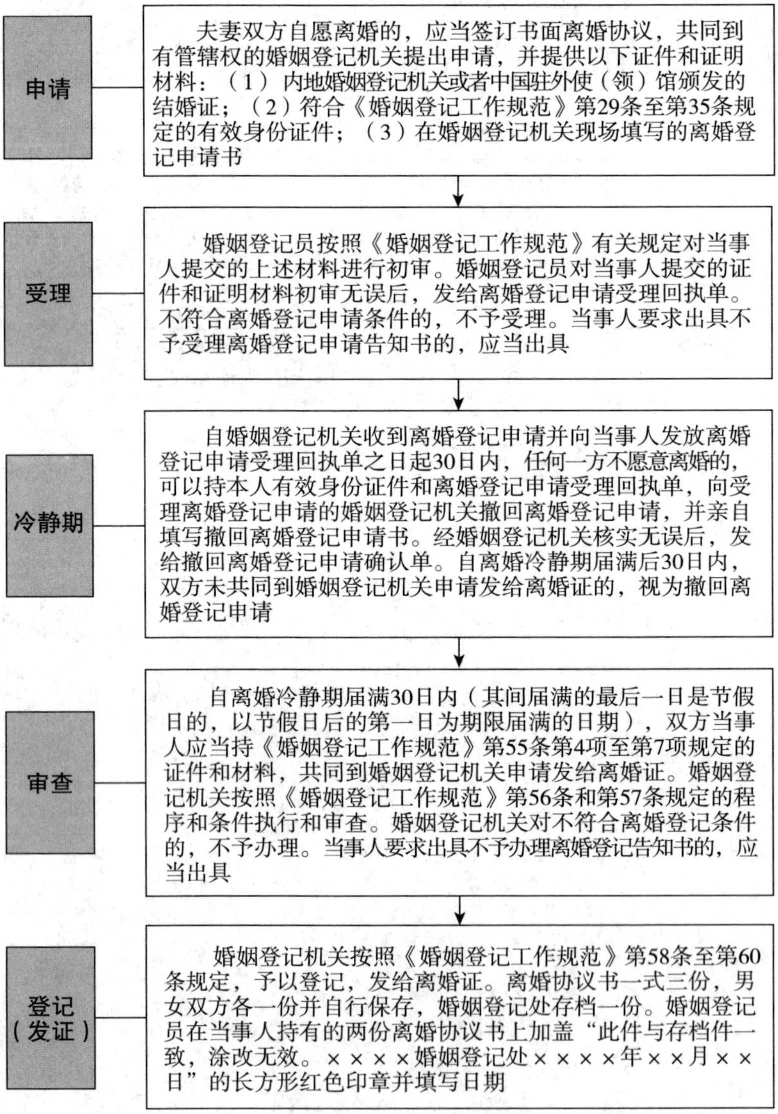


**图8-6　离婚登记流程**

## 二、离婚登记常用表格

### （一）离婚登记申请书

**离婚登记申请书**

（受理编号：区划代码 + 六位流水号）

男方姓名：________国籍：________身份证件号码：____________常住户口所在地：____________手机号码：____________

女方姓名：________国籍：________身份证件号码：____________常住户口所在地：____________手机号码：____________

我们于________年____月____日，在______________登记结婚，结婚证字号____________现因____________________申请离婚。

我们双方自愿离婚，并已经对子女抚养、财产以及债务处理等事项达成协商一致的意见，双方均具备完全民事行为能力。

上述申请内容完全真实，如有虚假，愿承担法律责任。

申请人（签名并按指印）：____________　________年____月____日

申请人（签名并按指印）：____________　________年____月____日

受理人（签　　　名）：____________　________年____月____日

## (二)离婚登记申请受理回执单

### 离婚登记申请受理回执单

（存根联） NO：区划代码+六位流水号

男方姓名____身份证件号______手机号码______；女方姓名____身份证件号码______手机号码______ 双方于____年__月__日在本登记机关申请协议离婚。按照《民法典》相关规定，如无撤回离婚登记申请的情形，双方应于____年__月__日至____年__月__日到婚姻登记机关申请发给离婚证。未申请的，视为撤回离婚登记申请。

×××婚姻登记处

____年__月__日

婚姻登记工作业务专用印章

| 离婚登记申请受理回执单 | 离婚登记申请受理回执单 |
| --- | --- |
| （NO：区划代码+六位流水号） | （NO：区划代码+六位流水号） |
| （男女双方姓名）： | （男女双方姓名）： |
| 你们于____年__月__日，向本婚姻登记机关提出的离婚登记申请事项已受理。 | 你们于____年__月__日，向本婚姻登记机关提出的离婚登记申请事项已受理。 |
| 自离婚登记申请受理之日起三十日内，任何一方不愿离婚的，可以向本登记机关撤回离婚登记申请。 | 自离婚登记申请受理之日起三十日内，任何一方不愿离婚的，可以向登记机关撤回离婚登记申请。 |
| 自____年__月__日至____年__月__日，双方应当持有效证件（原件）、离婚协议及相关材料共同到本婚姻登记机关申请发给离婚证；未申请的，视为撤回离婚登记申请。 | 自____年__月__日至____年__月__日，双方应当持有效证件（原件）、离婚协议及相关材料共同到本婚姻登记机关申请发给离婚证；未申请的，视为撤回离婚登记申请。 |
| 咨询电话： | 咨询电话： |
| ×××婚姻登记处 | ×××婚姻登记处 |
| ____年__月__日 | ____年__月__日 |

**图8－7 离婚登记申请受理回执单**

（三）撤回离婚登记申请确认单

**撤回离婚登记申请确认单**

（存根联）　　NO：区划代码+六位流水号

申请人（姓名）　身份证件号码______，向本婚姻登记机关提出撤回与另一方（姓名）______身份证件号码______的离婚登记申请（NO：区划代码+六位流水号）。按照《中华人民共和国民法典》第1077条规定，申请人符合撤回离婚登记申请的条件，其于____年__月__日提出的离婚登记申请正式撤回，离婚登记程序自此终止。

×××婚姻登记处

____年__月__日

婚姻登记工作业务专用印章

**撤回离婚登记申请确认单**

NO：区划代码+六位流水号

申请人（姓名）____身份证件号码______，向本婚姻登记机关提出撤回与另一方（姓名）______身份证件号码______的离婚登记申请（NO：区划代码+六位流水号）。按照《中华人民共和国民法典》第1077条规定，申请人符合撤回离婚登记申请的条件，其于____年__月__日提出的离婚登记申请正式撤回，离婚登记程序自此终止。

×××婚姻登记处

____年__月__日

**图8－8　撤回离婚登记申请确认单**

(四)离婚登记声明书

**离婚登记声明书**

我们双方自愿离婚,谨此声明:

男方姓名:__________国籍:________出生日期:________年____月____日民族:________职业:__________文化程度:________身份证件号码:__________常住户口所在地:__________

女方姓名:__________国籍:________出生日期:________年____月____日民族:________职业:__________文化程度:________身份证件号码:__________常住户口所在地:________

我们于________年____月____日登记结婚,结婚证字号:__________,离婚原因是__________。

我们于________年____月____日提出离婚登记申请,现离婚冷静期届满,我们对子女抚养、财产以及债务处理等事项协商一致且共同签订了离婚协议书。

上述声明完全真实,如有虚假,愿承担法律责任。

声明人:______________　　　　________年____月____日

(签名并按指印)________　　　　________年____月____日

监誓人:______________　　　　________年____月____日

(注:声明人签名须在监誓人面前完成)

# 第三节　收养登记操作指南

## 一、中国公民收养登记流程

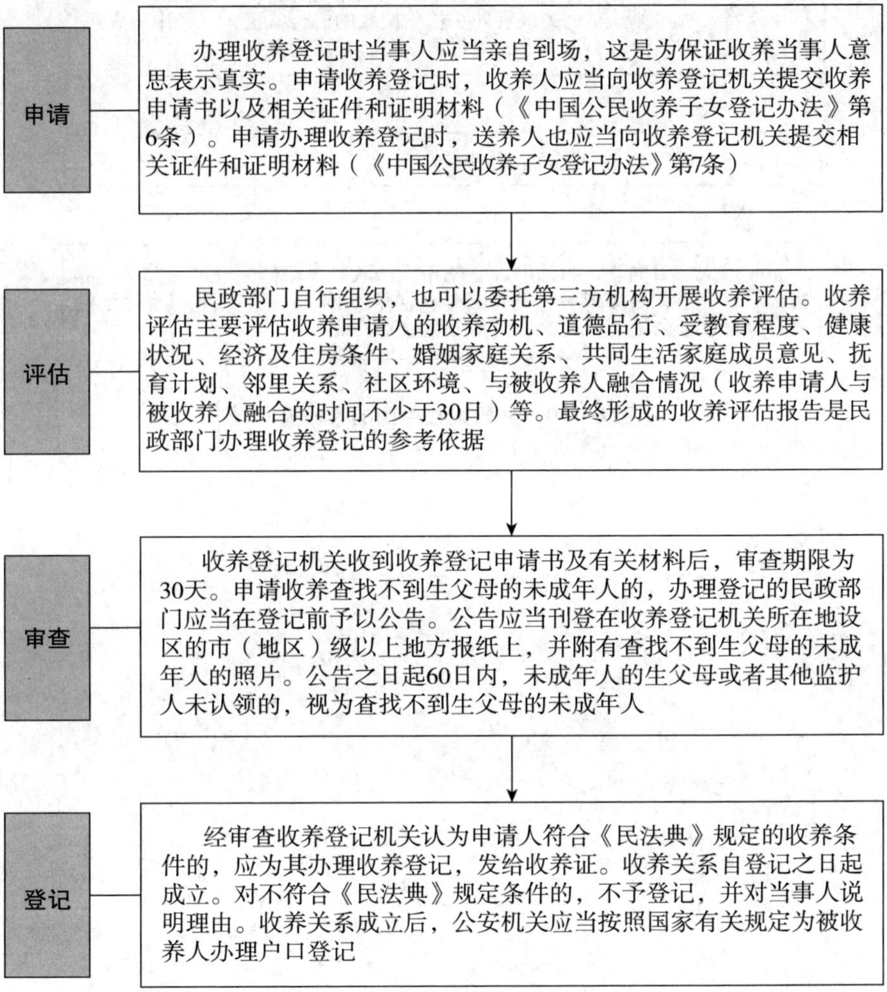


**图 8－9　中国公民收养登记流程**

## 二、外国人在中国的收养流程

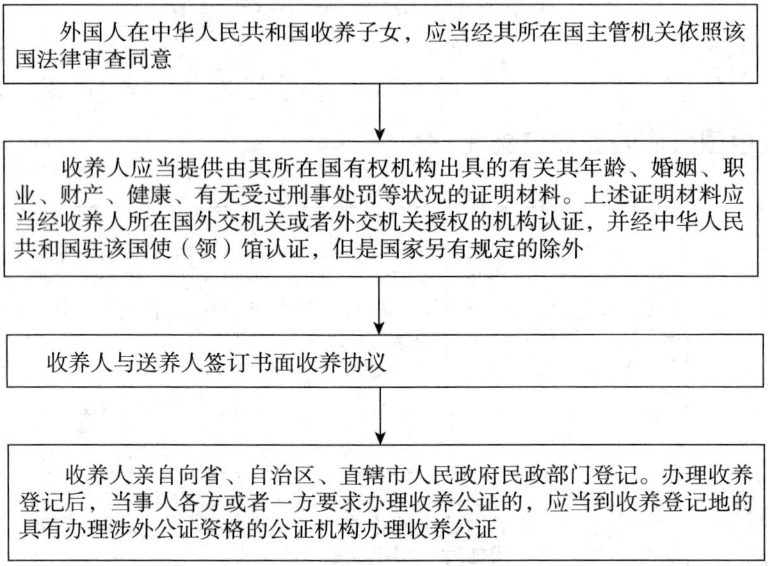


**图 8－10　外国人在中国的收养流程**